Filippo Buscaroli

WANDERLUST
NATI PER VIAGGIARE

WANDERLUST

NATI PER VIAGGIARE

FILIPPO BUSCAROLI

A chi sogna di cambiare vita e non sa da dove iniziare.

A chi ama viaggiare e lo fa nel weekend,
quattro settimane all'anno...

A chi vive per viaggiare e mette in gioco tutto.

Io sono proprio come te.
Nati per Viaggiare

A Giada (G.) e Lanikai, senza di voi tutto ciò
non sarebbe stato possibile.

Ai miei nonni, siete tuttora il mio esempio senza rendervene conto.

Agli amici di una vita, ci siete sempre stati nonostante
le distanze siderali.

Alla mia famiglia che, dopo qualche tempo,
ha compreso il mio stile di vita nomade.

"Tutto nella vita cambia costantemente, verso uno stato di crescita o di declino. Senza l'impulso ad esplorare perdiamo noi stessi all'interno di percorsi convenzionali.
Quando ti esponi intenzionalmente a nuove influenze non puoi evitare di fare straordinari progressi.
Maturerai molto più velocemente attraverso strade alternative a quelle che già conosci."

Gregory V. Diehl

1
SALTO NEL VUOTO

In realtà non ho idea di cosa ci aspetti.
Non abbiamo nessun amico, parente o conoscente che ci possa dare una mano.
Ci dovremo conquistare tutto da soli e l'impatto con l'inglese non sarà semplice.
Sono elettrizzato da morire e spaventato solo in parte.
Stiamo finalmente andando verso l'ignoto, distanti migliaia di chilometri da ciò a cui siamo abituati.

Ventisei anni appena compiuti, due lauree nell'ambito della comunicazione, una brillante carriera da calciatore fallito alle spalle, tanti amici ma soltanto una manciata su cui contare ciecamente e l'eterna sensazione di non trovare il mio posto nel mondo.
Vedo conoscenti laurearsi e fare carriera, altri seguire le orme del padre o dello zio, altri ancora hanno iniziato a lavorare fin da subito.
Davvero nessuno sogna una strada alternativa?
Ne ho provato a parlare con amici e famigliari pur non ottenendo feedback a riguardo piuttosto sguardi torvi e silenzi imbarazzanti.
D'altronde che cosa mi aspettavo?
La società in cui viviamo non propone surrogati anzi tende a etichettarli.
Chiunque esca dal circolo scuola-lavoro-matrimonio-figli-pensione è un "disagiato", "fallito", "incosciente", "paraculato"...

In fondo cos'avrei da perdere?

La grande città mi soffoca, l'ambiente marketing-comunicazione in cui navigo a vista mi appare come una vasca di pescecani, guadagno da schifo e il mio stile di vita è pessimo visto che lavoro di notte e dormo di giorno.

Il rovescio della medaglia è che conosco gente di ogni tipo, partecipo a party esclusivi e ho stretto un grande rapporto con i miei boss, Sean ex modello dal fisico statuario e l'indole hippie, e Andrea, milanese DOC sempre al telefono con la battuta pronta.

Sono reduce da un'esperienza lavorativa a Milano lunga due anni che mi ha riempito di forza e indipendenza da un lato, rabbia e male di vivere dall'altro.

Sto cercando qualcosa di diverso e più stimolante della classica vita d'ufficio che mi si addice poco o nulla.

Voglio inseguire il sogno che covo fin da ragazzino ossia viaggiare il mondo a tempo pieno, libero da vincoli e biglietti di ritorno.

Nell'ultimo anno e mezzo avevo cominciato a pensare seriamente di andarmene pianificando come, dove e quando.

Lasciare definitivamente casa in provincia aveva accelerato il mio processo di crescita aiutandomi a capire cosa volessi dalla vita.

Dopo aver passato il primo anno milanese convivendo con sconosciuti e di fatto cambiando casa ogni tre mesi io e Viola, fidanzati da otto anni, avevamo deciso di fare il grande passo.

Andare a vivere insieme.

Avevo il mio lavoro in un'agenzia eventi, un modesto appartamento in affitto sui Navigli e la routine settimanale scandita da lavoro, palestra o calcetto che si snodava dal lunedì al venerdì.

Questa vita cominciò ben presto a soffocarmi...

Dopo appena cinque mesi decisi che trascinarmi in una relazione terminata da tempo non avesse alcun senso ormai.

Così mollai Viola, la casetta sui Navigli e mi misi alla ricerca di un buco in cui trascorrere quelli che sarebbero stati i miei ultimi mesi a Milano.

Avevo finalmente deciso.

Concluso l'evento estivo avrei lasciato l'Italia e sarei partito.

Se vuoi davvero qualcosa prima o poi l'otterrai!

Ci credo fermamente e posso garantire quanto la mia storia lo dimostri.

Siamo capaci di spingerci ben oltre i nostri limiti inseguendo qualcosa in cui crediamo.

Spesso la mancanza di stimoli e obiettivi ci appiattisce maledettamente. Io stesso mi sono, non di rado, sentito così nel corso degli ultimi anni.

Non avevo più il fuoco dentro riguardo a lavoro, amici, vita di coppia, tempo libero e progetti futuri.

Non vivevo per il mio lavoro: certo, mi piaceva, ma non dava un senso alla mia esistenza.

Non condividevo gli stessi sogni della mia ragazza e, nonostante stessimo insieme da anni, in fondo eravamo due estranei.

Gli amici di una vita e le nostre abitudini mi annoiavano sovente. Mi vergogno a dirlo, dato che siamo legati indissolubilmente da sempre, ma ero alla perenne ricerca di nuovi stimoli e impulsi.

Il tempo libero era poco e mal gestito, difatti sport e viaggi rappresentavano la mia unica valvola di sfogo. Non volevo pensare al futuro, mi sentivo soffocare solo all'idea, e speravo ingenuamente che accadesse qualcosa in grado di cambiare il mio destino.

Quando giocavo a pallone da ragazzino era diverso perché ci credevo veramente, avevo un sogno.

Compiuti vent'anni e appese al chiodo le mie ambizioni da calciatore professionista, cosa mi dovevo aspettare?

Non mi emozionava la prospettiva di far carriera, mettere su famiglia e vivere una vita stabile.

Cosa stavo cercando realmente?

Non sapevo proprio da dove iniziare e ci sono voluti cinque lunghi anni per fare un passo concreto. Ho finalmente ascoltato quella parte di me che fin da ragazzo mi spingeva ad andarmene il più lontano possibile per rimettermi in gioco ripartendo da zero.

Nonostante l'ansia e il timore, l'ho fatto!

Chissà cosa sarebbe stato della mia vita se non avessi avuto il coraggio di mollare tutto?

2
AUSTRALIA

"Ma come parla questa? Non ho capito quasi niente..."
Bisbiglio stizzito fulminando con lo sguardo l'hostess che sta controllando i nostri passaporti.
Il primo impatto con l'inglese "australiano" avviene in Malesia e suona come un preoccupante campanello d'allarme.
Ci imbarchiamo sul volo Kuala Lumpur-Perth, tra poche ore metteremo finalmente piede in Australia.
Osservo fuori dall'oblò e tutto ciò che sono in grado di individuare è il blu intenso dell'Oceano Indiano che si fonde con il cielo soprastante.
Scrutando meglio l'orizzonte intravedo un puntino di terra distante che col passare dei minuti prende sempre più forma ingrandendosi.
Non deve mancare molto all'atterraggio.
Perth è considerata la metropoli più isolata al mondo dato che Adelaide, la grande città più vicina, dista quasi duemilasettecento chilometri.
Basti pensare che è più vicina a Singapore che a Sydney!
La capitale del Western Australia sorge affacciata sull'Oceano Indiano e avvolta da una catena montuosa che la protegge dall'arido deserto circostante.
Gode di un clima temperato tutto l'anno con inverni freschi e piovosi ed estati secche e miti.
Qui vivono due milioni di persone e, essendo di fatto l'approdo più vicino all'Europa, arrivano tanti *backpackers* attratti da alti salari e una vivace comunità europea perfettamente integrata da decenni.

Abbiamo scelto Perth come punto di partenza visto il costo ridotto del biglietto aereo e le tante possibilità lavorative offerte dal Western Australia.
Scopriremo in fretta di esserci sbagliati.

Sydney e Melbourne sono le mete più ambite, perennemente assalite da migliaia di giovani in cerca di lavoro e disposti a tutto pur di vivere nelle due migliori città al mondo per qualità della vita.
Questa notorietà ci ha spaventati e inoltre non abbiamo la minima intenzione di ingabbiarci in una grande città.
Sogniamo spazi aperti, natura, mare e avventura.
Percorriamo a bordo di un taxi strade amplissime e poco trafficate attraversando enormi parchi pubblici scintillanti.
Il cielo sembra estendersi all'infinito e le nuvole corrono rapide.
"La Primavera sta arrivando, vi consiglierei di dirigervi verso sud per trovare lavoro nelle farm..."
L'inglese parlato dal *driver* di origine indiana suona quasi incomprensibile alle mie orecchie; masticato, ricco di abbreviazioni, dannatamente rapido e appesantito da un'insolita pronuncia che non avevo mai carpito prima.
Mi addormento turbato da due pensieri fissi.
"Come pensiamo di trovare lavoro in città con il nostro inglese?"
"Ci saranno farm in zona?"
Le risposte non si faranno attendere troppo.

In occasione della nostra partenza avevamo organizzato un party d'addio.
Quella sera avrò parlato con centinaia di persone ma, a essere onesto, nessuno mi aveva fatto domande profonde riguardo la nostra scelta di vita.

14

Mi era sembrato che tutti mi rivolgessero quesiti e affermazioni di circostanza come se avessero timore di affrontare di petto la questione.

"Beati voi che ve ne andate in Australia, se potessi lo farei anch'io!"

"Fate bene tanto qui la situazione economica è tragica..."

"Ma non ti mancheranno troppo gli amici, il calcio e la tua famiglia?"

"Avete il contatto di qualcuno che vi possa aiutare con il lavoro? Io conosco blablabla..."

Queste alcune delle frasi più gettonate che avevo sentito ripetere in loop.

Io mi stupivo visto che, allo stesso tempo, non avevo paura di nulla e non desideravo certo l'aiuto di qualcuno che vivesse già là.

Ce ne stavamo andando all'avventura, liberi e distaccati dalla vita precedente e pronti ad accoglierne un nuovo entusiasmante capitolo!

3
SEGUIRE L'ISTINTO

"Ragazzi, cercate lavoro nella raccolta di manghi, zucche e mandarini che pagano da Dio!"
Giordano è un bolognese dal tono squillante seduto accanto a noi nella zona ricreativa dell'ostello.
Capelli ricci e arruffati, viso pulito e un fisico scolpito messo in mostra dalla striminzita canotta arancione fluo che indossa.
Ci racconta di aver lavorato tre mesi nel nord del Queensland raccogliendo banane in condizioni estreme di caldo e umidità.
La paga era ottima, infatti è riuscito a mettere da parte più di diecimila dollari.
"Andavo a lavorare conciato come un guerriero giapponese armato di machete, pronto ad arrampicarmi sui rami più alti per tagliare il casco di banane alla radice. Un giorno, mentre stavo sferrando il colpo decisivo, ho visto un pitone nero proprio di fronte a me! Sono scappato a gambe levate..."
Giordano ha solo ventun anni e parla con un tono di voce fermo che lascia trasparire molta, forse troppa, sicurezza di sé e un'attitudine per quel tipo di vita.
Chissà quanti dei suoi racconti strampalati corrispondano alla realtà...
"Sono venuto qui per cercare impiego nell'edilizia perché mi hanno detto sia il modo migliore per fare tanti soldi in poco tempo!" ammicca lanciando occhiate da tronista a G. mentre sorseggia un Gatorade ghiacciato.
Gli racconto del nostro piano di sbrigare i lavori agricoli in un primo momento per poi cercare lavoro in città forti di un inglese più allenato.

Infatti, dimostrando di aver svolto almeno ottantotto giorni lavorativi nel settore, avremmo la possibilità di ottenere un secondo anno di visto.

Perché rinunciarvi a priori? Il nostro non sarà un percorso affatto lineare e privo di imprevisti.

"Pensateci due volte prima di comprare un'auto, ho vissuto un'esperienza che non auguro a nessuno..." continua lui facendo l'occhiolino a due more che ci passano a fianco.

L'ostello sembra molto frequentato di giorno, evidentemente gran parte degli ospiti lavora in bar e ristoranti nelle ore di punta serali.

"Conclusa la stagione delle banane ho comprato, insieme a due francesi, un fuoristrada per attraversare il deserto fino ad Alice Spring. Peccato che dopo appena due giorni di viaggio abbiamo investito un canguro gigante e distrutto la Jeep... Quando il carro attrezzi è arrivato sul posto ci è toccato sborsare novemila dollari solo per rimuoverla ritrovandoci così senza soldi in mezzo al nulla!" conclude con un velo di amarezza misto a ironia mostrandoci le foto del malcapitato.

"Ho dato un'occhiata alla guida, la stagione di raccolta è concentrata tra New South Wales e Victoria di questi tempi. Potremmo fare l'attraversata in una settimana!" dico eccitato all'idea di lasciare la città.

Sono passati appena cinque giorni dal nostro arrivo a Perth e sto già pianificando la fuga.

Mio padre direbbe che sono un impulsivo, mia madre mi chiederebbe invece: "Non hai proprio speranze di trovare un lavoretto in città con le tue lauree?"

Peccato che, come spesso accade, la teoria sia distante anni luce dalla pratica.

Siamo due italiani come mille altri, non svolgiamo una professione che potrebbe aprirci porte e portoni, parliamo un inglese limitato e non conosciamo nessuno disposto ad aiutarci ignorando i nostri evidenti limiti.

Allo stesso tempo siamo consapevoli che potremmo farcela in città, servirebbero soltanto tempo, pazienza e umiltà.

Non è certo questo il problema, la verità è che nei nostri sogni non c'è posto per nulla di predefinito!

I condizionamenti della società e il buon senso ci avevano in qualche modo spinto ad arrivare a Perth per rifarci una vita.

Nuovo lavoro, nuova casa, nuovi amici, vecchie abitudini...

Alla fine dei conti che senso avrebbe?

Non siamo certo venuti dall'altra parte del mondo per fare la stessa vita di prima. L'abbiamo fatto per vivere una nuova esperienza cercando di cambiare radicalmente il nostro stile di vita.

Ringrazio ancora oggi questa scelta controcorrente e scomoda: tutto sarebbe cambiato irreversibilmente da adesso in poi.

"Filo, hai idea di quanti chilometri siano?"

G., che sta cercando una padella decente nel marasma della cucina dell'ostello, interrompe i miei pensieri.

In Australia le distanze sono siderali e il concetto di guida totalmente difforme da quello europeo.

Ho conosciuto decine di australiani che per recarsi al lavoro guidano sei ore tra andata e ritorno, tutti i giorni per tutta la vita o quasi.

In Italia verresti ritenuto un folle, spennato dai costi di benzina e pedaggio.

"Dai, approfittiamone per fare un *road trip* anche perché se vogliamo girare tutta l'Australia dovremo pur iniziare da qualche parte, no?!"

Lei mi guarda sorridendo, siamo in perfetta sintonia dal giorno in cui ci siamo incontrati.

In cuor nostro abbiamo già deciso, senza nemmeno bisogno di dircelo, che partiremo all'avventura.

Dobbiamo giusto trovare un'auto decente con cui affrontare il lungo viaggio.

In realtà non sarei dovuto partire in compagnia di G.

Quando iniziai a pianificare sul serio l'Australia lo feci con Ilaria, conosciuta all'università e diventata la mia migliore amica da quasi un decennio.

Razionale, metodica, ansiosa, puntuale, il contrario di me insomma.

Nonostante le marcate divergenze caratteriali e alcune incomprensioni dovute al mio modo di essere intermittente e imprevedibile, la nostra amicizia si era rinforzata di anno in anno.

Entrambi insoddisfatti della vita milanese, alla continua ricerca di nuovi stimoli e con il sogno australiano nel cassetto, avevamo preso la palla al balzo.

"Partiamo insieme!" ci dicemmo una sera durante il classico aperitivo sui Navigli.

Meglio di così? Ci conosciamo da una vita, non c'è alcun coinvolgimento sentimentale tra noi e formiamo proprio una bella squadra insieme.

G. aveva decisamente stravolto le carte in tavola.

Quando iniziammo a frequentarci seriamente, io e Ilaria ci eravamo già dati la parola.

"O lei o me, non pensare che verrò a fare il terzo incomodo! Sapevo di non potermi fidare di te." una sera di inizio estate la cruda verità venne a galla.

Ammisi a Ilaria che ero innamorato di G. e che sarebbe stata disposta a partire con noi.

Lei non mi lasciò scelta e io non ebbi alcun dubbio.

L'ho già detto che sono impulsivo e incosciente?

Peccato perché, vista a posteriori, avremmo potuto affrontare quest'avventura insieme e probabilmente ce la saremmo spassata parecchio.

Sul momento però mi ritrovai di fronte a un bivio: scegliere la certezza o l'ignoto.

Seguii il cuore e l'istinto nonostante le pressioni di famigliari e amici.

"È troppo presto Filippo, non credi che andare con Ilaria sarebbe più saggio? Non ti aspettare alcun sostegno da parte nostra..."

Come spesso accade mia mamma si era fatta ingannare dalle apparenze.

Bella, giovane, attraente e dai modi spigliati.

I miei genitori erano convinti che avessi preso una sbandata per la prima che passava da lì. La verità è che loro non accettavano proprio la mia scelta di vita, G. non c'entrava nulla in tutto ciò.

"Baby, ecco qualcosa che può fare al caso nostro!"

Le indico l'annuncio di una Ford Falcon del 2001 in vendita a mille dollari trattabili.

"Ottimo affare, l'auto funziona perfettamente e ho molta fretta per cui accetto l'offerta migliore."

Il venditore è un ragazzo tedesco sulla trentina che incontreremo già domani.

La sera stessa, mentre ci godiamo un po' di compagnia in ostello tra l'odore della carne sul barbecue e quello di un'erba profumatissima che due belga si passano, ricevo un messaggio inaspettato.

"Ciao ragazzi, stiamo cercando urgentemente lavoratori nella contea di Young in NSW, paghiamo otto dollari al cesto."

Nei giorni precedenti avevamo risposto a dozzine di annunci di lavoro su Gumtree, il sito web più utilizzato in Australia.

"Te l'avevo detto che avremmo trovato lavoro in fretta!" grido a G. tradendo l'emozione.

"Sbrighiamoci a comprare l'auto così ci mettiamo in strada!"

Mi guarda sospettosa del mio improvviso desiderio di lavorare a tutti i costi.

In effetti non sto più nella pelle, quello di cui ho fantasticato negli ultimi anni sta finalmente per accadere.

E non parlo certo di raccogliere arance sotto il sole cocente per dodici ore al giorno.

Affronteremo un *road trip* di oltre tremila chilometri attraverso alcuni dei luoghi più remoti e selvaggi dell'Australia.

Il maestoso Swan River taglia in due Perth: nella parte settentrionale ci sono King Park e i quartieri antichi, mentre più a sud verso il mare troviamo quelli moderni puntellati da ville milionarie.

Alla foce del fiume s'incontra lo storico porto di Fremantle con la sua comunità artistica d'influenza italiana e la centenaria cultura del caffè da strada.

La prima sensazione è quella di trovarsi catapultati in una città fantasma.

Villette a un piano, giardini ben tenuti, parchi giochi in abbondanza, uccelli cinguettanti, pappagalli multicolore che camminano tra i nostri piedi, quiete e silenzio.

Le poche persone incontrate in questi giorni sembrano estremamente cordiali, sorridenti e sempre pronte al saluto.

La filosofia degli australiani si può riassumere in poche frasi.

"Take it easy!"

"No worries!"

"Hey mate, how you doing?"

Sembra proprio che tutti amino vivere all'aria aperta, camminare a piedi nudi, fare barbecue e bere birra nei parchi immensi.

Che figata!

Ci sono prati sconfinati su cui si può correre, giocare a pallone, sdraiarsi e sentire il contatto diretto con la natura.

Che essa la faccia da padrone è palpabile ma ciò che mi ha colpito maggiormente è il rispetto e l'attenzione che tutti hanno per l'ambiente.

Nessuno sporca, lascia in giro cartacce, getta cicche di sigarette a terra o dimentica di sgomberare il tavolo dopo un picnic.

Osservo una tipica famiglia *Ozzie* che sembra fatta con lo stampino, intenta a fare un barbecue. Padre, madre e tre figli tutti con quelle guance paffute e arrossate, i lineamenti del volto tondeggianti e i corpi che si delineano sotto i vestiti.

Nell'attesa i bambini si stanno avventando sulle caramelle, il padre sulle birre e la mamma su un enorme sacchetto di patatine.

Ci perdiamo all'interno di un infinito quartiere residenziale costituito da centinaia di ville, ognuna racchiusa da un piccolo giardino ben tenuto, che si perdono a vista d'occhio.

Nei vialetti d'ingresso si notano posteggiate potenti barche a motore, talmente alte da svettare a livello del tetto, e palme con foglie a ventaglio che strusciano rumorosamente sui muri delle case.

L'estrema intensità dei raggi solari esalta e vivacizza i colori; dal verde brillante dei prati ben irrigati, al bianco acceso dei muri esterni, all'azzurro intenso del cielo.

Che differenza rispetto al grigiore invernale della Pianura Padana!

Lo stesso si puo' dire per la gente, sorridente e rilassata, che sembra non avere alcuna preoccupazione e godersi appieno la camminata all'ombra dei grattacieli o la corsetta sulla riva del fiume.

Rottnest Island si trova ad appena venti chilometri al largo di Perth ma sembra di essere lontani anni luce dalla società moderna.

Oggi è un paradiso privo di strade e mezzi a motore perfetto per gli amanti di spiagge bianche, acque turchesi, immersioni, attività all'aria aperta e *wildlife*.

Un tempo era la prigione degli aborigeni, successivamente riutilizzata come tale durante la prima e la seconda guerra mondiale.

Il capitano olandese che la scoprì la definì "un luogo pieno di grossi ratti grandi come gatti" nominandola *Rattenest*, ossia la tana dei ratti.

L'animale al quale si riferiva è il quokka, una sorta di nutria con il marsupio che secoli dopo sarebbe divenuto la star incontrastata del selfie.

Ne osserviamo a decine mentre attraversiamo in bicicletta l'isola ammirando paesaggi collinari, laghi salati, favolosi scorci oceanici e perfette lingue di sabbia bagnate da un mare freddo ma meraviglioso, ricco di coralli intatti facilmente accessibili a nuoto.

4
HEADING SOUTH

Non appena usciti dall'area metropolitana di Perth cominciamo finalmente ad ammirare lo splendore della natura australiana.

Siamo a metà primavera ormai, le giornate si stanno allungando e gli alberi sono in fiore.

Percorriamo strade impeccabili che attraversano uno scenario magico: spazi immensi, cielo blu intenso e una vegetazione che si fa sempre più rada e bassa.

Procedendo sulla rotta verso sud ripenso ai giorni scorsi, mentre lei dorme appoggiata al finestrino.

La sensazione che sto vivendo è qualcosa di nuovo per me, non mi ero mai sentito così libero ed entusiasta allo stesso tempo!

Non ho preoccupazioni o scadenze e non vorrei essere altrove per nessuna ragione al mondo.

Respiro a pieni polmoni l'aria fresca che entra dai finestrini, profuma di eucalipto.

L'Australia è uno dei Paesi meno inquinati al mondo visto che la densità della sua popolazione è ridicola se confrontata con la stragrande maggioranza delle nazioni sviluppate.

Godo al solo pensiero di trovarmi distante da tutto, completamente slegato dal mio passato e libero di portare la mia vita a fare un giro e non il contrario.

Il turbinio di sensazioni provate nel corso dei primi sei mesi in Australia rappresenta qualcosa che non ho mai più riassaporato, almeno fino ad ora.

Nemmeno cavalcando un'onda più alta di me.

Né scalando una montagna di cinquemila metri.

Neanche dopo aver attraversato gli Stati Uniti da Key West in Florida a Santa Cruz in California, dormendo in auto per strada.

Che sia il fascino della prima volta?

Così forte, viscerale e pura da risultare perfino impossibile da spiegare.

Ho spesso ripensato a questo stato emotivo negli anni seguenti, dannandomi l'anima nel tentativo di ritrovarlo in qualunque maniera.

Sbagliavo in pieno da illuso sognatore quale sono!

Non ha senso cercare di ricreare qualcosa di etereo che per l'appunto si può manifestare spontaneamente soltanto in momenti particolari della propria vita.

Non vi sono formule magiche a riguardo né risulta possibile fare previsioni.

Quel che ci resta è viverlo appieno cercando di mantenerne nitido il ricordo il più a lungo possibile.

"Chissà cosa le gira in testa?" mi chiedo osservando G. stravaccata sul sedile con i piedi sul cruscotto.

Non mi sembra rilassata quanto me, d'altronde il nostro *background* è opposto.

Ha lavorato fino al giorno prima della partenza ed è sempre stata abituata a doversi arrangiare da sola fin da tenera età lasciando casa appena diciassettenne.

La sua priorità sembrerebbe quella di trovare un buon lavoro al più presto, viaggiare e godersela non sono di certo in cima alla sua lista dei desideri.

Ennesima dimostrazione del fatto che non siamo tutti uguali pur trovandoci nella medesima situazione. Spero proprio di farle cambiare idea!

Margaret River è un paesino di mare distante appena tre ore e mezza da Perth, prima tappa del nostro viaggio *on the road*.

Amanti del buon vino e surfisti la visitano entusiasti tutto l'anno.

Ci fermiamo al supermercato per comprare un po' di formaggi locali e una bottiglia di Chardonnay prima di raggiungere la spiaggia.

Surfer Point è considerato uno dei migliori *spot* per Pro dell'intera Australia.

Il picco, lo spicchio di mare in cui s'infrangono le onde surfabili, sorge a un centinaio di metri da riva su un promontorio roccioso lambito da sabbia dorata a cui accedere da una ripida scalinata in legno.

Le onde, che superano i tre metri d'altezza, sono potenti, rapide, tecniche e non permettono errori o ripensamenti.

"Mi piacerebbe imparare, sembra una figata epica! Là dentro, però, non ci entrerei mai."

G. non allude prettamente al quoziente di difficoltà ma soprattutto alla fama *sharky* di queste acque.

Margaret è una tappa storica del mondiale di surf: purtroppo negli ultimi anni si sono verificati decine di incidenti che hanno indotto gli organizzatori ad annullarne le competizioni.

I cambiamenti climatici e l'inquinamento sono indubbiamente le cause scatenanti che hanno spinto squali bianchi, tigre e toro ad avvicinarsi sempre più a riva alla ricerca di fonti di nutrimento alternative.

Il surfista non è chiaramente l'obiettivo né la preda degli squali, tuttavia può rappresentare un casuale incidente di percorso.

Ci capiteranno di certo occasioni migliori per avvicinarci a questa affascinante disciplina. Per ora ci godiamo le acrobazie delle silhouette scure in lontananza, fasciate da una spessa muta in neoprene per combattere le gelide acque dell'Oceano Indiano.

Abbiamo attrezzato la Ford Falcon con un comodo materasso matrimoniale che entra di misura dal bagagliaio occupando l'intero abitacolo. Non dovremo affatto preoccuparci di dove dormire né programmarlo in anticipo!
Che sia una delle tante aree di sosta gratuite che puntellano l'*highway*, il parcheggio di una spiaggia, il ciglio della strada, il bordo di una foresta, la sponda di un lago, sotto un tappeto di stelle scintillanti nel deserto....
In fondo è proprio questa l'essenza di un *road trip*, libertà estrema.
Di cambiare programma, allungare una sosta o sostituire una tappa con un'altra.
Non dovremo pianificare proprio nulla, direzione a parte.

"Ti offriamo 800 dollari per comprarla adesso!"
Ieri pomeriggio Kris mi guardava nervoso, penso proprio stesse cercando di leggermi nel pensiero.
Alto e barbuto, con i capelli color paglia e un sorriso pigro e piacente.
Non riesco proprio a inquadrarlo per bene...
A primo acchito sembra un *backpacker* come tanti altri però ho come l'impressione che lavori in un'ambiente formale.
Saranno le sue scarpe nero lucido o la camicia ben stirata che indossa.
Chissà se aveva intuito di avermi già in pugno a prescindere dalla sua risposta: avrei pagato anche mille dollari sull'unghia, ci stavo provando solo per risparmiare e vantarmi con G.
Scuote la testa borbottando qualcosa d'incomprensibile mentre estrae un paio di documenti da una ventiquattrore in pelle nera.

"Siete fortunati che ho appena trovato lavoro in un'azienda del centro! Non mi servirà più l'auto per un bel po' di tempo..." ammette accarezzando dolcemente il cofano della station-wagon blu scura.

Non ho mai guidato un'auto così lunga e ingombrante.

Cerchioni arrugginiti, sedili in finta pelle bucherellati un po' ovunque e la carrozzeria opacizzata dall'usura di mare e sole.

Mentre la testavo avevo notato un'ottima tenuta di strada e il motore non sembrava produrre rumori preoccupanti nemmeno aumentandone i giri.

A dir la verità la mia conoscenza e passione in campo di motori è quasi nulla, niente di cui vantarsi per un romagnolo DOC.

"La *Rego* è valida per altri tre mesi, mi raccomando conservatela che vi servirà per il passaggio di proprietà."

Kris mi allunga un foglio rossiccio compilato a metà intitolato *Vehicle Licence Transfer*.

Mi basterà inviarlo via mail insieme al mio documento d'identità e pagare la *Licence Duty & Transfer Fee* di appena settanta dollari per potermi mettere alla guida.

Dovremo rinnovare la *Rego*, paragonabile a bollo e assicurazione in Italia, soltanto a fine febbraio. Vale anche come assicurazione verso terzi ed è estendibile di sei o dodici mesi.

Semplice, no?!

Non è la prima volta che l'ho pensato da quando siamo arrivati.

Percorriamo l'Highway One fino a The Valley of the Giants, una meravigliosa foresta di eucalipti giganti che superano i quattrocento anni d'età.

Camminare sul ponte sospeso a quaranta metri d'altezza osservando la folta vegetazione sottostante è un'esperienza mistica ed emozionante.

Nell'aria c'è un buonissimo profumo di felci selvatiche, salsedine ed eucalipto.

Questa prospettiva elevata consente di immergerci completamente nella rigogliosa natura australiana lasciandoci sedurre da suoni a cui non siamo abituati.

Il richiamo di animali che non riusciamo a scorgere, il vento tra le fronde, il fruscio di un ruscello, il canto dei pappagalli...

Ancor più indimenticabile è l'arrivo il giorno seguente a Cape Le Grand, poco distante da Esperance. Questo parco nazionale è considerato il più spettacolare dell'Australia.

Maestoso, orlato da enormi promontori di granito rosa che si tuffano nell'Oceano blu cobalto e patrimonio di spiagge bianco accecante.

Tutto ciò combinato con una splendida vegetazione lussureggiante, vaste brughiere, fiori selvatici e meravigliose viste sull'arcipelago della Recherche.

Ma soprattutto pochissimi turisti e una pace assoluta.

"Molto meglio della Thailandia!"

G. si guarda attorno sorridendo meravigliata, un misto tra felicità e stupore arduo da descrivere.

Visti dall'alto siamo soltanto due minuscoli puntini dispersi a Lucky Bay, una baia a forma di mezzaluna bagnata da un mare impossibilmente cristallino.

I bassi cespugli scintillano di verde smeraldo sotto il sole di mezzogiorno e non riesco a tenere il conto delle diverse sfumature di colore del mare, dall'azzurro chiarissimo vicino a riva fino al blu scuro elettrico all'orizzonte.

Mi viene voglia di bere quest'acqua tant'è bella e pura.

"Guarda là, ci sono due canguri sdraiati, Filo!"

Non c'è nessun altro in spiaggia, il momento è di quelli da ricordare.

Questo è di fatto il primo incontro ravvicinato con l'affascinante fauna australiana.

La realtà supera di gran lunga le aspettative, tant'è che quello che vedono i miei occhi risulta ancor meglio della classica foto cartolina sulla Lonely Planet.

Chissà come G. l'avesse immaginato...

Lei ama gli animali in maniera viscerale e non fa certo distinzioni di specie, seppur abbia un'alquanto bizzarra predilezione per i roditori, ritenendoli indifesi e impotenti nei confronti dell'uomo.

Devo ammettere che questa sua sensibilità mi ha colpito fin dai primi tempi.

Non riesco ad avvicinarmi a persone indifferenti agli animali, figuratevi a chi li maltratta.

Mi si chiude lo stomaco come quando m'interrogavano a scuola e non avevo aperto libro.

L'acqua è gelida, il bagno troppo breve purtroppo. Capiremo presto l'importanza di una muta nell'Oceano.

Aspettiamo un tramonto rosso porpora e parcheggiamo la Ford sul mare per risvegliarci con lo stesso panorama il giorno seguente.

5
IMPREVISTI

"Ahiaaaa!!!"
Sono appena sceso dal baule della Falcon per stiracchiarmi che sento subito una fitta atroce alla caviglia sinistra.
Quella maledetta che mi sono sfasciato in allenamento dieci anni prima compromettendo di fatto la mia promettente carriera da calciatore.
"Baby, non penso di riuscire a guidare oggi."
Lei mi guarda di traverso preoccupata più per sé stessa che per il mio infortunio.
"Vieni qui che ti faccio un massaggio con la crema all'arnica e vedrai che ti passa! Io non ho mai guidato un'auto con il cambio automatico..."
Questa non ci voleva proprio.
Non penso mi passerà in fretta, non succede mai.
Mi era già capitato un paio di volte guidando troppe ore di seguito, l'unica cura efficace è di fatto il riposo.
Non ci possiamo permettere certo di ritardare la nostra ripartenza dato che il lavoro inizia tra quattro giorni e la strada è ancora lunga.
Ci rimettiamo in marcia con lei alla guida.

"Ma a quanto andavi?"
Siamo in strada da un'oretta quando G. rallenta di colpo scorgendo una pattuglia con i lampeggianti accesi all'orizzonte.
Ovviamente ci fermano.

Un poliziotto alto e muscoloso cammina spedito verso di noi, con aria saccente ci spiega che stavamo correndo al doppio della velocità massima consentita.

La multa sarebbe di duecentocinquanta dollari.

È giovane, completamente sbarbato, dal profilo aquilino e gli occhi color nocciola.

"Sì, questo ammasso di case mobili è davvero un paesino..." penso guardandomi attorno.

In effetti non mi ero nemmeno accorto di transitare in una zona abitata; una dozzina di casette in lamiera arroccate sull'highway, una taverna e un campeggio. Tutto qui.

Intravedo solo ora il cartello stradale che ricorda il limite di cinquanta chilometri all'ora. Noi superavamo i cento quando abbiamo scorto la pattuglia.

"Non ce li avrei nemmeno io quei soldi!" sghignazza a squarciagola lui interrompendo il nostro timoroso silenzio.

"Andate pure, attenti che la prossima volta non sarete così fortunati..."

Non ricordo di aver mai apprezzato tanto una lezioncina, ringraziamo e ci rimettiamo in marcia.

Stiamo attraversando il Nullarbor, una vasta e semi-arida regione dell'*Outback* che si estende dalle miniere d'oro del Western alla penisola di Eyre nel South Australia.

In latino significa "senza alberi", facile capirne il motivo.

Pianure brulle, deserto rosso fuoco, orizzonti infiniti, pochissime curve e una vasta fauna selvatica attiva soprattutto all'imbrunire.

Emu, canguri, wombat e cammelli che potrebbero attraversare la carreggiata in ogni istante.

Definita "la strada più noiosa al mondo" racchiude in realtà incredibili particolarità.

Il tratto di scogliere ininterrotte più esteso del pianeta da cui osservare decine di balene che si accoppiano vicino a riva, la strada rettilinea più lunga mai costruita dall'uomo, il deserto bianco di Eucla e un cielo notturno da fantascienza dato lo scarso inquinamento luminoso.

"Mi sa che tra poco viene a piovere di brutto..."

Spezzo il silenzio indicando grossi nuvoloni scuri apparire di fronte a noi.

G. guida concentrata senza staccare gli occhi dalla strada mordicchiandosi il labbro inferiore.

Sono stato davvero fortunato ad averla incontrata!

Capelli castano liscio, occhi intensi color marrone scuro, carattere forte e spigliato condito da una sana dose di follia.

Dal momento in cui è entrata nella mia vita tutto è stato rapido e istantaneo.

Sei mesi prima non ci conoscevamo nemmeno ed eravamo immersi nelle nostre vite parallele ma da quando abbiamo iniziato a vederci "io" è immediatamente diventato "noi" e abbiamo iniziato a condividere tutto.

In maniera naturale, senza alcuna pressione dell'uno o dell'altro.

Strano per uno come me da sempre egoista, libertino e solitario in amore.

"Siete pazzi... e se le cose tra voi finiranno?"

"Alla fin dei conti vi siete appena conosciuti! Magari è solo sesso e tra qualche mese vi siete già stufati..."

"Quella è una poco di buono, fidati!"

Amici e famigliari mi avevano messo spalle al muro prima della partenza, non si spiegavano proprio il mio cambiamento repentino dopo averla incontrata.

Infatti, seppur fidanzato da tempo con Viola, mi ero sempre comportato male nei suoi confronti atteggiandomi da single per anni.

Con G. era un'altra cosa e me n'ero accorto subito.

Non si trattava più della storia d'amore nata tra i banchi di scuola ma di una nuova partenza tra adulti con la promessa di evitare gli errori del passato e non prenderci in giro.

"Chissenefrega di cosa pensa la gente!" ci siamo sempre detti io e lei.

Certo che siamo consapevoli del rischio che corriamo.

Non ci conosciamo a fondo ancora, potremo vivere momenti difficili se non vere e proprie crisi e dovremo affrontarle dall'altra parte del mondo.

Soli.

Correre dei rischi è scontato quando scegli di cambiare vita affidandoti all'ignoto, altrimenti lo farebbero tutti, no?

La pioggia inizia a farsi insistente e il cielo, solcato da tuoni e fulmini, s'infuria.

"Che figata!"

Schiaccio il viso sul finestrino osservando il paesaggio apocalittico che ci circonda.

Buio totale squarciato soltanto da brevi lampi di luce che mostrano il rosso scuro del deserto e le enormi pozzanghere sulla carreggiata che G. scansa al pelo.

Siamo rimasti gli unici a guidare in questa tempesta?

"Next service station 90 Km"

"Per fortuna che la strada è perfetta..."

Lei nemmeno mi ascolta mentre guida concentrata pregando di avvistare la stazione di servizio il prima possibile.

Un fulmine che squarcia il cielo sembra cadere poche centinaia di metri dinanzi a noi.

Spegniamo lo stereo, l'ansia e la paura rimbombano all'interno della Falcon quasi quanto il temporale.

Avvistiamo decine di saette colpire alberi e arbusti poco distanti dalla carreggiata che prendono fuoco all'istante mentre percorriamo i novanta chilometri più lunghi della nostra vita.

Finalmente la vediamo all'orizzonte!

Una pompa di benzina, un piccolo ristorante e qualche cabina in affitto.

Noto un gruppetto di persone intente a osservare la tempesta di fulmini scattando fotografie.

Sembrano eccitate, a differenza nostra che abbiamo ancora il cuore a mille.

"Bellissima serata vero? Questo è il menù."

Ci viene incontro a passo spedito una signora bionda tinta, bardata con un corpetto bianco perla troppo stretto.

Non riesco a decifrarne l'età, decine di rughe profonde le solcano il viso.

"L'unica cabina disponibile per questa notte costa ottanta dollari" sembra leggerci nel pensiero.

In effetti con un clima del genere e la caviglia a pezzi non disdegno una doccia calda.

Non che quelle all'aperto in spiaggia mi siano dispiaciute, tutt'altro: cosa c'è di meglio di una doccia vista mare osservando i pappagalli danzare in cielo?

"La prendiamo!"

G. mi anticipa iniziando a scaricare le nostre cose dal baule.

Mi sento inutile, zoppico a malapena fino alla nostra cabina costruita in compensato che sembra una baracca.

Letto scassato, bagno minuscolo e due comodini color pistacchio sono un lusso considerato dove ci troviamo.

Ci addormentiamo incastrati alla perfezione come spesso accade negli ultimi tempi.

Il temporale sembra aver perso forza oramai, fuori il silenzio è assordante.

"Filo, cosa succede?!"

Siamo di nuovo in viaggio, quest'oggi pianifichiamo di guidare per oltre seicento chilometri fino a Ceduna.

Lì troveremo il primo ospedale della zona, ho urgente bisogno di far visitare la mia caviglia sempre più gonfia e dolorante.

La Falcon inizia a tossire perdendo rapidamente velocità. G. smanetta con il cambio e preme a fondo il pedale del gas, niente da fare!

Stiamo perdendo giri e rallentando vistosamente, inoltre una nuvola di fumo bianco fuoriesce dal cofano.

Brutto segno.

"Service station 500 meters"

Un miracolo.

Nel panico totale non abbiamo notato la pompa di benzina apparire a breve distanza. Riusciamo a portare l'auto all'ingresso spingendola per gli ultimi cento metri fino al primo parcheggio libero.

Avevamo appena fatto il pieno, si riveleranno settanta dollari buttati al vento.

"Avete bruciato il motore!"

Siamo circondati da un gruppetto di camionisti che infilano la testa nel cofano bollente della Falcon. Sembrano incuriositi e desiderosi di aiutarci.

Uno di questi, dopo aver versato un'intera bottiglia nel radiatore, ci presenta la diagnosi definitiva.

"Quando avete controllato il livello dell'acqua l'ultima volta?"

Capisco subito che siamo fregati; l'avevo già detto che sono negato con i motori?

Avevamo fatto revisionare l'auto a Perth da un meccanico e sembrava tutto a posto. E probabilmente lo era, peccato che nel deserto l'acqua evapori alla velocità della luce.

La Falcon è letteralmente da buttare.

Rimpiazzare il motore costerebbe tre volte il valore dell'auto stessa senza dimenticare le spese di assistenza in questa zona sperduta.

Non voglio certo commettere l'errore di Giordano!

"Dai, non è un dramma, almeno siamo riusciti a fare un pezzo di strada. Cerchiamo un camionista disposto a rimorchiarla fino al primo meccanico?" G. sembra tranquilla quasi come se lo aspettasse.

La sua idea non sarà purtroppo praticabile.

Da lì a sera importuniamo una decina di camionisti ma nessuno sembra disposto ad aiutarci realmente.

Alcuni viaggiano a pieno carico, altri nella direzione sbagliata, altri ancora ci ignorano.

Siamo esausti, inizia a far freddo e non mi reggo in piedi dal dolore.

Spingiamo la povera Ford all'ombra di un'enorme statua raffigurante un canguro che tracanna una birra gelata.

Questo è il simbolo di Border Village, unico avamposto abitato al confine tra Western e South Australia.

Definirlo paesino sarebbe una bugia.

È puramente un luogo di passaggio per camionisti e intrepidi viaggiatori.

Pompa di benzina, minimarket, campeggio, chiesa e una piccola piscina gonfiabile.

Divoriamo due panini colmi di salsa *aioli* e ci sdraiamo nel letto della Falcon.

Sta scendendo la notte, chissà se sarà l'ultima qui dentro...

Peccato perché mi stavo abituando a questa vita.

Mi sento dannatamente impotente di fronte alla nostra situazione, cosa faremo domani?

6
DRUM'N TRUCK

"Ho trovato qualcuno disposto ad aiutarci!"

G. corre verso di me attirando gli sguardi arrapati dei camionisti con cui sto chiacchierando.

Shorts, canotta bianca di lino e capelli lunghi fino alla schiena.

Non passano troppe ragazze da Border Village, ci potrei scommettere...

"Ti sembra un tipo a posto?"

Lei non fa in tempo a rispondermi che lo vedo scendere dal suo *truck* e camminare verso di noi con il passo barcollante di chi si è appena svegliato.

Micheal è un omino basso dalle spalle larghe e il petto all'infuori.

Ha i capelli completamente rasati che mettono in risalto gli occhi azzurro ghiaccio, due larghi divaricatori argentati sui lobi e uno scintillante piercing sul naso.

"Pensavo di riposarmi un'altra oretta prima di ripartire, *if you wanna come...*"

Parla a voce bassa muovendo a malapena la bocca con tono pacato e sereno.

Mi sembra una persona di cui fidarmi a primo acchito.

"Sounds great, thanks for helping mate!"

In fondo quali sarebbero le nostre alternative?

Trovare qualcuno disposto a rimorchiare la Ford sembrerebbe utopico, i trasporti pubblici in questa zona sono inesistenti e di fatto uno sconosciuto vale l'altro.

Inoltre Michael è il camionista più giovanile e rassicurante incontrato in questi due giorni.

Dobbiamo proseguire il viaggio e non ne posso davvero più di gironzolare per quest'area di servizio sperduta ai confini del pianeta Terra.

Salutiamo la Ford per l'ultima volta, mi dispiace davvero sia finita così.

Di certo meglio qui che in mezzo alla tempesta di fulmini di ieri sera!

Osservo Michael scendere dal posto di guida saltando agilmente con delle stringhe d'acciaio in mano.

Solo ora realizzo le dimensioni del suo truck.

Una cabina massiccia a cui sono collegati tre lunghi rimorchi carichi di macchine agricole *oversize*.

In tre minuti i nostri zaini sono già legati strettissimi al rimorchio di mezzo, siamo pronti!

La cabina principale è costituita da due larghe sedute e una cuccetta nel retro in cui Micheal riposa durante i lunghi viaggi.

La cosa più impressionante è certamente il volante che appare impossibile da maneggiare: enorme, spesso e pesante.

G. si fionda nella cuccetta imbottita in morbida pelle nera speranzosa di dormire come suo solito.

Si sbaglia di grosso.

"Che musica ascoltate *guys*?"

Michael inizia ad armeggiare con lo stereo, sembra un impianto professionale dotato di enormi casse laterali e posteriori.

"Faccio il DJ nel tempo libero, questa l'ho mixata io!"

Sussulto istintivamente, il volume è altissimo e i bassi profondi.

Hardcore puro, sono anni che non ascolto questo genere.

Mi vengono in mente alcune serate a Riccione quando ero ragazzino.

Cocoricò in Piramide, luci strobo, orecchie ovattate e gente assiepata che si dimena.

Le facce sconvolte dei miei amici, l'alba sul mare addentando una piadina, sentirsi parte di qualcosa tutti insieme...

"Wow, I love it!" mente G. gridando dal retro.

Viaggiamo perennemente sballottati con gli occhi sbarrati e i timpani assordati, attorno a noi soltanto deserto piatto e uniforme.

Perdiamo in fretta la cognizione del tempo.

"Questo è il mio posto preferito!" Michael parcheggia a lato della carreggiata e scende con il solito balzo invitandoci a seguirlo.

Il sole del primo pomeriggio spinge sulle nostre teste scoperte. Camminiamo lungo un sentiero polveroso in pendenza, il deserto qui è color ocra e privo di arbusti.

Sento finalmente l'odore del mare!

La vista è mozzafiato.

Altissime scogliere a picco sull'oceano agitato respingono onde furiose che s'infrangono ad altezze impensabili.

Noto la sagoma di un pescatore seduto con un cappello di paglia in testa.

Sta pescando veramente? Ci saranno almeno trecento metri di altezza da qui alla superficie del mare...

"Ci siete cascati?"

Michael se la ride di gusto coprendosi la bocca con il palmo della mano.

Non è altro che uno spaventapasseri che qualche burlone del posto si è divertito a bardare per bene.

Chissà quanti turisti lo hanno fotografato credendolo vero...

"Balene!" G. indica tre puntini neri muoversi lentamente sotto di noi nell'oceano di un'azzurro intenso quasi fittizio.

Siamo in piena stagione migratoria e ne osserviamo decine sbuffare aria dagli sfiatatoi.

Che spettacolo meraviglioso!

Ce lo godiamo con calma accarezzati dal vento fresco dell'Antartico.

Michael si siede in disparte guardando il cielo, sembra una brava persona con un lato oscuro, come se portasse dentro sofferenza per qualcosa o qualcuno. Forse è semplicemente molto solo: mi ha raccontato di stentare a trovare tempo per gli amici lavorando sei giorni a settimana a migliaia di chilometri di distanza da casa.

"Quelli sono Emu!"

Michael rallenta di colpo mettendo alla prova i freni del truck che cigolano sotto qualche tonnellata del suo carico.

Il sole è appena tramontato ma c'è ancora abbastanza luce che definisce il paesaggio circostante.

A queste latitudini il crepuscolo sembra infinito.

Due enormi struzzi stanno attraversando la strada cinquanta metri di fronte a noi. L'emu è il secondo volatile più grande al mondo superando due metri di altezza e cinquanta chili di peso.

"Purtroppo ho investito di tutto sulla strada durante la mia carriera..." Michael ci spiega come gli animali più pericolosi per un camionista siano cavalli, cammelli e l'echidna, una specie di porcospino preistorico dotato di lunghi aculei capaci di bucare perfino le gomme di un camion.

Raggiungiamo Ceduna a notte fonda.

Lui dormirà nella cuccetta posteriore, io e G. nel motel più economico. Purtroppo non disponiamo di una tenda per campeggiare visto l'affidamento completo riposto nella Falcon.

"Domattina vi passo a prendere al volo dal retro. Lo sapete che in Australia è illegale dare passaggi agli autostoppisti?"

Michael rischia infatti una multa salatissima.

Un camionista non puo' caricare passeggeri mentre è in servizio.

Fino a qui nessuno ci ha fermato, ma il rischio aumenta certamente d'ora in avanti poiché abbiamo lasciato il Nullarbor e attraverseremo paesini e villaggi in rapida successione.

Domani dovremmo raggiungere Adelaide, la quinta città più popolata del Paese, proseguendo poi per conto nostro in direzione New South Wales.

"*No worries guys*, vi posso accompagnare io all'ospedale *tomorrow morning!*" esclama la proprietaria del Motel che non è squallido come ipotizzavo da fuori.

Semplice, ordinato e pulito, ideale per una notte e via.

Il Ceduna District Hospital è sorprendente già dall'esterno.

Curato e di ultima generazione nonostante si trovi in una cittadina sperduta ai confini del deserto che conta appena quattromila abitanti.

Mi ricorda una chiesa anglicana di quelle che avevo visitato in Inghilterra.

Un imponente edificio bianco suddiviso in ampie navate con tetti a spiovere, vetrate colossali e finiture in legno scuro.

La sala d'attesa è affollata di soli aborigeni. Facile distinguerli: pelle scura, gambe esili, fronte ribassata e inclinata, setto nasale sporgente.

Secondo alcuni studi sarebbero gli uomini più antichi apparsi sulla Terra.

In Australia vi sono più di cinquecento popoli aborigeni differenti, ciascuno con la propria identità linguistica e territoriale.

La Terra è un elemento cruciale culturalmente per cui intorno a essa ruota la loro completa esistenza materiale e spirituale.

Prima della colonizzazione vivevano in gran parte lungo le coste in comunità semi-stanziali, ma il furto e la distruzione dei territori ancestrali ha causato loro un impatto terribile a livello sociale e fisico.

Nel corso del ventesimo secolo, allo sterminio della popolazione aborigena si è aggiunta una politica brutale volta a sottrarre i bambini ai propri genitori per affidarli a missionari con l'obiettivo di sradicare ogni traccia della loro cultura.

Ad oggi sono ancora vittime di razzismo e violenze; gran parte di essi vive nel deserto e nelle grandi città, spesso emarginati nel degrado delle periferie.

Il loro tasso di suicidi e mortalità infantile è molto superiore alla media e hanno un'aspettativa di vita decisamente bassa.

Alcuni lavorano come braccianti, molti vivono di sussidi statali, soltanto in pochi ormai praticano caccia e raccolta.

E pensare che un tempo erano abili coltivatori, tant'è che bruciavano sterpaglie per favorire la crescita delle piante e inventarono tecniche avanzate per individuare fonti di acqua.

"Dai, Filo, vedrai che con qualche antinfiammatorio ti passa!" G. se la ride di gusto decifrando l'insolita diagnosi che la dottoressa ha disegnato.

La caviglia è rappresentata con uno *smile*, i miei limiti linguistici rimpiazzati con un disegno che illustra la ragione del mio dolore.

Niente di grave: soltanto una fasciatura da tenere per una settimana e il classico riposo consigliato.

Spesa zero grazie alla *Medicare*.

Michael oggi sembra di cattivo umore, sarà la stanchezza...

Pranziamo a Port Augusta in una stazione di servizio, offriamo noi ovviamente.

Sorrido addocchiando la sua scelta salutare; un'insalata condita da uovo sodo e olive nere, tè caldo e una barretta di cereali al miele. Mi ero sempre immaginato i camionisti come tipi da birra, hamburger e patate fritte...

I soliti pregiudizi che detesto e tuttora mi trascino appresso.

Spesso giudichiamo le persone con troppa leggerezza confondendo i cliché con la realtà mentre seguiamo il pensiero della massa.

Il problema è che di solito la massa non pensa ma tende ad appiattirsi e omogeneizzarsi rendendo futile ogni tentativo di personalizzazione.

Sembra quasi che seguire la moda diventi la moda stessa. Chiunque esca da certi canoni predefiniti rischia di essere additato o nel peggiore dei casi escluso.

Viaggiare per me significa anche questo, captare nuovi stimoli e distanziarmi dal conformismo che la società moderna ci impone.

"Che assurdità è questa?!" G. mi sventola in faccia un volantino che promuove un'alquanto bizzarra attività.

"Swimming with tuna"

L'immagine sgranata mostra un gruppo di turisti che nuota in mezzo a enormi tonni all'interno di un allevamento intensivo.

Sapevo degli squali e avevo provato l'adrenalina della *shark cage* alle Hawaii.

Ricordo nitidamente quell'esperienza vissuta in compagnia del mio migliore amico.

Mattina presto, mare mosso, il brivido di tuffarsi in mare aperto all'interno di una gabbia circondata da curiosi squali tigre lunghi oltre quattro metri, i loro occhi laterali che ci scrutano.

E appena due ore dopo ci stavamo lanciando in tandem da un aereo a quattromila metri di altitudine.

Skydiving e *shark cage* nella stessa mattinata potrebbe davvero rappresentare un'impresa da pazzi.

Ricordo che vomitammo non appena appoggiati i piedi a terra e filammo dritti a letto al nostro rientro, stremati e sconvolti.

"Grazie al mio lavoro ho visitato ogni angolo dell'Australia, ma Alice Springs è senza dubbio il mio posto preferito!" ammette Michael con nostalgia masticando mandorle tostate.

"Andai là da giovane per una settimana di vacanza ma alla fine vi rimasi per sette anni. È stato il periodo migliore della mia vita!"

Sentir parlare di Alice m'incuriosisce dannatamente.

Esaminando qualsiasi mappa dell'Australia è facile individuare questa cittadina del *Red Centre* ubicata nel cuore del Paese.

Noto per caso lo sfondo del suo cellulare, dove una prosperosa mora posa indossando un bikini rosso che lascia poco spazio all'immaginazione.

La strada diventa sempre più stretta e tortuosa; fuori soltanto buio profondo.

Dove stiamo andando?

Abbiamo lasciato l'highway da poco e il paesaggio è collinare, me ne accordo dal motore che aumenta di giri in salita.

Siamo in viaggio da oltre dodici ore.

"Devo consegnare il truck nel deposito del mio capo, poi vi accompagno in ostello." G. mi guarda timorosa: per la prima volta ci sentiamo a disagio. Sarà il buio, la stanchezza, la tensione di Michael...

Lo guardo di sbieco.

I suoi lineamenti appaiono duri e marcati nella penombra, le mascelle irrigidite.

Imbocchiamo una strada sterrata raggiungendo in fretta un deposito in cui intravedo le sagome di alcune persone.

Il cielo è terso e la luna piena.

Michael scende e cammina veloce con le mani in tasca scomparendo nell'oscurità.

"Tranquilla baby!"

La stringo forte a me immaginando cosa stia pensando.

Siamo soli in un deposito sperduto sulle colline di Adelaide in piena notte, nessuno sa che ci troviamo qui e conosciamo Michael da appena tre giorni.

I fanali al bixeno di un auto sportiva rosso fiammante ci accecano interrompendo le nostre paranoie.

"Scusate l'attesa, ragazzi" ci dice lui al volante con tre birre in mano.

L'auto profuma di nuovo, nel baule noto un paio di scarpe eleganti e un cambio di vestiti ben piegati.

Mi sento in colpa per aver dubitato di lui. Se non l'avessimo incontrato probabilmente saremmo ancora bloccati nel deserto.

La strada si allarga in fretta e le luci della città scintillano.

Adelaide è tranquillissima a quest'ora vista la quasi totale assenza di traffico.

L'influenza europea è storicamente molto forte, e sarà per questo che vini e cucina sono tra i più pregiati.

La capitale del South Australia è considerata una delle città meglio progettate al mondo, la sua struttura urbana consente infatti la perfetta convivenza di antichi tesori e stili contemporanei.

Attraversiamo una piazza deserta addobbata con un gigantesco albero illuminato a festa: manca poco a Natale!

"Vi auguro di trovare quello che state cercando e, mi raccomando, state attenti a fidarvi della gente perché ci sono tanti bastardi in giro..."

Siamo tutti e tre visibilmente emozionati mentre ci abbracciamo forte.

Non lo rivedremo mai più, ma sono certo non lo dimenticheremo.

MARGARET RIVER

PERTH

ESPERANCE

BORDER VILLAGE

ADELAIDE

7
MAFIA FARM

Adelaide è affacciata sull'Oceano Indiano e caratterizzata da un clima mediterraneo e secco.

Fondata nel 1836 con l'ambizione di circoscrivere il centro cittadino all'interno di un miglio quadrato e tutt'intorno spazi aperti culminati con colline ondulate a est e spiagge a ovest.

Il vero spettacolo è rappresentato dal Central Market che brulica perennemente di gente ed eventi mettendo in mostra i migliori prodotti locali e internazionali all'interno di un gigantesco padiglione coperto. Frutta e verdura, carne, frutti di mare, formaggi e vini pregiati, pane fresco e pasticcini, caffè a profusione...

Ciò che rende davvero speciale questo luogo istituito oltre centocinquant'anni fa è l'aria di festa, le luci e i colori, gli aromi, i profumi e i sapori delle varie tradizioni culinarie.

"Dovevamo stare più attenti in Thai! Tutti quei massaggi..." G. ha perfettamente ragione.

Siamo partiti dall'Italia con appena tremila euro a testa e un biglietto di sola andata per Perth.

I dieci giorni in Thailandia avevano certamente ridotto il nostro margine e la Ford Falcon non si è rivelata un grande investimento.

D'altronde non sono mai stato un buon risparmiatore in Italia, dato che ho sempre lavorato sottopagato tant'è che mi sono visto costretto a svendere, prima della partenza, la mia cara Alfa per accumulare un gruzzolo decente.

G. per sua fortuna aveva incassato il TFR dopo tre anni di lavoro.

Non abbiamo altri soldi a casa, nessun piano B insomma.

"Ma sono tutti invitati a un matrimonio?"

Il volo Virgin diretto a Canberra è stipato di persone di mezza età vestite in modo formale; io e G. siamo gli unici backpackers.

Il costo dei voli interni in Australia è decisamente alto, ragion per cui gran parte dei comuni mortali preferisce muoversi via terra dato il prezzo contenuto della benzina.

Canberra, distante appena trecento chilometri da Sydney, è la capitale politica dell'Australia. Sede del Parlamento e di numerose altre istituzioni governative, viene definita *"the bush capital"* perché circondata da vaste aree di vegetazione spontanea.

Ne capisco la ragione guardando fuori dall'oblò: collinette aride e brulle circondano la cittadina attraversata dal fiume Molonglo.

Non sembra affatto un luogo indimenticabile e il nostro bus diretto a Young parte tra un paio d'ore.

Stasera conosceremo finalmente il nostro capo. Inizio a sentire la tensione salire, ho una brutta sensazione...

Il viaggio in bus dura quasi tre ore, gran parte dei passeggeri sono ragazzi senza patente e anziani del posto.

Facciamo tappa in una decina di cliniche private e ambulatori della zona, alcuni passeggeri vengono lasciati perfino di fronte a casa. Salutano l'autista come si conoscessero da una vita.

Young è il classico paesino rurale dell'Australia: strade larghe, case basse, parchi pubblici ben curati e un'atmosfera pacifica. Di fronte alla stazione degli autobus campeggia una statua in pietra raffigurante un rametto di ciliegie ad altezza uomo.

Chiamo Jeff, nessuna risposta. Dopo un'ora e una decina di chiamate perse, un furgoncino color panna inchioda di fronte a noi.

"Siete voi i *pickers*?" Due ragazzi di origine indiana dall'aspetto trasandato abbassano a fatica il finestrino cigolante.

Saliamo nel retro facendo attenzione a non inciampare in una delle tante cassette di plastica rovesciate sul pavimento.

È pieno di ciliegie schiacciate sotto i nostri piedi, capisco subito il malinteso.

"*Cherries farm, Orange County*" leggo su un flyer stropicciato. Ecco perché pagano così tanto per chilo, si tratta di ciliegie. Iniziamo bene!

I ragazzi ci lasciano di fronte a un hotel che a prima vista sembra abbandonato.

Questo è Harden, paesino uscito direttamente da una pellicola Western americana.

Saloon, balle di fieno che rotolano in strada, gente conciata da cowboy con tanto di cappello, stivali in pelle e bandana. Non proprio l'Australia che ti aspetti!

Siamo lontani anni luce dalla glamour Sydney, dalle isole della Grande Barriera Corallina e dalle foreste tropicali del Queensland.

"Ciao ragazzi, sono Yumos. Jeff non è qui al momento per cui farete riferimento a me fino al suo ritorno."

Ci viene incontro un omino scuro di pelle, tozzo, basso e con radi capelli grigiastri sulla nuca. Sembra gentile e tradisce una pronuncia asiatica, Bangladesh, India o qualcosa del genere.

La vera sorpresa ci attende all'interno dell'hotel: sporcizia, disordine generale, cattivo odore, muffa sui soffitti... La moquette, un tempo rosso fuoco, mette in mostra enormi chiazze marrone scuro. È pieno di fango, paglia e plastica per terra.

Salendo le scale conto una cinquantina di paia di scarpe disseminate lungo il corridoio.

"Questa stanza è solo per voi!" Yumos ci mostra un'ampia camerata con tre letti a castello arrugginiti.

"Ci vediamo domattina alle 4,30; mi raccomando, fate colazione prima."

"Hai visto che schifo c'è di sotto?" G. sembra inorridita.

Usciamo per prendere un po' d'aria e scendendo le scale scorgiamo chi popola questo luogo squallido.

Un gruppo di ragazze asiatiche ci guarda in modo sospettoso quasi fossimo intrusi.

All'esterno non incontriamo anima viva e gran parte dei negozi sembra chiusa da tempo.

Rientriamo affamati, purtroppo la cucina versa in condizioni ben oltre il limite della decenza.

I fornelli vecchi sono completamente incrostati di grasso, ci sono avanzi di cibo un po' ovunque e una pila di piatti e pentole sudicie alta più di me.

Odore acre di olio fritto e verdura avariata, disgusto allo stato puro.

"Usa questo fornello che funziona meglio!"

Sto cercando una pentola accettabile per cucinare un piatto di pasta quando un signore sulla cinquantina mi viene incontro.

È alto e vestito come un meccanico, trascina a fatica un mocio impregnato d'acqua sporca.

"Piacere, Matt, mi occupo delle pulizie."

Mi trattengo dallo scoppiare a ridere osservandolo cucinare quattro salsicce alla piastra davvero poco invitanti. Guadagna venti dollari all'ora e lavora qui da tre anni durante la stagione della raccolta.

4.26 A.M.

"Oggi giorno libero causa maltempo, Yumos."

Mi sto infilando le scarpe ancora assonnato quando leggo il messaggio.

Torniamo a letto con l'amaro in bocca senza riuscire a riaddormentarci; quando usciamo la pioggia sta diminuendo e il sole inizia a riscaldare l'aria.

Notiamo un piccolo caffè arredato con gusto e decidiamo di entrare.

Il locale, che propone caffetteria e dolci fatti in casa, è arredato in maniera minimalista. C'è una buona energia e un invitante profumo di croissant.

"*Morning*, siete nuovi?" Erick è il proprietario, un affabile signore di bell'aspetto vestito alla moda.

Parliamo del più e del meno mentre ci presenta la moglie che rientra carica di sporte della spesa.

"Lasciatemi il vostro numero che questo weekend siete nostri ospiti a cena!"

Accettiamo volentieri, d'altronde non conosciamo nessuno qui e sarebbe bello farsi degli amici. Usciamo galvanizzati da questo piacevole incontro.

Il paesaggio ricorda la Val d'Orcia in piena estate: docili colline bruciate dal sole, poderi protetti da bassi fili spinati, campi di grano a perdita d'occhio e animali da pascolo sparsi ovunque.

"Speriamo di non esserci preparati per niente anche oggi..."

Cerco di scrutare il cielo ma è ancora buio pesto.

"Anche voi state aspettando Yumos?"

Siamo scesi in strada ad attendere il passaggio per raggiungere la farm.

Il cielo inizia finalmente a schiarire.

Incontriamo un gruppo di ragazzi infreddoliti che sembrano stanchi e svogliati.

Tutte le mattine aspettano per un'ora quel maledetto furgone.

Raccontano che la raccolta delle ciliegie è generalmente fruttuosa, ma non è questo il caso dato che la stagione è oramai agli sgoccioli. Le *cherries* rimaste sono infatti piccole e in gran parte marcite; per giunta da questa settimana il proprietario paga cinque dollari al cesto invece che otto.

Superato il cancello della farm ci sono già una cinquantina di auto parcheggiate di fronte al capannone e decine di ragazzi in coda nell'attesa di ricevere indicazioni sul filare assegnato loro.

Li ascolto lamentarsi del mancato pagamento di alcuni cesti facendo riferimento a una certa Wendy, un donnone biondo dalla voce angelica e i modi delicati.

Sembrerebbe il capo dato che tutti pendono dalle sue labbra.

Ci incamminiamo verso i campi quando il sole si staglia già in alto sulle nostre teste.

"Con le ciliegie abbiamo sempre fatto i soldi, ma qui ci sono troppi asiatici che pur di lavorare accettano qualsiasi condizione." David e Thomas sono irlandesi, si spostano di farm in farm da mesi ormai dormendo nella loro auto famigliare.

Osservano i loro alberi scuotendo il capo infuriati. Pessimo segno.

Un ragazzino australiano alla guida di un quad ci consegna i cesti vuoti; siamo finalmente pronti a iniziare! È il nostro primo giorno di lavoro e non abbiamo la minima idea di come muoverci dato che nessuno ci ha spiegato la tecnica.

Iniziamo raccogliendo le ciliegie una per una, ma ben presto mi rendo conto che siamo troppo lenti dato che ho riempito appena un cesto in due ore! Sembrerebbe proprio che la stagione sia agli sgoccioli...

Alle due e mezza del pomeriggio ci saranno trentacinque gradi all'ombra e la giornata lavorativa si conclude.

"Va bene se passiamo a prendervi alle sette?" Il messaggio di Erick mi coglie di sorpresa: a dirla tutta ci eravamo completamente dimenticati della cena in programma.

Rimetto in frigo il formaggio che sto addentando e corro a cambiarmi.

Che strano vestirsi da sera dopo un mese di vagabondaggio!

Indosso un'elegante camicia a maniche lunghe; ne ho portate un paio dall'Italia, quando le metterò?

Raramente, visto il nostro stile di vita "australiano": niente aperitivi, cene fuori, serate o *dress code* in ufficio. Il che non mi dispiace affatto, seppur abbia sempre amato i vestiti e addirittura ne sia stato ossessionato da adolescente, della serie "devo comprare una T-shirt nuova per l'uscita del venerdì sera".

Non mi riconosco proprio più in quel ragazzo viziato e superficiale.

In Australia il modo di vestirsi è generalmente informale, grandi città a parte.

Le metropoli sono molto distanti dalla realtà socio-culturale dell'australiano medio: infatti, è ovvio che in centro a Sydney o Melbourne gran parte delle persone vesta alla moda visto che si tratta di microcosmi in cui le tendenze si sviluppano rapidamente creando un vero e proprio melting pot culturale.

Come sempre occorre allontanarsi dalle grandi città per cogliere l'essenza di un Paese.

La globalizzazione ha appiattito le differenze culturali; d'altra parte, visitare un centro commerciale in Cina o in Australia che differenza fa? Quasi nessuna a uno sguardo attento.

Il "vero australiano" vive nel bel mezzo del deserto, in un paesino sul mare o sperduto nel *bush*, non certo in una metropoli sfavillante assediata da immigrati alla ricerca di fortuna.

È decisamente più facile ripartire da zero a Sydney piuttosto che in un paesino della Tasmania.

All'interno di una metropoli non hai la necessità di mescolarti realmente. Infatti, puoi facilmente conoscere migliaia di immigrati come te con cui condividere gioie e dolori continuando, con buone probabilità, a parlare la tua lingua nativa.

Inoltre la barriera linguistica si riduce, dato che tutti o quasi parlano un inglese "sporco" e di certo nessuno si aspetta dallo straniero una pronuncia perfetta visto che sono decenni ormai che s'incontrano europei, asiatici e americani a Sydney, Melbourne, Perth, Brisbane…

Nel paesino di provincia invece?

Non dimenticherò mai quello che mi disse, anni dopo, un cliente australiano dell'hotel in cui lavoravo come manager a Mystery Bay, cinque ore a sud di Sydney.

"Mio figlio non trova lavoro e tu che parli a malapena l'inglese gestisci tutto questo?"

Sembrava irritato e incredulo.

Ai suoi occhi non era accettabile che uno come me, seppur con maggior esperienza e *skills* del figlio, "rubasse" il lavoro a un ragazzo del posto.

A Sydney non avrei mai destato tale attenzione poiché l'integrazione fa parte del DNA di chi ci vive da decenni.

Mi sono sentito affranto, denigrato e ferito nell'orgoglio da questa vicenda che mi ha messo nei panni dei tanti immigrati che quotidianamente subiscono episodi di discriminazione e razzismo.

L'accogliente dimora di Erick e Kelly sorge sulle pendici di una collinetta poco fuori Harden. È la classica casa *Ozzie* di campagna costruita su un piano con interni in legno, porticato e ampio giardino.

Sul frigorifero ci sono diverse fotografie che li ritraggono insieme durante alcuni viaggi: Santorini, Venezia, Lisbona, New York...

Sembrano una coppia felice e affiatata.

"Immagino che siate amanti del buon vino! Vorrei un parere su questa etichetta italiana." Erick ci stringe la mano educatamente mostrandoci una bottiglia di Prosecco che sembra costosa.

È ancor più elegante dell'altro giorno e dimostra appena una cinquantina d'anni.

Ci raccontano di avere tanta nostalgia dei figli, nostri coetanei, che si sono trasferiti a Perth per lavoro.

"La farm in cui lavorate non ha certo una bella reputazione, il boss è un bastardo milionario che sfrutta i giovani. Pensate che l'hotel abbandonato in cui alloggiate è del padre di Wendy!"

Ci promettono di aiutarci a trovare un lavoro migliore e prima di andarcene facciamo una passeggiata notturna in giardino.

"Non abbiamo un cane per scelta, altrimenti *wallabies* e *lizards* non verrebbero più a trovarci..."

Erick punta la torcia verso una famiglia saltellante di questa specie di canguri dal manto scuro particolarmente tozzi.

Che meraviglia disporre di un giardino gremito di animali selvatici tutt'altro che timidi! Gli regaliamo una cartolina di Bologna promettendo di rivederci al più presto.

Non accadrà, il nostro futuro è già lontano da qui.

"Qua non ti danno un bel niente, *brother*!"

David, il ragazzo irlandese, mi abbraccia pugnalandomi alle spalle.

Difatti in questa farm il lavoro non vale per i fatidici ottantotto giorni perché non ci viene offerto un contratto regolare.

Paga misera e nessun diritto, davvero peggio non ci poteva andare!

Realizzo vividamente che siamo finiti all'interno di una vera e propria organizzazione mafiosa.

"Questa fila è una pena!" G. ha i nervi a fior di pelle mentre raccoglie un paio di minuscole ciliegie dai rami più bassi.

Sono le due e presto anche questa giornata fallimentare sarà finita.

"Basta baby, andiamocene! Non vale la pena alzarsi alle quattro del mattino per guadagnare quasi niente e farci prendere in giro."

Lancio il cesto vuoto a terra scalciandolo rabbiosamente.

E pensare a quanta strada abbiamo fatto per venire fin qui...

Inaspettatamente mi ritrovo di fronte il ragazzino alla guida del quad.

"Perché fai cosi? Guarda che chiamo il boss!"

Lo osservo per bene, è sudato fradicio e gli tremano le mani. Avrà sedici anni, forse meno, è pieno di brufoli in viso e il suo respiro è affannoso.

Sorrido e tiro dritto verso il parcheggio, voglio solo andarmene.

"*Suck my dick!*" sbotto mentre lui continua a parlarmi a distanza. Purtroppo mi ha sentito e non gradisce di certo l'offesa.

Risale sul quad e mi viene incontro a tutta velocità facendo il giro largo.

Quando si trova ormai a dieci metri da me, incappa in una buca che lo sbalza contro un ramo facendolo cadere all'indietro gambe all'aria.

A questo punto tutti stanno osservando la scena e un gruppo di ragazzi scoppia a ridere di gusto.

Lui si rialza furioso e mi punta, paonazzo dalla vergogna.

"Puoi ripetere quello che hai detto?"

I suoi occhi schiumano odio, io invece sono sereno dato che non dovrò rivederlo mai più.

"Oggi è il nostro ultimo giorno di lavoro, perciò ho detto alla mia ragazza che stasera facciamo l'amore!"

Lui mi guarda sorpreso, non sa davvero cosa rispondere.

L'ho spiazzato e non gli resta che allontanarsi mugugnando insulti in cagnesco.

Sono contento di averlo umiliato di fronte agli altri, forse da domani sarà più clemente.

L'euforia lascia in fretta spazio alla preoccupazione visto che, abbandonato questo lavoro, non abbiamo niente in mano.

I soldi scarseggiano e non penso che riscuoteremo mai il poco guadagnato in questi giorni.

"Non pensavo fosse così dura l'Australia, mi mancano i colleghi e vorrei tornare a casa..." G. è visibilmente abbattuta e di pessimo umore: questo non è certo l'inizio che sognava.

Scendo in cucina con il Computer sottobraccio per cercare offerte di lavoro.

"Anch'io me ne vado e minaccerò Jeff di denunciare questa storia al Governo se non mi paga." Un ragazzo francese, che avrà di certo assistito alla scena da film di oggi pomeriggio, mi da il cinque a mano aperta.

"Se volete evitare la mafia nelle farm dovreste andare nel Northern Territory o in Tasmania."

Mi s'illuminano istantaneamente gli occhi sentendo parlare di quest'isola situata nell'estremo sud dell'Australia.

Ho sempre amato le isole sconosciute e la geografia, l'unica materia che attendevo con ansia durante la settimana scolastica. Quando in seconda superiore fu eliminata dal programma mi disperai.

"Andiamo? Potremmo cercare un *working hostel* per evitare brutte sorprese..."

Si tratta di ostelli largamente diffusi in Australia che offrono lavoro ai propri ospiti, una scommessa vinta almeno sulla carta.

Ci sono poche offerte su Gumtree nonostante la stagione delle *cherries* dovrebbe iniziare nel giro di una settimana.

Huonvalley Backpacker cattura subito la nostra attenzione: buone recensioni, prezzo settimanale ragionevole e pagina Facebook aggiornata.

"Baby, il treno per Sydney è alle due stanotte, cosa facciamo?"

Ce ne andiamo senza pensarci due volte.

Compriamo i biglietti del volo Sydney-Hobart, domani pomeriggio saremo già in Tasmania.

8
TASMANIA, AMORE A PRIMA VISTA

Ci attendono due ore di viaggio per raggiungere l'ostello.

La proprietaria ci ha raccomandato di fare la spesa in città prima di arrivare, così arraffiamo il possibile al supermercato tra una corsa e l'altra.

Hobart è la capitale della Tasmania nonché la seconda città più antica d'Australia.

Immersa tra verdi colline alle pendici di Mount Wellington, vanta uno speciale connubio di patrimonio culturale, paesaggi naturali e gastronomia di alto livello.

Quest'isola a forma di cuore garantisce infatti alcuni tra i più freschi frutti di mare al mondo pescati direttamente nell'Oceano Antartico.

Ci lasciamo alle spalle Hobart mentre il bus si arrampica su strade strette e tortuose che attraversano un paesaggio fiabesco. Le colline cambiano colore continuamente riflettendo le luci del tramonto e la foresta circostante ostenta sfumature differenti a ogni angolo.

"Che spettacolo!" G. sembra estasiata.

Una netta differenza rispetto al deserto del Nullarbor, le campagne del New South Wales e le spiagge di Margaret River.

A me ricorda l'Irlanda e i suoi sconfinati prati verde smeraldo.

La Tasmania è considerata un assaggio della Nuova Zelanda pur non possedendo montagne così alte né ghiacciai.

Non sono affatto d'accordo con questo cliché; infatti, benché si trovi alla stessa latitudine e condivida il clima oceanico, è unica nel suo genere.

In questo pezzo di terra bagnato da Oceano Indiano e Mar di Tasman si respira l'aria più pura al mondo, sorge un'immensa area protetta che ne ricopre un quarto del territorio e convivono paesaggi opposti.

Spiagge da cartolina sulla costa orientale, sentieri di trekking tra i più lunghi al mondo su quella occidentale, scogliere tempestose, scenografie preistoriche, foreste pluviali incontaminate, fauna bizzarra e importanti testimonianze storiche.

Seduto di fronte a noi c'è un ragazzo vestito alla moda con i baffi curati e uno snapback vintage sulla testa.

Sta giocherellando con un ciondolo appeso al suo backpack scolorito, chissà dov'è diretto...

Da quel che so ci sono soltanto due ostelli in zona.

"Che freddo!" G., che indossa soltanto una felpa leggera, si sfrega le mani vigorosamente.

Siamo a metà dicembre e l'estate australiana è appena iniziata. Non di certo in Tasmania! Il vento è gelido, le nuvole rapide, e senza sole è tutta un'altra storia.

Paul scende con noi.

È francese e ben presto diventerà il nostro migliore amico.

Dalla fermata del bus all'ostello ci separa soltanto una ripida salita; la struttura sorge infatti sulle pendici di una collinetta che gode di una vista mozzafiato della Huon Valley.

L'ufficio è una cabina in legno collegata a una casa signorile di proprietà di Jayne, la manager e proprietaria. È una tipa alta e robusta con un faccione rotondo e gli occhi profondi; un folto groviglio di capelli grigi e arruffati le copre interamente la fronte.

"Benvenuti ragazzi! Entrate che vi devo registrare." La sua voce squillante e nevrotica mi ricorda quella della mia prof di matematica del liceo.

"Leggetevi questo per bene e, se siete d'accordo con tutte le clausole, firmate fronte e retro."

Tre fogli pinzati elencano un numero spropositato di regole e comportamenti da rispettare. Duecento dollari di deposito a persona, due settimane di preavviso prima di andarsene e il divieto assoluto di introdurre alcolici comprati all'esterno.

In caso di infrazione, Jayne avrà pieno diritto di trattenere la caparra versata.

Siamo stanchi e desideriamo soltanto un letto su cui crollare.

"Domani potete già iniziare a raccogliere le fragole, e la stagione delle ciliegie è ormai alle porte."

Ritira soddisfatta i contratti firmati mentre paghiamo in contanti deposito e prima settimana di soggiorno.

"Purtroppo mi sono rimasti solo due letti liberi, vi dispiace dormire insieme stanotte?"

Jayne mi guarda impassibile: se rifiutassimo, dove andremmo?

Abbiamo già pagato, sono le otto di sera e perdipiù il primo autobus passa soltanto domattina.

Ci indica una casetta illuminata distante dai due edifici principali.

Un ragazzo biondo e scarno ci apre con aria sospettosa, all'interno ci sono tre letti a castello minuscoli e un ammasso di zaini impilati in un angolo.

Qui vivono tre ragazzi appena diciottenni e una ragazza poco più grande.

Sono tedeschi e sembrano conoscersi da una vita; stanno giocando al computer indossando cuffie *gaming*.

Non sembra abbiano troppa voglia di socializzare, per cui andiamo in cucina curiosi di conoscere gli altri.

"Sono qui da un mesetto, lavoravo per una famiglia di Hobart in cambio di vitto e alloggio. Speriamo nelle *cherries* perché ho urgente bisogno di soldi!"

Paul è un tipo a posto, sogna di diventare chef e vive a Montpellier.

G. cucina per tutti e tre una carbonara veloce, mentre una decina di ragazzi appollaiati sui divani sta guardando il primo episodio della saga di Harry Potter.

"Hi, what's your name guys?"

Fiorella ci viene incontro con una tazza di camomilla tra le mani.

Capelli lunghi e mossi, vestito largo, un paio di pantofole pelose ai piedi e la sigaretta spenta tra le dita.

Riconosco il suo marcato accento ligure seppur parzialmente dissimulato.

"Non amo parlare italiano in presenza di chi non lo comprende." G. viene zittita bruscamente. Le era andata incontro eccitata all'idea di poter finalmente chiacchierare con qualcuno senza preoccuparsi del suo inglese claudicante.

Primo giorno di raccolta delle fragole, ore sei del mattino.

Jayne è pronta a darci un passaggio alla guida di un pulmino scassato. Il sole sta spuntando e la foschia è densa a tal punto che si vede a malapena la strada.

Ci saranno dieci gradi al massimo e una quindicina di ragazzi vestiti di tutto punto con lo sguardo assonnato.

La farm, decisamente più piccola rispetto a quella "mafiosa", è organizzata in lunghi filari che risalgono le colline gremite di lavoratori chinati a novanta gradi.

Ogni cestino viene pagato cinque dollari e dev'essere pieno fino all'orlo.

Seguiamo una supervisor taiwanese incaricata di spiegare ai "nuovi" il metodo di raccolta.

"Le fragole devono essere mature, il gambo si stacca così!" piega il polso facendo un movimento circolare intorno all'arbusto.

Le *strawberries* crescono su piante di forma ovale color verde intenso alte appena venti centimetri.

Il lavoro è duro poiché ci tocca camminare piegati in due in salita e discesa trascinando i cesti stracolmi.

All'una i campi sono già stati spolpati e la giornata è terminata.

Di rientro possiamo finalmente osservare l'ostello alla luce del giorno!

Ci sono due edifici, la casa di Jayne, sei *van* in disuso trasformati in stanze matrimoniali, una sala giochi e la nostra casetta dormitorio.

Esco dalla doccia in comune e appoggio l'accappatoio sulla staccionata che delimita la proprietà da un allevamento di pecore.

"Cos'è 'sto rumore?"

Il recinto vibra bruscamente come colpito da qualcosa o qualcuno.

"Sarà un canguro..."

G. si arrampica sulla staccionata per guardare oltre.

"Oddio, un serpente!" Scende immediatamente bianca in viso.

"Ti giuro, era grosso così!" mima le sue dimensioni impensabili allargando le braccia.

"Ho visto solo il corpo che strisciava sotto quei copertoni."

Cercando informazioni capiamo prontamente il grande rischio corso.

Si trattava infatti di un serpente tigre, il più pericoloso al mondo per tasso di mortalità. L'antidoto esiste, tuttavia il suo morso risulta letale se non viene curato entro due ore.

Questa specie non teme l'uomo, anzi tende ad attaccare quando si sente minacciata.

Largamente diffusa in Tasmania, è durante questa stagione che si rende particolarmente aggressiva per via della prole che porta in grembo.

"Ti è andata bene, baby, se mi avesse morso avresti dovuto tirar fuori l'adrenalina."

Prima di partire mia mamma, terrorizzata da ragni e serpenti, ci aveva costretti a portare in valigia un paio di siringhe utili in caso di emergenze.

Non le useremo mai, per nostra fortuna.

9

REDENZIONE

"Non faremo tanti soldi con le fragole, ma qui si sta proprio bene!"

Stiamo passeggiando mano nella mano nell'enorme tenuta di Jayne; domani ci sposteremo in una camera privata.

Dopo un mese e mezzo di continui trasferimenti potremo finalmente chiamare un luogo "casa", almeno per qualche tempo.

Siamo poveri ma felici! Vivere e lavorare immersi in questa natura selvaggia ci fa stare bene e rappresenta esattamente quello che sognavo prima della partenza.

In ostello l'energia è positiva e coinvolgente, tutte le sere condividiamo la cena assaporando piatti provenienti da ogni parte del mondo.

Siamo ormai una grande famiglia composta da italiani, francesi, tedeschi, giapponesi, coreani, inglesi, taiwanesi, olandesi, polacchi...

Stiamo giocando una partita di calcio a sette senza storia: "Europa vs Il resto del Mondo". Ci sono due olandesi fortissimi e io che faccio ancora bella figura.

"Filo, non trovo più il telefono!" G. mi strattona fuori dal campo immaginario delimitato da un dirupo.

È trafelata e ansimante, torniamo a cercarlo nella farm accompagnati da Paul.

"Ora siamo proprio scollegati dal mondo intero!" grido al cielo dopo due ore di vane ricerche tra i filari di fragole.

Il mio Iphone si era rotto in Thailandia, il caricabatterie del MacBook è esploso misteriosamente ieri pomeriggio e non abbiamo i soldi per ricomprarli. Sembra quasi che il destino ci voglia mettere alla prova, e accettiamo di petto la sfida.

D'altronde non siamo legati in maniera compulsiva al telefonino, tantomeno al computer, per cui farne a meno non è poi un grosso sacrificio.

Avremo più tempo da dedicare ai ragazzi dell'ostello, alle passeggiate nei dintorni e alle tante attività praticabili all'aria aperta.

Chiederemo in prestito il computer di Paul per scrivere a famiglia e amici una volta a settimana.

Chissà come reagirebbe una persona tecnologia-dipendente?

Le settimane passano in fretta scandite dalla solita routine: sveglia presto, lavoro nei campi, maratone di film sottotitolati in ostello, tramonti infuocati alle undici di sera e domeniche di pesca nel Huon River.

Ci spostiamo sempre in autostop visto che la gente del posto è ben disposta.

Stiamo andando a fare la consueta spesa settimanale, G. mi controlla a bacchetta dato che il nostro budget è risicato. Viviamo con settanta dollari a settimana, nessuno sgarro ammesso.

"*I like your bagging, mate!*" Un signore sulla sessantina alla guida di un'auto sportiva si offre di accompagnarci.

Phil ha la barba bianca, pochi capelli e una discreta pancia che sfiora il volante, mentre guida veloce lungo la strada tortuosa che sicuramente conosce a memoria.

La felpa nera che indosso, disegnata dal mio amico Sera, evidenzia una toppa verde chiaro raffigurante una foglia di marijuana.

"Ho smesso di fumare erba perché mia moglie non vuole. Idem con la birra dopo l'intervento al cuore..."

Comprendo solo in linea generale la storia dato che il suo accento è strettissimo.

Propone di tornarci a prendere dopo la spesa per riaccompagnarci in ostello.

"Visto che non posso berle ve le regalo! Un caro amico ha appena chiuso una birrificio e non sa dove metterle..."

Lo vediamo farci un gesto mentre usciamo con il carrello mezzo vuoto. Il suo baule è stipato di cartoni di birra artigianale, ci saranno come minimo un centinaio di bottiglie.

Lo ringrazio chiedendomi come faremo a nasconderle a Jayne.

"Vendiamole a due dollari l'una!" G. le conta incredula alla ricerca di una soluzione attuabile.

L'ostello in questo periodo dell'anno è pieno, ci saranno una settantina di ospiti.

L'alta stagione è alle porte, il clima ottimo e le ciliegie quasi pronte.

Chiunque sarebbe disposto a boicottare Jayne pur di risparmiare, inoltre manca una settimana a Natale e abbiamo un disperato bisogno di soldi.

"Dovete avere ancora un po' di pazienza, purtroppo il maltempo ha ritardato la maturazione quest'anno."

Siamo di nuovo nell'ufficio di Jayne: ha piovuto spesso negli ultimi giorni e gran parte delle fragole è andata distrutta.

Siamo stanchi, nervosi e frustrati dato che lavoriamo ancora per cinquanta dollari al giorno mentre la maggioranza degli altri ragazzi guadagna il triplo.

Abbiamo la schiena a pezzi e il morale sotto terra.

"Oggi è un giorno da ricordare! Ci hanno preso nell'azienda di packaging e pagano ventidue dollari l'ora." Ubaldo entra trionfante in ufficio.

Lui e Paola sono una coppia bresciana che vive nell'altro edificio; li invidio dannatamente.

Basta indugiare, siamo stanchi di aspettare Jayne!

L'indomani prendiamo il *day off* per andare a cercare lavoro porta a porta.

Scendiamo in autostop diretti alla Reid Fruit, l'azienda di packaging alle porte di Huonville. Se hanno appena assunto Ubaldo e Paola staranno pur cercando altro personale, pensiamo.

Compiliamo un modulo infinito con i nostri dati personali, dopodiché ci promettono di chiamarci a breve.

Siamo gasati perché si tratterebbe di due mesi lavorativi ben pagati: tra i duecento e trecento dollari al giorno a testa, un miraggio per i nostri conti correnti prosciugati.

Ci rimettiamo in marcia determinati comunque a far visita ad altre farm della zona, ma senza un mezzo di trasporto proprio risulta complicato, viste le distanze siderali e l'impossibilità di fare autostop sulle strade sterrate di campagna.

Noto un'auto in vendita parcheggiata strategicamente all'uscita di un benzinaio e decido di chiamare il numero esposto in bella vista sperando che accetti la mia proposta.

"La vendo per millesettecento dollari, ma ve la posso noleggiare per trenta al giorno."

Tony arriva in dieci minuti scendendo da una Mercedes famigliare grigio fumo.

Avrà una settantina d'anni, è alto e zoppica vistosamente.

"Ne ho un'altra più economica che vi piacerebbe di sicuro!"

Sembra un convincente uomo d'affari, educato e cordiale.

Il resto della giornata si rivela un fiasco totale: visitiamo una decina di farm senza cavare un ragno dal buco.

"Ragazzi, vedrete che domani sarà un giorno migliore!"

Quando incontriamo di nuovo Tony siamo scuri e accigliati, e lui sembra accorgersene.

Ci regala un sacco di mele e una bottiglia di Shiraz, un rosso profumato della Tasmania settentrionale.

Lo abbraccio forte ignorando che lo rivedremo spesso.

Oramai non mi meraviglio nemmeno più delle splendide persone incontrate finora; siamo sempre stati supportati senza offrire nulla in cambio.

Non è affatto inusuale imbattersi in gesti simili in Australia: proprio ieri Fiorella è rientrata in ostello con due aragoste regalatele da uno sconosciuto.

Anni dopo, al rientro da una surfata in NSW, un pescatore locale mi regalerà due tranci di tonno pregiato. Pensare che non ci eravamo mai rivolti la parola prima...

In ostello c'è grande fermento e, contrariamente al solito, tutti vestono in maniera sgargiante.

Aya e Mimi, due esuberanti ragazze giapponesi, indossano il kimono tipico e un trucco pesante che le rende quasi irriconoscibili.

Jayne, visibilmente ubriaca, si sta scattando un selfie sotto l'abete addobbato a festa avvinghiata a due ragazzi olandesi.

È la Vigilia di Natale, ci siamo completamente dimenticati del party.

"Dove cavolo eravate?" Paola, vestita alla perfezione con i capelli biondicci piastrati al punto giusto, ci viene incontro con una bottiglia di spumante in mano.

Sono tutti allegri e spensierati, mi sento davvero fuori luogo.

Sarà che non riesco a buttarmi alle spalle questa giornataccia.

Sarà che siamo praticamente gli unici a non aver trovato un lavoro decente.

Sarà che questo è il primo Natale lontani da casa.

Sembra una scena da film, io e G. in bianco e nero circondati da un mondo festante a colori.

"Ciaooo vaffanculooo! Mi piace Italiaaaa..." un ragazzo giapponese mi corre incontro saltellando a zig-zag.

Sta divorando un piatto di polenta e funghi preparato da Fiorella.

Nozo parla qualche parola d'italiano visto che ha lavorato come guida turistica a Venezia per dieci anni.

L'ho osservato attentamente all'opera, è capace di raccogliere il doppio dei miei cesti di fragole. Sembra non soffrire il mal di schiena ed è rapido, meticoloso e instancabile.

"Volete venire a Bruny Island *tomorrow*?"

Gli sono rimasti due posti liberi in auto, ci spiega metà in inglese e metà in italiano.

Accettiamo entusiasti, direi che ci meritiamo proprio un giorno di stacco!

Bruny Island, distante appena un'ora da Hobart, giace al largo della costa sud orientale della Tasmania. Celebre per la numerosa fauna selvatica costituita da pinguini, echidne e canguri albini, i paesaggi mozzafiato, i formaggi rinomati e le succulente ostriche.

L'isola più meridionale dell'Australia colpisce per l'asprezza delle sue scogliere, le spiagge disabitate e la magia dei sentieri di trekking che l'attraversano.

Siamo agli antipodi del mondo, infatti il Polo Sud dista appena tremilacinquecento chilometri.

È una giornata soleggiata e tersa, alquanto rara per questo luogo perennemente battuto da potenti perturbazioni.

Scaliamo The Neck, un istmo sabbioso lungo cinque chilometri da cui si gode di una vista sensazionale. Sulla sinistra il mare aperto agitato e intimidante, sulla destra una laguna docile e cristallina.

Le foreste sempreverdi si mescolano con le brughiere costiere e il vento è parte integrante di questa landa remota a tutt'oggi risparmiata dal turismo di massa.

Nozo, esperta guida turistica, ha studiato l'itinerario a memoria.

Facciamo un barbecue in spiaggia e un tuffo veloce in mare visto che l'acqua ghiacciata non supera i quindici gradi nemmeno in piena estate.

Saliamo sul faro di Cape Bruny, costruito nel 1836, godendo di viste eccezionali delle insenature di questo tratto di costa selvaggia.

G. si sdraia di fianco a me sul prato, sembra spensierata.

Da domani si torna alla vita reale, purtroppo, i nostri conti correnti piangono.

Abbiamo letteralmente più birra che soldi!

Quarantasette dollari, qualche spicciolo derivante dallo "spaccio" in ostello e venti casse di birra nascoste sotto il letto che Phil mi ha consegnato l'altro giorno.

Sarà meglio tornare a raccogliere quelle dannate fragole, non possiamo certo permetterci di restare a letto!

Chi l'avrebbe mai detto? Prima di partire, avevo dato per scontato un lavoro ben pagato nella terra dei canguri.

A quanto pare per molti è possibile, per quanto ci riguarda sembrerebbe quasi che stiamo scontando tutti i comportamenti sbagliati della nostra vita precedente.

Io *in primis*, per come avevo trattato Viola e per la mia supponenza nel ritenere tutto a portata di mano.

La realtà è che quando abbandoni la *comfort zone* non c'è più nulla di lineare e pronosticabile, nel bene e nel male. Accade sempre qualcosa che scombina i piani.

Ci capiterà spesso viaggiando, nei successivi cinque anni, di perdere la rotta ritrovandoci a vivere esperienze tanto meravigliose quanto inaspettate.

Finalmente le cose iniziano a girare nel verso giusto.

Passo il giorno di Santo Stefano strappando erbacce e ripulendo il giardino di una famiglia benestante in cambio di centotrenta dollari.

Rientro a casa camminando a un metro da terra.

Jayne ci procaccia tre giorni in una farm di aglio, in assoluto il mestiere più faticoso e puzzolente provato finora.

"Good news, da domani lavoriamo insieme!"

Paul ci viene incontro raggiante. Sono passati due mesi e mezzo dal nostro approdo in Australia.

Lo abbraccio vigorosamente, consapevole che entrare a far parte della Woodstock Farm si rivelerà un vero e proprio affare.

Michael è il boss, una persona d'oro amata da tutti in zona.

Gli alberi sono carichi di succose ciliegie di buona taglia e la raccolta è iniziata da appena una settimana.

Ce ne saranno almeno altre sei, forse più, di lavoro serrato.

"Conosco Jayne e i suoi loschi traffici da anni, ma mi rifiuto di lavorare con gente come lei..."

Michael è un adorabile sessantenne dai baffi bianchi, il viso espressivo e la camminata sbilenca. Ci racconta che Jayne gli chiedeva una percentuale cospicua su ogni lavoratore inviato.

Follia pura, considerato l'enorme margine di guadagno del suo ostello, un vero e proprio impero creato sulle spalle dei backpackers disposti a tutto pur di assicurarsi un lavoro.

Le regole di Michael sono poche ma buone. Ogni cesto viene pagato otto dollari, gli alberi assegnati vanno svuotati accuratamente, la qualità delle *cherries* dev'essere alta, niente screzi e lamentele.

"Pensa che la coppia italiana raccoglie ottanta cesti al giorno!"

G. li osserva lavorare a testa bassa sperando di carpirne i segreti.

Minuta e dai lunghi capelli rasta raccolti da un elastico viola lei, magrissimo e sdraiato sotto l'albero nella sua tuta di acetato lui. Mi sembra incredibile che possano superare i seicento dollari giornalieri raccogliendo frutta...

"È il secondo anno che veniamo qui, abbiamo lavorato anche in Canada anni fa! Con i soldi della stagione viviamo in India."

Scambiamo due chiacchiere in pausa pranzo malgrado non sembrino particolarmente loquaci. Vivono in free camping e sono reduci da due mesi di raccolta nel NSW.

Con i giusti contatti e imparando a muoversi per tempo da una farm all'altra, è davvero possibile raccogliere per sei mesi consecutivi e godersene altrettanti senza lavorare in Paesi dove il costo della vita è bassissimo.

I nostri primi giorni da Michael sono scioccanti. L'intera farm è ricoperta da una fitta rete di plastica che protegge gelosamente i frutti dagli assalti di corvi e opossum.

Si crea così l'habitat ideale per le tante specie di ragni presenti in Tasmania che costruiscono le loro ragnatele un po' ovunque.

"Ne ho appena visto uno enorme scappare dal ramo!"

G. sembra terrorizzata, in realtà nel giro di qualche ora smetteremo di preoccuparcene. Ci armiamo di maniche lunghe e larghi cappelli non soltanto per il sole cocente.

Abbiamo troppo bisogno di soldi per temere i ragni, per di più nessuna di queste specie rappresenta un reale pericolo per l'uomo.

Me la spasso improvvisando competizioni giornaliere con Paul e il resto della *crew* sul numero di cesti riempiti. Per deconcentrarci urliamo parole a caso e insulti a distanza di qualche filare.

L'estate è davvero arrivata! Le notti sono fresche, ma durante le ore centrali il termometro segna stabilmente oltre trenta gradi.

Iniziamo a prendere il ritmo visto che supero ormai regolarmente i venti cesti giornalieri, mentre G. si stabilizza sulla quindicina.

Lavoriamo sette giorni su sette iniziando all'alba.

Il 17 gennaio G. compie ventiquattro anni e per l'occasione organizziamo una festa a sorpresa in ostello.

Nozo e Aya mi accompagnano a scegliere i regali, un vestito tradizionale giapponese e un anello d'argento inciso a mano.

D'altronde non le avevo regalato nulla per Natale, e ora voglio fare bella figura o almeno provarci.

Preparare sushi per cena imparando i trucchi del mestiere dalle ragazze è davvero uno spasso!

"Sei impazzito, Filo? Non ce lo possiamo proprio permettere..."

Mi aspettavo la sua reazione. G. sembra felice, questo è l'importante.

È sicuramente gelosa perché ho passato l'intera giornata in compagnia delle giapponesi, ragion per cui le guarda di traverso.

Siamo ancora una coppia fresca, ci frequentiamo da appena otto mesi.

L'alcol, il cibo e l'allegria generale scacciano in fretta le sue paranoie che si dissolvono in risate e abbracci.

10
ADDIO OSTELLO!

"Che piani avete?"

Siamo oramai a fine febbraio e mancano pochi giorni di lavoro alla Woodstock Farm.

Peccato, perché io e G. viaggiamo a ritmi sostenuti superando i cinquanta cesti giornalieri.

Paul se ne andrà in Asia mentre noi resteremo qui in attesa della raccolta delle mele prevista per fine marzo.

Michael, di cui ci fidiamo ciecamente, ci ha raccomandato a un amico d'infanzia che paga bene. Oltretutto non ce la sentiamo proprio di spostarci altrove rischiando un'altra fregatura che ci riporterebbe da capo.

Abbiamo messo da parte tremila dollari in tutto, per cui non possiamo fare scelte azzardate, almeno non per ora.

Ubaldo e Paola, stanchi e appagati dopo la stagione alla Reid Fruit, ci propongono di lasciare Jayne e affittare una casa insieme.

Puntano a godersi la fine dell'estate in santa pace esplorando i dintorni e possibilmente risparmiando sull'alloggio.

L'ostello si svuoterà e gran parte dei nostri amici se ne andrà altrove.

Non avrebbe senso continuare a pagare un affitto così alto a Jayne dal momento che non avremo più bisogno del suo aiuto.

Andiamo a conoscere Kyra che affitta il piano superiore della sua villa a Kingston Beach, distante appena dieci minuti da Hobart.

In questo modo potremmo cercare opportunità nella capitale e metterci alla prova lavorando a contatto con il pubblico.

Quando arriviamo all'indirizzo indicato dal GPS non possiamo credere ai nostri occhi...

Una villa moderna su due piani che si affaccia direttamente sul mare, a due passi dalla spiaggia.

Le finiture esterne sono ricercate ed essenziali con ampie vetrate luminose e sontuosi balconi vista oceano.

Kyra e Tom, con i loro tre figli piccoli, vivono al piano terra e sono soliti affittare la porzione superiore per brevi periodi durante l'estate a turisti di passaggio.

"Se mi promettete di fermarvi almeno tre mesi vi posso offrire quattrocento dollari settimanali tutto incluso."

Sembrano prenderci in simpatia immediatamente.

Al posto di un'angusta camera in ostello con bagno e cucina condivisi ci viene offerto, per metà prezzo, il piano superiore di una villa da sogno.

Le chiedo conferme sul prezzo che non mi sembra realistico, mentre Paola è già alle prese con selfie e foto di rito.

Il salotto è ampio e luminoso, il pavimento ricoperto da una soffice moquette immacolata color panna, il balcone vista mare da capogiro.

Telescopio, divani nuovi di zecca e due camere da letto king-size ne completano il quadro surreale.

G., in qualità di ex agente immobiliare, approva pienamente l'affare.

Ci trasferiremo tra una settimana.

A questo punto dobbiamo soltanto preoccuparci di reperire un mezzo di trasporto affidabile, per cui accettiamo l'offerta di Tony di acquistare a rate la sua Barina viola pastello classe 1996.

Con una trama di ammaccature e graffi che ne avvolge la carrozzeria, la sosia della *Micra* ha superato ampiamente i duecentomila chilometri sul tachimetro.

Se tutto procederà per il meglio, nel giro di un mese e mezzo diventerà ufficialmente di nostra proprietà.

Il distacco dall'ostello è più doloroso del previsto.
Ci sentivamo ormai parte integrante di una comunità internazionale, ogni serata traboccava di relazioni e nuovi stimoli dando vita a un'atmosfera raramente replicabile altrove.
Abbiamo frequentato centinaia di ostelli in giro per il mondo, ma soltanto pochissimi si sono rivelati speciali quanto quello di Jayne.
La location è un fattore determinante, infatti quando ci si trova nel mezzo del nulla, privi di distrazioni, si tende a trascorrere gran parte del tempo con gli altri ospiti.
Al contrario, quelli ubicati nelle grandi città o in località turistiche vengono spesso utilizzati come dormitori e mero luogo di passaggio, una sorta di "non luoghi".
Risulta complicato stringere legami con viaggiatori che trascorrono le giornate in spiaggia, scalando una montagna o visitando la città.
I primi tempi a Kingston Beach, complici la casa spettacolare e il clima ancora splendido, ce la spassiamo.
Io e Ubaldo andiamo a pescare tutti i pomeriggi, lavoro permettendo. In appena dieci minuti di cammino raggiungiamo Blackmans Bay, un vero e proprio *hotspot* per gli appassionati della zona. Qui il mare è spesso placido perciò adatto a pescare dalla scogliera senza grossi intoppi, alghe e rocce sommerse escluse.
Tonni, sgombri, barramundi, salmoni, polpi sono alcune delle prede più ambite.
Rientriamo sempre immersi nell'oscurità visto che il tramonto è considerato il momento più favorevole della giornata.

Io e G. approfittiamo dei *days off* per scoprire Hobart e distribuire i nostri curriculum di persona.

Caffè, ristoranti, negozi di abbigliamento, supermercati...

"Mi piacerebbe fare la babysitter, ho sentito dire che le famiglie assumono spesso *backpackers*."

G. prende nota di alcune affissioni presenti all'uscita del supermercato.

In Australia è scontato scorgere enormi bacheche puntellate di annunci all'uscita di Coles e Woolworths, i due colossi della grande distribuzione alimentare.

Hobart è stata fondata presso il Sullivans Cove nel 1804, in una zona abitata dalla tribù aborigena seminomade dei Mouheneener.

L'idea del colonnello inglese David Collins era quella di utilizzare l'intera isola come colonia penale, ovvero di deportare in Tasmania i prigionieri più pericolosi del Paese.

Per tale ragione venne costruito il penitenziario di Porth Arthur, a tutt'oggi visitabile, collegato alla terraferma da uno stretto istmo circondato dal mare.

La leggenda narra che fosse impossibile evadere da qui e che le guardie incaricate di sorvegliare i prigionieri fossero le migliori dell'epoca.

Oggi sul sito che ospita numerosi edifici in rovina, le famiglie grigliano carne sul barbecue mentre i bambini giocano a football.

L'insediamento inglese divenne in fretta un porto rilevante per l'industria navale, la pesca e la ricerca scientifica.

La caccia alle balene in particolare portò un diffuso benessere alla città dagli inizi del Novecento, quando le banchine si riempivano di taverne che preparavano piatti di pesce appena pescato.

Ancora oggi la fama di Hobart si concentra intorno al suo pittoresco porto, affacciato direttamente sulle acque profonde dell'oceano, che accoglie turisti, pescatori, cittadini e scienzati in partenza per le spedizioni antartiche.

La capitale della *Tassie*, luogo in cui è stato fondato il primo partito ambientalista del mondo, è una citta spiccatamente cosmopolita che vanta cultura e arte riconosciute a livello globale soprattutto dopo l'inaugurazione del Mona, stravagante e pluripremiato museo che ospita bislacche installazioni artistiche.

Hobart è nota per i suoi edifici storici ben conservati, in gran parte risalenti alle epoche georgiana e vittoriana, che conferiscono al centro della città un caratteristico aspetto da "mondo antico".

Il clima è variabile in ogni periodo dell'anno e, anche durante l'estate, le temperature vengono abbassate dalla brezza marina che soffia sulla costa nel pomeriggio.

Nel cuore dell'inverno l'atmosfera è desolante, folate di vento gelido discendono da Mount Wellington creando nubi spumose che ricoprono interamente la città.

Le cose tornano inaspettatamente a girare per il verso sbagliato.

Con l'autunno alle porte, trovare lavoro in città appare una chimera.

"La gente qui è molto chiusa e tende a dare la precedenza ai locali, in pochi si fidano del forestiero!" Tony ci aveva avvertiti.

Mancano cinque settimane all'inizio della stagione delle mele, davvero troppe per rimanere con le mani in mano.

G., a parte qualche tentativo fallimentare, non troverà un lavoro continuativo.

Questa condizione non le gioverà affatto visto che lei ha sempre lavorato fin da ragazzina per mantenersi.

Fortunatamente inizio da subito a lavorare come tuttofare per una signora benestante che abita a mezz'ora da Kingston Beach.

La sua villa monumentale è tenuta male, mentre il giardino abbandonato a sé stesso è di fatto un deposito di attrezzi, vecchie auto e moto.

"Ho avuto la fortuna di vivere una vita intensa, mio marito era un calciatore del Manchester United."

Patricia è una settantenne di bell'aspetto, immigrata dall'Inghilterra, che veste sempre elegante. Trasmette una profonda tristezza attraverso i suoi occhi azzurro cielo che mi fissano smarriti.

In garage noto una foto che la ritrae abbracciata al Dalai Lama; era davvero bellissima da giovane!

Adora i gatti siamesi che alleva e rivende a facoltosi amici e conoscenti della zona.

Il mio compito è quello di risistemare la sua proprietà e aiutarla a ingrandire la *nursery* di gatti in cambio di diciassette dollari l'ora.

Il rapporto con i nostri coinquilini inizia ben presto a incrinarsi.

"Ha portato qualcosa il giapponese per l'ospitalità?"

Ubaldo sembra innervosito al rientro da una giornata di pesca fallimentare.

Abbiamo invitato Nozo, in partenza per Sydney, a passarci a trovare.

Dormirà sul divano in sala; niente in contrario per Kyra, non si direbbe altrettanto per Ubaldo e Paola.

Primo campanello d'allarme.

Stessa trama per Aya e Mimi ospiti per una notte.

La coppia bresciana le ignora sfacciatamente rifiutando perfino il nostro invito a uscire a cena tutti insieme.

Si rinchiudono in camera a guardare serie TV per interi pomeriggi e a malapena ci salutano.

"Non abbiamo problemi con nessuno, semplicemente siamo venuti in questa casa per stare in pace."

Fingono di cadere dalle nuvole quando G. li affronta infastidita sforzandosi di non mandarli a quel paese.

Evidentemente non ci conosciamo abbastanza, alla fin dei conti abbiamo passato davvero poco tempo insieme in ostello.

"Era ora che ti comprassi un telefono! È ufficiale, ho appena fatto il biglietto..."

Il messaggio di Silvia accelera il mio battito cardiaco.

Mia sorella sarà la prima persona cara a farci visita.

Abbiamo un rapporto tutt'altro che morboso, nel senso che ci sentiamo raramente nonostante sappiamo di poter contare ciecamente l'uno sull'altro.

Di due anni più giovane di me, assennata, paziente e taciturna, mi dà spesso l'impressione di vivere in un mondo tutto suo come sospesa qualche metro da terra.

Invidio questo suo modo di essere che sembra dare poco peso agli aspetti materiali della vita.

In realtà è più diligente e responsabile di me e non l'ho mai vista davvero arrabbiata grazie al suo self control strepitoso, almeno all'apparenza.

"Teniamola in stanza con noi, Filo, tanto abbiamo spazio! Se Kyra è d'accordo lo diciamo agli altri due."

Rientriamo per affrontare subito la questione, busso al piano terra e Kyra mi accoglie offrendomi un caffè.

Bassa statura, fisico tonico, decolleté in vista e, come sempre, vestita da running.

"It's wonderful that your sister is coming! Se fosse disposta ad aiutarmi qualche pomeriggio in giardino potrebbe stare gratis."

Ero sicuro che avrebbe accettato dal momento che stravede per noi.

Sarà perché mi diverto spesso a calcio con i suoi figli e G. ama giocare alle Barbie con Stella, la vanitosa primogenita che adora vestirsi da principessa.

La sera seguente porto a casa un ricco bottino dalla rituale pescata al tramonto: due seppie ancor piene d'inchiostro e un salmone di due chili.

"Ubaldo non rosicare, vuoi un'altra bella notizia? La sorella di Filo verrà a stare qui per due settimane..."

G. mette alla prova i suoi nervi già scoperti dal cappotto appena incassato.

"Allora invito anche un mio amico di Brescia che è stato in carcere solo tre volte, vi piacerà di sicuro!" sbotta senza nemmeno girarsi.

Nonostante la provocazione, G. si limita a sorridere infornando il profumato salmone condito da pomodorini e origano.

Il confine tra polemica e umorismo è sempre maledettamente sottile quando ci confrontiamo con loro, tant'è che risulta difficile arrabbiarsi e litigare dato che riescono sempre in qualche modo a sviare la tensione.

La verità invece è oramai palese, sono maledettamente disturbati da qualsiasi interferenza esterna.

Se fosse per loro non entrerebbe nessun altro, oltre a noi quattro, nell'esclusivo mondo della villa di Kingston Beach.

Inizio davvero a non poterne più dei loro atteggiamenti e a pentirmi amaramente della nostra scelta.

Non sono certo venuto in Australia per rinchiudermi in una dimora lussuosa con una coppia di italiani esclusivisti...

Avremo un'ennesima dimostrazione eclatante del loro "vero essere" la settimana successiva.

"Ti ricordi quel nerd inglese che stava in ostello? Farà il *supervisor* per una *farm* di mele qui vicino e gli piacerebbe venirci a trovare per qualche giorno... Così potremo lavorarcelo per bene!"

Ubaldo sfoggia un sorrisone subdolo a trentadue denti certo di rimediare un buon lavoro ospitandolo.

Nessun problema per noi!

Tony è un ragazzo inglese ultratrentenne alto e slanciato dalla carnagione chiarissima. Timido e riservato, amante di videogiochi e fotografia, è un'anima solitaria con lo sguardo perennemente smarrito nel nulla.

Non abbiamo avuto occasione di condividere molto tempo insieme a lui, ma ci è sembrato un tipo a posto.

Informiamo Kyra che in questa occasione pretende centoventi dollari per una settimana di soggiorno sul divano letto della sala.

"Ho comprato questa canna da pesca al Kmart così posso imparare da voi se non disturbo..."

Tony si presenta bagnato fradicio e stremato dopo una settimana di campeggio nel nord dell'isola.

Ha percorso quasi cento chilometri a piedi nonostante la pioggia incessante e il freddo pungente!

Non vede l'ora di scaricare le foto dalla sua preziosa Nikon, giocare al PC e riposare al calduccio.

Lo portiamo a pesca dopo il lavoro, visitiamo insieme i dintorni e organizziamo una cena con i fiocchi in occasione del suo addio.

Nel frattempo il garage, trasformato in monolocale da Kyra, è occupato da una coppia ottantenne in compagnia di un bellissimo levriero nero.

"*Hey Sweeties,* volevamo ringraziarvi per le ossa che avete lasciato al cane..."

A fine serata bussano timidamente alla nostra porta. Li invito garbatamente a entrare, avranno più o meno l'età dei miei nonni.

Dopo un paio di bicchieri di vino, il signore tira fuori una chitarra iniziando a intonare una canzone country mentre la moglie riempie un bong di vetro con alcune cime di un'erba resinosa.

"Kyra s'incazza di brutto se sente l'odore!" G. corre a spalancare le finestre mentre li osservo incredulo godersi lo sballo della fumata.

Ci raccontano di aver girato l'Australia a bordo di un campervan per quindici anni.

Nel delirio totale Ubaldo ne approfitta per mettere alle corde Tony indagando sulla nostra possibile assunzione.

"Ho sentito il farmer proprio ieri, mi dispiace ma non riesco ad aiutarvi..."

Non appena pronunciate queste parole Paola sbianca e inizia a dare di matto.

"E pensare che gli ho fatto da mamma per una settimana senza sentirgli mai dire grazie o per favore, da domani si attacca 'sto cretino!"

Si precipita da Tony chiedendogli bruscamente i soldi pattuiti per il suo soggiorno che in teoria avevamo concordato di pagare di tasca nostra.

Lui non si scompone come al solito e accetta tranquillamente.

"Che figura di merda! Domani lo accompagno io in ostello quel poveretto, cos'avrebbe fatto di tanto male?"

G. fatica a trattenersi di fronte a Paola e si allontana furiosa.

Il rapporto tra noi quattro è giunto al punto di rottura definitivo.

11
SILVIA

Oggi è il mio ultimo giorno di lavoro da Patricia ma soprattutto stasera arriva finalmente mia sorella.

"Ragazzi, siete i benvenuti, le mele saranno pronte tra dieci giorni."

Il messaggio di Neil, l'agricoltore a cui siamo stati raccomandati da Michael, migliora ancor di più il mio umore già alle stelle.

Ubaldo e Paola sono invece disperati visto che non lavorano ormai da cinque settimane. Decidiamo di aiutarli: Neil accetta senza indugi di inserirli nel gruppo.

L'idea di condividere del tempo con loro anche sul lavoro non mi entusiasma affatto.

"È giusto così!" G. ha ragione: aiutare gli altri, quando possibile, è imprescindibile.

Crediamo entrambi che se fai del bene riceverai in cambio del bene, non importa come e quando.

"Filo, siamo qui fuori, ci apri?"

Sto imbiancando il muro del capannone e ho completamente perso la cognizione del tempo.

Sono quasi le cinque del pomeriggio.

Apro il pesante cancello d'ingresso e la vedo, alta e snella come sempre.

"Che capelli hai?! Se ti vedesse mamma..."

Non li ho tagliati da prima della partenza e ora sono un cespuglio vivente.

Ci abbracciamo a lungo, riconosco il suo profumo inconfondibile.

Chiunque ci veda potrebbe intuire che siamo fratelli.

Il rossiccio della mia barba rispecchia quello dei suoi capelli mossi e ingestibili, entrambi sfoggiamo una fronte pronunciata e il fisico slanciato.

"Lo sai che abbiamo caricato un autostoppista? Un tedesco niente male tra l'altro."

Silvia sembrerebbe già entrata in modalità Tasmania.

Non lo ammetterà di certo, ma questo viaggio di tre settimane cade a pennello dopo la fine di una lunga e sofferta relazione.

Ce ne parlerà raramente confermandosi la ragazza riservata che è sempre stata fin da piccola.

"Finalmente vi conosco! Phil mi ha parlato tantissimo di voi..."

Patricia, armata di due siamesi appena nati, interrompe i nostri convenevoli.

Ci diamo l'addio dopo un mesetto di lavoro. Incasso duemila dollari in contanti, niente male in vista dei prossimi dieci giorni di viaggio alla scoperta della Tasmania.

G. ha deciso di liquidare le due famiglie per cui lavorava part-time come babysitter, una volta assodato che al nostro rientro ci attenderanno sei settimane di *apple picking*.

"Partiamo domattina e campeggiamo dove capita!"

Siamo tutti d'accordo.

Il caldo insopportabile delle ultime settimane è soltanto un lontano ricordo.

Una fresca brezza proveniente dall'Oceano rende le giornate piacevoli e ideali per camminare, la luce è eccezionale per scattare fotografie.

Risaliamo la costa est fino al primo stop, Frecynet National Park.

Distante appena due ore da Hobart, questo luogo di imponente bellezza custodisce gelosamente una delle più belle spiagge al mondo, Wineglass Bay.

Ci sediamo sul promontorio ammirando questo vero e proprio spettacolo della natura.

Frastagliate montagne dalle tinte rosee e intatte foreste sempreverdi che incastonano una baia incantata lambita da sabbia bianca e mare azzurro elettrico. Il cielo è terso, il silenzio assordante, l'aria purissima.

"Niente male come inizio!" Silvia sembra estasiata.

Camminiamo sulla spiaggia, una mezzaluna perfetta lunga un paio di chilometri in cui siamo gli unici esseri umani.

Facciamo il bagno nonostante l'acqua gelida, ammaliati dallo splendore del luogo quasi troppo bello per essere vero.

Da bambino ho sempre fantasticato di visitare le spiagge più belle del mondo; appena undicenne comprai una rivista intitolata *"Top 50 beaches"*. Wineglass Bay era in cima alla lista.

Rientriamo al tramonto pianificando di passare la notte in una delle piazzole affacciate sul mare che il parco nazionale mette a disposizione per una manciata di dollari.

"Volete usare il mio barbecue?"

Un signore ben vestito ci viene incontro non appena parcheggiamo la Barina.

Occupa la piazzola di fianco alla nostra, sembrerebbe solo.

Accetto in fretta offrendogli un bicchiere di vino rosso visto che sembra in vena di compagnia.

"Vivo a Melbourne ma sono legatissimo a questo luogo" ci spiega Edward, ex ingegnere di origine austriaca.

"Venivo sempre con mia moglie quando era in vita. Ritornare qui mi ricorda i tempi felici, la sento in qualche modo vicina..."

La sua storia mi commuove.

Chissà come mi sentirei ripercorrendo le stesse strade tra vent'anni?

In fondo la condivisione di certe sensazioni conta più del luogo in sè, per quanto mirabolante possa essere.

Edward osserva per nulla stupito un grasso opossum rubare una zucchina intera dal barbecue.

Questa specie di marsupiale notturno si nutre teoricamente di sole foglie, ma negli ultimi decenni ha sviluppato enormi capacità di adattamento in zone abitate dall'uomo modificando di conseguenza la sua dieta. Ha orecchie grandi e appuntite, una folta coda prensile con cui riesce ad appendersi ai rami degli alberi e gli occhi enormi, è davvero buffo!

"Fermatevi a Bicheno, con un po' di fortuna e una buona torcia vedrete i pinguini."

L'indomani seguiamo il suo consiglio guidando fino a questa cittadina della costa orientale frequentata soprattutto durante l'estate.

Spiagge infinitamente bianche puntellate da rocce granitiche e licheni arancioni.

Con meno di settecento millimetri di pioggia annua e le sue acque placide, Bicheno rappresenta in Tasmania l'Eden per nuotatori e pescatori.

Passiamo la serata avvistando i rari Fairy Penguins camminare goffamente sulla spiaggia fino alle loro tane al termine di una lunga giornata di pesca in mare aperto.

Ce ne andiamo soltanto a tarda notte paralizzati dal freddo ma affascinati dal privilegio di averli osservati nel loro habitat naturale.

Risaliamo la costa incontrando Bay of Fires, l'area protetta più celebre della Tasmania, che si estende per cinquanta chilometri.

Esaminando il paesaggio è facile supporre che "la baia dei fuochi" sia stata così nominata per il colore rossastro delle rocce; in realtà il nome le fu conferito dal capitano Tobias Furneaux che, navigando per primo queste acque, scorse centinaia di fuochi accesi dagli indigeni lungo la costa.

Il caratteristico rosso è definito da un lichene che ha formato un ibrido di colore e consistenza con le rocce di granito solido e impermeabile.

Questo luogo, spazzato da forti venti e bagnato dal freddo mare dello Stretto di Bass, rappresenta una delle meraviglie naturali più sorprendenti della Tasmania.

Inoltrandosi all'interno di pochi chilometri ci si abbandona a ondulati paesaggi di campagna punteggiati da pecore, cottage e paesini assonnati.

La costa incontaminata, invece, è disseminata di mastodontici massi di granito rosso e blu acciaio che avvolgono un'incantevole spiaggia di sabbia dorata.

Decidiamo di spingerci fino a Maria Island, situata al largo della costa orientale e raggiungibile solo in traghetto. Quest'isola ai confini del mondo parrebbe esistere soltanto in sogno o nei disegni dei bambini, invece è davvero realtà!

Paesaggi poco battuti, libertà profumata di foglie aromatiche e salsedine, fauna indisturbata, scogliere mozzafiato di arenaria erosa da vento e onde, lunghe spiagge sabbiose e una storia umana complessa.

Scoperta nel Seicento e trasformata in una colonia penale, fu successivamente affittata da un imprenditore italiano che fece le cose in grande stile rendendo l'isola prospera in agricoltura, allevamento e produzione di seta.

Maria Island oggi è soprattutto un paradiso per chi ricerca isolamento e disconnessione dal mondo odierno.

Tra i tanti tesori naturali vi è una fugace meraviglia che si manifesta soltanto in questi mesi dell'anno. La fioritura dei campi di lavanda è uno spettacolo da vedere, odorare e toccare per crederci...

Passeggiamo all'interno di infinite file di viola, malva e indaco che sembrano toccare l'orizzonte.

Questo paesaggio, popolato da insetti che danzano nell'aria e intriso di un profumo penetrante che rilassa l'anima, è tanto stupefacente quanto effimero.

Rientriamo a Kingston Beach stanchi, sporchi e stremati dopo dieci giorni di *road trip*. Domattina ci aspetta l'esordio lavorativo con le mele.
"Prova di svegliarti in orario, mica voglio farmi riconoscere subito per colpa dei tuoi ritardi." Ubaldo mi accoglie tralasciando qualsiasi accenno di saluto.
"Anche tu mi sei mancato, non ti preoccupare, ci penserà G. a tirarmi giù dal letto!"
In questo ci compensiamo alla perfezione. Amiamo entrambi tirare tardi la sera e ci riduciamo sempre a fare colazione in auto arrivando al pelo a lavoro.
Ubaldo e Paola invece sono meticolosi abitudinari. Si alzano un'ora e mezza prima di uscire, gustandosi la colazione con calma sulla tavola apparecchiata la sera prima.
La strada verso la *farm*, tortuosa e inadatta ai deboli di stomaco, si arrampica su colline ricoperte da una secca foresta che ricorda la Puglia in piena estate.
Lavoriamo a coppie. Uno raccoglie i rami più bassi mentre l'altro, munito di scala a cinque scalini, si dedica a quelli più alti.
Indossiamo tracolle pesanti quindici chili che svuotiamo nelle casse principali capienti oltre i due quintali.
Solite regole: file assegnate, alberi da ripulire completamente, cesti pieni e poche storie.
"Venti dollari l'ora, *mon ami*!"
Ben, un francese di origini algerine, chiarisce i miei dubbi sulle modalità di pagamento.

È inusuale trovare aziende disposte a pagare la raccolta all'ora. Buon per noi: il clima è rilassato, i ritmi blandi e l'atmosfera tutt'altro che competitiva.

Ben inizia subito a sfottermi indicando i pantaloncini del Milan che indosso.

"Conosco Berlusconi e il Bunga Bunga perché amo il calcio italiano!"

Lui e Annis, originari di Marsiglia, si sono conosciuti in Australia pochi mesi fa.

La prima settimana di lavoro scorre rapida.

Silvia, di rientro da un Tour guidato della West Coast, si cimenta nei lavoretti pomeridiani promessi a Kyra.

"Come fate a farlo tutti i giorni? È una noia mortale e ho già la schiena a pezzi..."

La ritroviamo sdraiata sulla moquette intenta a fare Yoga dopo aver ripulito soltanto un paio di meli.

Silvia sta studiando medicina, è l'unica della famiglia che ha seguito le orme di nostra madre.

Sapesse come si raccolgono aglio e fragole, le mele sono (quasi) una passeggiata in confronto!

Durante il suo ultimo weekend esploriamo il Salamanca Market considerato il cuore pulsante artistico dell'isola. Non solo specialità culinarie, ma arte, musica, esibizioni, mostre, artigianato, degustazioni, abbigliamento...

Le oltre trecentocinquanta bancarelle allineate sul *waterfront* del porto di Hobart attirano collezionisti da tutto il mondo fin dagli anni Settanta.

Degustiamo birra e vini locali accompagnati da prelibate ostriche e pesce fresco, intrattenuti da decine di musicisti di strada.

In occasione dell'addio di Silvia veniamo invitati a cena da Aya, la ragazza giapponese che nel frattempo si è fidanzata.

Rivediamo molti ragazzi dell'ostello che hanno deciso di mettere radici in Tasmania.

Abbiamo il compito di portare qualcosa da mangiare a sorpresa, peccato che tutti abbiano pensato alla stessa cosa, un dessert.

Ci ritroviamo la tavolata imbandita con una dozzina di torte, gelati, pasticcini...

"Wow, vorrei fare anch'io questa vita, come faccio a tornare a Imola?!"

Silvia, golosa cronica di leccornie, non sta nella pelle.

L'indomani ci salutiamo commossi in aeroporto.

"È stata troppo carina, mi mancherà tanto..."

G. singhiozza sommessamente mentre attraversiamo lo scenografico ponte di Hobart.

Ripensandoci bene, le ultime tre settimane sono proprio volate!

Porterò per sempre nel cuore le emozioni vissute durante la nostra convivenza a tre, distanti migliaia di chilometri da casa e scollegati dalla realtà.

Credo sia un privilegio raro poter vivere un'esperienza tale in compagnia di un fratello o una sorella, capace addirittura di rafforzare un legame già di per sé unico e inscindibile.

Dopo quasi un mese di lavoro Neil ci chiama a rapporto.

"Come preannunciato, la raccolta verrà sospesa per tre settimane."

Dovremo attendere che l'ultima varietà di mele maturi al punto giusto.

"Noi si tela, la Tasmania è finita!"

Ubaldo e Paola non la prendono alla leggera. Decidono di vendere l'auto e raggiungere un amico proprietario di una pizzeria a Gold Coast.

Non siamo per nulla affranti, anzi ci speravamo proprio.

Al contrario della coppia bresciana, io e G. siamo piuttosto sereni.

Abbiamo messo alle spalle i tempi cupi ed eravamo perfettamente consapevoli dello stop lavorativo; per questo ne abbiamo approfittato per cercare altre opportunità in alcune vinerie della zona.

La Tasmania è rinomata a livello mondiale per la produzione di vitigni Pinot Nero e Chardonnay e la vendemmia è oramai alle porte.

L'inverno sta arrivando e abbiamo stabilito di lasciare l'isola entro la fine del mese.

Decidiamo di stringere i denti e mettere da parte più soldi possibile.

Pubblichiamo un annuncio su Gumtree, speranzosi di trovare qualcuno disposto a ospitarci gratis in cambio di qualche lavoretto.

Paghiamo l'ultima rata della Barina rendendoci conto di essere usciti finalmente dal baratro economico.

Ci sentiamo ormai parte integrante di quest'isola meravigliosa in cui viviamo da sei mesi.

"Baby, ci pensi una settimana da soli in villa senza lavorare?!"

Nemmeno il tempo di dirlo e ci contattano tre diverse cantine vinicole per iniziare l'indomani.

Scegliamo quella che ci ispira di più, cercando di mantenere comunque le porte aperte alle altre due.

Scelta azzeccata!

Ci accorgeremo presto quanto sia raro essere impiegati tutti i giorni durante la vendemmia a causa del maltempo e dei ritardi di maturazione dell'uva.

Riusciremo in questo modo a lavorare costantemente per circa un mese, alternandoci tra quattro vinerie poco distanti.

L'ambiente è in assoluto il più rilassato incontrato finora.

Il *vintage* è infatti un vero e proprio rito sacro per le cantine vinicole, il sudato frutto di nove mesi di duro lavoro.

L'intero processo avviene sotto l'occhio attento dei *winemakers* provenienti da tutto il mondo, intenti a controllare scrupolosamente ogni nostro passo.

"Siamo proprio gli unici *backpackers!*"

È domenica e stiamo lavorando a Frogmore Creek, celebre vineria con annesso ristorante gourmet.

Macchine agricole di ultima generazione, vigne a perdita d'occhio, ordine e pulizia impeccabili...

Leggo quasi per caso sul contratto di lavoro che abbiamo diritto ad essere pagati 26.68 dollari l'ora. Fatico a crederci e allo stesso tempo realizzo perché i nostri compagni di lavoro siano esclusivamente australiani.

Ubaldo e Paola vendono l'auto in pochi giorni incassando più di quanto speso all'acquisto, G. li accompagna in aeroporto mentre io resto a letto influenzato.

Il freddo è diventato pungente, specie di notte e la mattina presto.

Stasera abbiamo ospiti a cena e, date le mie condizioni pietose, decido di non presentarmi a tavola.

Dal silenzio della camera da letto noto i miglioramenti dell'inglese di G. che conversa ormai fluentemente con chiunque. E pensare che appena sei mesi fa non spiaccicava una parola...

DEVONPORT

BAY OF FIRES

CRADLE

LAUNCESTON

HOBART

KINGSTON BEACH

BRUNY ISLAND

12

WORK IN EXCHANGE OF WHAT?

"Hey, guys, I hope you're still available because I do really need volunteers in my property asap. Katy"
Riceviamo il suo messaggio a tarda notte e l'indomani dopo il lavoro andiamo a conoscerla.
La casa di Katy, uno chalet in legno massiccio immerso nella foresta, si trova a Pelverata, minuscola frazione distante venti minuti dalla *farm* di mele.
La strada per raggiungerla è sterrata, il bosco fitto e tenebroso.
Risaliamo il ripido vialetto ghiaioso ritrovandoci di fronte una donna dai lunghi capelli neri e l'aspetto giovanile e curato.
Katy, magra e vestita attillata, ha ospiti per cui il nostro primo incontro è frettoloso; nonostante ciò le sensazioni a pelle sono ottime.
"Non ho capito bene perché abbia bisogno di noi, però il posto è proprio figo!"
G. si guarda intorno soddisfatta.
Oltre allo chalet noto un enorme garage, due Harley-Davidson, un paio di container in acciaio, una Jeep a trazione integrale e due gatti sospettosi.
Pelverata ricorda un grazioso paesino abbarbicato sulle Alpi.
Il giorno prima di lasciare Kingston Beach mi aspetta un'intensa sessione di tatuaggio.
Ne sono appassionato fin da bambino avendo inciso il mio primo a diciassette anni.
"Cavolo, Filo, nemmeno il tempo di mettere da parte due soldi che tu li spendi subito!"

Le mostro la bozza impostata da Casey seguendo i miei suggerimenti.

Un paesaggio tropicale al tramonto arricchito da una balena che salta nell'oceano, una navicella spaziale che rapisce un *diver* e una tigre della Tasmania in primo piano.

L'idea della tigre è di G.: questo marsupiale è stato dichiarato estinto nel 1936 ma a tutt'oggi viene avvistato ciclicamente nelle aree più selvagge del Paese.

Slanciato e zebrato sulla schiena, possiede una mascella sporgente munita di fauci sproporzionate rispetto al resto del corpo che lo fanno assomigliare a un felino nell'aspetto e nelle movenze.

La leggenda narra che rapisse i bambini e attaccasse il bestiame, pertanto nell'Ottocento la tigre della Tasmania fu martoriata da una caccia sfrenata da parte dei coloni inglesi che introdussero una taglia per ogni esemplare ucciso.

È buio pesto mentre guido la Barina appesantita delle nostre cose su Pelverata Road. La visibilità, complice una fitta pioggia, è quasi azzerata.

Un gruppo di wallabies attraversa la carreggiata mentre risaliamo il vialetto di Katy.

"Entrate, presto, la cena si sta raffreddando!" Katy ci accoglie in maglietta e Ugg alti fino al ginocchio.

Lo chalet all'interno è moderno e accogliente.

Il camino a legna riscalda l'ampio soggiorno, una testa di alce imbalsamata ricopre un'intera parete, TV di ultima generazione e una deliziosa cucina in mogano.

"Siete in ritardo, quindi non potete proprio rifiutare un bicchiere di vodka."

Un uomo massiccio in accappatoio sprofonda sul divano, bevendo alla bava un cocktail ghiacciato all'uva.

Duck è il compagno di Katy nonché proprietario e costruttore dello chalet.

Tiene in braccio il figlio che avrà sette-otto anni, la sua voce è roca e profonda.

Non passa molto tempo in famiglia a causa del suo lavoro.

"Guido il muletto su una piattaforma petrolifera in mare aperto distante qualche ora di elicottero da Broome, nel Western Australia."

Lavora tre settimane consecutive per dodici ore al giorno e ne riposa altrettante.

Una "vitaccia" non certo priva di benefit: mille dollari al giorno e tanto tempo libero.

Possiede una barca per andare a pesca, tre Harley-Davidson di cui anche Katy è patita e un paio di auto sportive.

"Seguitemi, vi mostro dove dormirete!"

Katy ci fa strada nel capannone adiacente alla casa, la cui porta d'ingresso in acciaio cigola rumorosamente.

All'interno c'è una Roulotte fuori uso con un letto rifatto alla perfezione e una toilette esterna.

"Quando avete freddo potete accendere il camino, qui trovate la legna. Siete i benvenuti a usare bagno e cucina di casa!"

I suoi modi pacati e gentili ci fanno sentire subito a nostro agio.

L'indomani iniziamo a raccogliere l'ultima e la più pregiata varietà di mele da Neil.

Passiamo a prendere tutti i giorni Ben e Annis che campeggiano qui vicino e di rientro la sera Katy continua a invitarci a cena condividendo con noi un bicchiere di vino rosso accompagnato dalle puntate di Master Chef Australia.

"Quando hai bisogno di aiuto, mi raccomando, faccelo sapere!"

Le chiedo per l'ennesima volta, dato che durante la prima settimana non abbiamo lavorato un singolo giorno in cambio della sua ospitalità.

Finalmente un sabato mattina, mentre osserviamo Duck costringere il figlioletto a cavalcare una moto, Katy mi viene incontro indossando nuovissimi guanti da giardinaggio.

"Ragazzi, seguitemi!"

Ci inerpichiamo sulla collinetta antistante lo chalet e notiamo per la prima volta una decina di piante di "maria" alte tre metri nascoste dietro un recinto in lamiera.

"Sradichiamole insieme, poi le appendiamo a testa in giù nel capannone."

Non credo ancora ai miei occhi mentre la osservo tagliare alla base il fusto con potenti cesoie. Capisco finalmente da dove provenisse quell'odore penetrante che avvertivo nell'aria...

"Non ho mai visto una roba del genere!" G. mi guarda esterrefatta.

Si ricorda vagamente di quando suo padre, da giovane, coltivava un paio di piante dietro casa finché la polizia lo costrinse a bruciarle condonandogli il reato.

Ancora oggi mostra quelle foto orgoglioso e malinconico.

Per me non era la prima volta; infatti durante un viaggio in Giamaica con gli amici appena maggiorenni visitammo la casa di Bob Marley e alcune piantagioni locali.

"Guardate come si taglia!"

Katy stacca un ramo intero e lo infila delicatamente all'interno di una macchina che roteando lo ripulisce, ricavandone le cime pronte da perfezionare.

Si siede in garage munita di piccole forbici da potatura e un vassoio di plastica iniziando a tagliuzzare le cime più grosse.

Rotea rapidamente il polso eliminando rametti e foglie, rendendo la cima perfettamente arrotondata.

"Avrei bisogno di voi anche il prossimo weekend se non avete problemi a maneggiare queste cose..."
Certo che no, in fondo è soltanto una pianta come tante altre e poi non vediamo l'ora di ricambiare la sua gentilezza.
Le prime quattro ore giornaliere coprono il nostro affitto, mentre verremo pagati quindici dollari l'ora per quelle extra.
Quella con Katy non sarà affatto la nostra unica esperienza lavorativa con la marijuana.
Getto nel camino il fusto di una pianta per riscaldarci, abbiamo finito la legna e l'umidità nel capannone è palpabile.

Katy e Duck, seppur opposti di carattere, sono una coppia estremamente socievole che ama passare il weekend facendo festa con gli amici.
L'indomani veniamo svegliati da lui che, ancora in dritta dalla sera prima, bussa per spaventarci alla porta del caravan. Per fortuna dopodomani inizia il suo turno di tre settimane in mezzo all'oceano...
Dopo la sua partenza Katy ci tratterà come figli, viziandoci con cene a base di ostriche e gamberoni, torte fatte in casa e bottiglie di vino rosso.
Lavora part-time per il governo australiano gestendo i passaggi di proprietà dei veicoli. Guadagna quarantacinque dollari l'ora più benefit, una vera e propria follia considerando che porta a casa oltre quattromila dollari al mese con appena venticinque ore settimanali.
Senza dimenticare i proventi dell'erba che vende ad amici e conoscenti...
Si è sposata giovanissima con un altro uomo da cui ha avuto due figli ormai adolescenti che visita regolarmente.
Anche il figlioletto di Duck la adora al punto da chiamarla mamma, cosa che la imbarazza visibilmente.

L'inverno è davvero alle porte e stiamo iniziando a progettare i nostri futuri spostamenti.

Mancano appena dieci giorni di raccolta e poi anche la stagione delle mele volgerà al termine.

"Cerchiamo un lavoro più duraturo così mettiamo da parte altri soldi per viaggiare!"

G. è consapevole che abbiamo già superato il giro di boa, infatti siamo arrivati in Australia sette mesi fa.

La seconda metà del visto sarà fondamentale per permetterci di pianificare il futuro, quindi non possiamo né vogliamo sbagliare mossa.

Pubblichiamo il classico annuncio definendoci interessati a qualsiasi tipo di lavoro regionale.

"Cosa ne pensi di questa Lisa? Ci offre lavoro in una *dairy farm* vicino a Melbourne."

Si tratterebbe di una piccola azienda casearia in cui saremmo impiegati nella fase di mungitura, alimentazione e pulizia di un centinaio di mucche.

Se accettassimo potremmo raggiungere Melbourne in traghetto senza essere costretti a vendere l'amata Barina.

Ignoriamo i suggerimenti di Cristoph, stravagante vicino di casa di Katy.

"Mi direte poi com'é quando avrete il culo della mucca in faccia alle cinque del mattino! Non c'è lavoro peggiore a questo mondo, fidatevi..."

Non lo prendiamo sul serio, d'altronde è un burlone che si diverte a spaventare tutti con le sue leggende metropolitane.

13
HO SMESSO DI BERE LATTE

Una spruzzata di neve celebra il nostro addio alla Tasmania.

Abbiamo stipato all'inverosimile la Barina e salutato affettuosamente Katy che, visibilmente commossa, ci aveva permesso di dormire nella camera degli ospiti per le ultime gelide notti.

"Odio gli addii, tornate presto e sappiate che un posto per voi ci sarà sempre!"

È triste pensare come capiti spesso, viaggiando, che quando inizi davvero ad affezionarti a qualcuno sia già arrivato il momento di andarsene.

Raggiungiamo Devonport nell'estremo nord dell'isola in tre ore.

Lo Spirit of Tasmania è una vecchia nave da crociera adibita a traghetto che attraversa il Bass Strait in appena undici ore di navigazione.

"Che bello, c'è anche il cinema!" G. si dirige spedita verso il buffet ignorando ancora quello che ci aspetta.

Dopo un paio di ore di navigazione, infatti, la nave inizia a dondolare al punto che fatichiamo a reggerci in piedi lungo i tenebrosi corridoi.

"Stasera si balla, Filo!" Lei sembra sicura di sé mentre mi racconta come, durante una crociera attraverso lo stretto di Gibilterra, fosse una dei pochissimi passeggeri a presentarsi regolarmente a cena.

Queste parole sembrano presagire l'immediato futuro. Passerò l'intera notte abbracciato alla tavola del water mentre G.

dorme beata, disturbata soltanto dagli altri passeggeri che fanno la spola tra bagno e sedili.

Il Bass Strait è considerato uno dei tratti di mare più pericolosi al mondo in cui si scontrano le correnti tempestose di Oceano Pacifico e Indiano.

Attracchiamo al porto di Melbourne alle sei del mattino.

Alla flebile luce dell'alba noto le facce distrutte di altri sconvolti dalla tormentata notte.

"Andiamo diretti verso la farm che non vedo l'ora di stendermi un po'!"

Non appena ci lasciamo Melbourne alle spalle il paesaggio diventa secco, piatto e monotono.

Giganteschi cartelli pubblicitari con scritto "Caldermade Farm & Cafe" si susseguono a distanza di un miglio per attirare l'attenzione dei turisti diretti a Phillip Island.

"Eccoci, questa è la nostra nuova casa!" G. sembra convinta della scelta.

Un piccolo caffè collegato a una graziosa fattoria sorge all'ingresso della proprietà da cui si intravede appena la stalla adibita alla mungitura e una casa indipendente sul retro.

Tutt'intorno, immensi recinti popolati da centinaia di mucche; sembrano molte di più di quelle descritte da Lisa...

"Che bello incontrarvi di persona, ragazzi!"

Una trentenne bionda di bell'aspetto ci corre incontro entusiasta.

Indossa stivaletti stile cow-boy, un cappello a tesa larga e una giacca a vento.

"Tra una settimana me ne andrò, mi dovrete sostituire durante l'inverno."

La casa è molto semplice e rustica, dotata di un enorme soggiorno con cucina a vista, patio esterno, un bagno e due camere da letto.

Noto decine di foto raffiguranti Lisa insieme a un signore sulla sessantina sparse per la casa.

"Anche Stephen è italiano, sua mamma non parla un'acca d'inglese!" esclama mentre ci mostra il resto della casa.

La nostra stanza è spaziosa e il letto sembra comodo, per cui ne approfitto per sdraiarmi nella speranza di fare un sonnellino.

"Oddio, Filo, vieni qui!"

La raggiungo in bagno intenta a osservare da vicino qualcosa sul muro.

Si tratta di un *hunter spider*, diffuso in Victoria, che si sta rilassando incurante della nostra presenza.

Corpo tozzo, zampe lunghe e pelose, decine di occhi rossastri roteanti e una rinomata abilità nel salto acrobatico.

Con l'aiuto di scopa e paletta G. lo accompagna fuori facendo attenzione a non ferirlo.

Quando Lisa rientra le raccontiamo trafelati l'accaduto.

"Lui è Martin, ne abbiamo tre che teniamo in casa, ci fanno grande compagnia..."

Faccio caso soltanto ora a un suo collega appollaiato sul bracciolo del divano.

"*Cio*, ci faremo l'abitudine!"

G. ispeziona il letto minuziosamente, allontanando qualsiasi sospetto di presenze indesiderate almeno sotto le coperte.

Lisa è veterinaria, se ne andrà presto nel Western Australia per occuparsi di un progetto di volontariato legato ai delfini.

Arrivò qui a Caldermade proprio come noi, alla ricerca di un lavoro agricolo.

Lei e Stephen, che sono separati da trent'anni d'età, stanno chiaramente insieme seppur non lo ammettano pubblicamente.

Come primo giorno di lavoro veniamo affiancati a due dipendenti incaricati di mostrarci il processo produttivo.

"Stamattina assisterete al *milking*, mentre nel pomeriggio vi separerete per apprendere la manutenzione giornaliera delle mucche. Per cortesia fatemi sapere se parlano male di me e Lisa..." Stephen tradisce un leggero imbarazzo.

È un bell'uomo giovanile e piacente, mi ricorda Mitch di Baywatch.

Il *milking* avviene a ritmo di musica all'interno di una stalla; le mucche vengono attratte dal cibo a entrare una per una all'interno di una macchina rotante.

A questo punto noi, vestiti con indumenti impermeabili dalla testa ai piedi, abbiamo il compito di applicare alle mammelle una sorta di aspiratore elettrico che ne estrae il latte.

Alla fine arriva il turno degli esemplari più anziani e malati, il cui latte viene utilizzato unicamente per nutrire i vitelli strappati alle madri al momento del parto.

L'intero processo, della durata di tre ore circa, si ripete due volte al giorno. La stalla viene poi pulita e disinfettata da potenti getti d'acqua e soluzione salina.

"Che schifo, quanta merda! Una mucca mi ha appena cagato in faccia..." G., bagnata fradicia e disperata, non nasconde lo sconforto.

"Questo lavoro non è per tutti, nei prossimi mesi qui pioverà spesso e soffierà un vento gelido. Fa proprio bene la biondina ad andarsene al caldo!" sbotta un nostro collega osservando il cielo.

Nuvole scure, sospinte dal vento, si addensano all'orizzonte.

Stephen ci promette un mese di *training* pagato venti dollari l'ora per farci ambientare al meglio.

Cosa potremmo pretendere di più?

Partita Lisa, decidiamo di fargli un favore pulendo a fondo la casa.

"Ho appena visto due topi inseguirsi e nascondersi sotto il divano! Guarda quanti escrementi ci sono negli scaffali..."

I pacchi di pasta e sughi comprati giusto ieri ne sono ricoperti.

Lisa, animalista convinta, invece di scacciarli aveva permesso ai topi di crearsi una vera e propria colonia in cucina.

I giorni successivi sono difficili per via del meteo avverso, rendendo il lavoro esterno insostenibile.

"Non so se me la sento di spalare merda tutto il giorno e vivere in questa casa! Anche stamattina ho trovato un topo in camera e un vitello mi ha scalciato..." G. mi mostra un enorme ematoma violaceo sulla coscia destra.

La sera accendo il PC e noto una mail evidenziata nella casella di posta in arrivo.

"Scusate il ritardo, ma ho appena partorito. Siete ancora interessati al *pruning*? Tra due settimane iniziamo. *Best regards, Prue, Wines for Joanie.*"

Poco prima di salutare Katy avevamo inviato una cinquantina di mail alle *winery* della Tasmania sapendo che la potatura delle viti avviene in inverno e la paga è ottima.

Si tratterebbe però di tornare sull'isola, questa volta nel nord.

"Rilassiamoci dieci giorni a Melbourne, poi riprendiamo il traghetto"

Lei sembra aver già deciso di andarsene, mentre io tentenno dubbioso.

Ritornare sui nostri passi mi appare come una sconfitta.

Passiamo il weekend alla ricerca di una stanza in affitto a Melbourne e al rientro ne parlo con Stephen.

"Scusaci davvero, ma vogliamo essere onesti con te! Questo lavoro non fa per noi, per cui abbiamo deciso di andarcene. Se vuoi possiamo aiutarti a trovare due sostituti..."

Lui, che sembra avere la testa sulle nuvole dalla partenza di Lisa, non si scompone affatto. "Tranquilli, vi capisco, e apprezzo la vostra onestà."

Per la prima volta dal nostro arrivo in Australia decidiamo di lasciare un lavoro per cui, soltanto pochi mesi prima, avremmo fatto carte false.

Vado in bagno soddisfatto mentre osservo il ragno immobile sulla parete sinistra.

Se non avessimo avuto certezze da Prue saremmo rimasti al 100%.

Mi rimetto al computer deciso a confermare una delle stanze visionate a Melbourne quando G. s'illumina improvvisamente.

"Lo sai che la nostra *Medicare* è appena scaduta? Perché invece di stare al freddo non andiamo a Bali?"

Mi mostra un volo Melbourne-Denpasar andata e ritorno alla modica cifra di trecento dollari a testa.

"Sei geniale, amore! Lo sai però che il volo decolla domattina alle 8?!"

Detto fatto, lo compriamo.

"Prepariamo gli zaini che tra sei ore ce ne andiamo!"

La osservo compiaciuto saltellare per la stanza mentre prepara i costumi da bagno.

14
TASTE OF INDONESIA

"Auguri in super ritardo!"

Lei mi bacia non appena l'aereo decolla. In realtà sono passati già dieci giorni dal mio compleanno, che importa? Sono un ritardatario cronico e stiamo per mettere piede in Indonesia realizzando un mio sogno nel cassetto da sempre.

Quando penso a un arcipelago composto da diciassettemila isole sperdute in un mare blu cobalto rinomate per surf, immersioni, culture millenarie, foreste tropicali fittissime e rare creature, tra cui il varano di Komodo e l'orangotango di Sumatra, non posso fare a meno di fantasticare.

Ispirato dall'album "Bagus" di Cesare Cremonini, che significa felicità in indonesiano, ho sempre immaginato questo enorme Paese come un lembo di terra circondato dal mare in cui la vita scorre lenta.

Dopo aver pagato una salata tassa d'ingresso all'aeroporto ci dirigiamo verso Candidasa sulla costa orientale. Abbiamo scelto di evitare Kuta perché non siamo affatto interessati alla vita notturna e preferiamo allontanarci dal congestionato sud, vero e proprio *hotspot* turistico.

Bali ospita ogni anno milioni di visitatori che rendono l'isola, seppur molto grande, incredibilmente trafficata e caotica.

Arrivati in una *guest house* prenotata last minute, veniamo investiti da una sconosciuta e intensa energia spirituale che si respira nell'aria.

Quest'isola è un vero e proprio tempio a cielo aperto, una sorta di organismo attraversato da giardini e vie colorate dove danzatori festosi e mercanti di frutta ti accolgono con il sorriso.

Oltre ventimila templi che la modernità ha sfiorato ma non intaccato, estese risaie terrazzate color verde cangiante, villaggi di pescatori ancora intatti, una splendida barriera corallina e le onde più mirabolanti che abbia mai visto.

Soprannominata l'Isola degli Dei proprio per la bellezza dei suoi templi costruiti a picco sul mare, nel mezzo della foresta pluviale e su laghi tropicali, Bali è la vera e propria roccaforte dell'induismo dell'Indonesia, Paese per la maggioranza musulmano.

La forma particolare di culto induista a Bali ha assimilato influenze buddiste, derivando una professione religiosa che si manifesta nella vita quotidiana e pubblica influenzando profondamente abitudini, usi e costumi locali.

I templi sono stati costruiti secondo i criteri dell'animismo, culto che attribuisce qualità divine a oggetti, luoghi ed esseri materiali, e del contatto con la natura tipico delle religioni induiste che credono nelle forze del bene (Dharma) e del male (Adharma).

I balinesi hanno il compito dichiarato di mantenere un equilibrio tra questi due livelli del cosmo e per questo è scontato incontrare per le vie di Bali, di fronte alle case, nelle auto e nei negozi, dei piccoli cestelli di fogli colorati pieni di petali di fiori e offerte come monete, riso, cibo...

Affittiamo un motorino per visitare le risaie di Ubud, il tempio di Uluwatu e le spiaggie vulcaniche dell'isola.

"Perché la signorina non indossa il casco?"

Il vigile che ci ha appena fermati al semaforo sembrerebbe alla ricerca di qualsiasi pretesto pur di strapparci una salata multa.

"Scusi, ma nessuno lo porta qui!"

Indico un motorino con due adulti e due bambini, tutti senza casco.

"Allora mi mostri la sua patente internazionale."

In quell'istante realizzo di non avere scampo, difatti l'ho dimenticata nel portaoggetti della Barina parcheggiata all'aeroporto di Melbourne.

"Pensa, Filo, non ce l'hanno mai chiesta in Australia e una volta che serve ovviamente non ce l'abbiamo..."

Pago i cinquanta dollari pattuiti dopo aver provato inutilmente a impietosirlo.

"Ti sto già aiutando" continua il poliziotto in tono cantilenante "Se vai in questura costa almeno il doppio."

La corruzione è dilagante in quest'isola che agli occhi di tanti vacanzieri rappresenta il paradiso terrestre, ma in realtà nasconde un lato oscuro inquietante.

Lo scopriremo nel corso degli anni successivi durante i sei mesi passati viaggiando in Indonesia, di cui ben tre trascorsi a Bali sfamando la nostra voglia di surf. Può sembrare strano a dirsi ma non è tutto oro quello che luccica nell'Isola degli Dei!

Se da un lato ho adorato le perfette e potenti onde di Uluwatu e quelle più *mellow* di Canggu, un popolo dalla mentalità aperta e un grande cuore, uno stile di vita occidentale ma economico visti i servizi e comfort diffusi, dall'altro ho toccato con mano la corruzione imperante, un governo sleale svenduto agli interessi economici, l'inquinamento provocato dalla plastica gettata un po' ovunque poi bruciata ogni sera agli angoli delle strade e un traffico fuori controllo.

La parte meridionale dell'isola è il paradiso di surfisti, nomadi digitali e turisti. Negozi scintillanti, ristoranti *Western*, Internet cafè, surf shops, locali esclusivi, ville di lusso costruite su terreni sottratti alle risaie, tour privati alla scoperta dei tanti "Instagram Spot", resort a cinque stelle...

Lasciandosi alle spalle tutto ciò e avventurandosi verso nord s'incontra la parte ancora intatta e autentica di Bali: le deserte risaie di Jatiluwih, la poco frequentata cittadina marittima di Amed, la scalata a Mount Batur, il villaggio di pescatori di Pemuteran, il semisconosciuto Taman National Park...

Bali può davvero rappresentare il paradiso per alcuni e l'inferno per altri.

Conosciamo la storia di una surfista italiana che, durante una vacanza a Kuta, è stata arrestata tentando di proteggere un ragazzo coinvolto in una rissa.

In realtà innocente, solo perché sporca di sangue venne condannata a tre anni di reclusione rendendo quello che doveva essere un breve soggiorno un vero e proprio incubo.

In Indonesia la pena di morte è tuttora in vigore.

Ci sono altrettante storie finite ancor peggio di *bule* ("bianchi" in indonesiano) puniti con la pena capitale per spaccio o detenzione di pochi grammi di stupefacenti.

Ci spostiamo alle Gili per goderci una settimana di mare da urlo, *snorkelling* e una rapida visita di Lombok.

Negli ultimi anni queste isole hanno vissuto un enorme boom turistico che faticano ancora ad assimilare; quella principale, Trawangan, è letteralmente invasa e intasata di turisti, hotel, ristoranti e bar sulla spiaggia.

Qui non ci sono mezzi a motore, soltanto dei carretti trainati da cavalli che trasportano merci e persone percorrendo le tre strade sterrate dell'isola.

"Hai visto, Filo, c'è un villaggio nell'interno. Andiamo a chiedere se possono ospitarci!"

Wayan e famiglia affittano tre capanne in legno alla modica cifra di sette euro a notte colazione inclusa. Seppur distanti appena una decina di metri dagli hotel affollati sulla spiaggia, vivono in maniera essenziale senza elettricità né acqua corrente.

"Fino a qualche anno fa dovevo recarmi a Bali per trovare lavoro" mi spiega Wayan mostrandomi il suo terreno. Tre mucche, una decina di galline e un piccolo orto.

"Adesso è tutto cambiato, possiamo permetterci di essere autosufficienti anche se i nostri figli vorrebbero sempre di più..."

Scopriamo gli altri due atolli corallini di Meno e Air, silenziosi e adatti a chi ricerca relax e fondali spettacolari, così decidiamo di salutare Wayan e abbandonare la festaiola Trawangan.

Ci stabiliamo a Gili Meno, la più piccola e affascinante, lambita da distese di sabbia della consistenza del talco, alberi frondosi e acque cristalline.

Il colorato *reef* che circonda l'atollo è l'habitat ideale di moltissime tartarughe verdi facilmente osservabili.

"Wow, che posto! Ce ne dobbiamo davvero andare?" Di rientro da un lungo bagno al tramonto, G. non vuole proprio arrendersi alla realtà.

Ci restano appena tre giorni prima del ritorno in Australia, li trascorreremo esplorando Lombok.

Quest'isola è il vero e proprio fiore all'occhiello del viaggio,

ce ne innamoriamo a tal punto che torneremo presto per godere con più calma del suo fascino primordiale.

Terra dei Sasak, un'etnia musulmana che discende dai balinesi, rappresenta tutto ciò che Bali era fino agli anni Settanta.

Spiagge chilometriche e deserte nel sud, il maestoso vulcano Rinjani e cascate incredibili al nord, gente ospitale dai sorrisi immensi seppur spesso sdentati, mercati a cielo aperto in cui le trattative si fanno da seduti o accovacciati a terra, templi affacciati sul mare come quello di Batu Bolong, gruppi di scolare vestite in divisa dalla gonna lunga e il velo che copre i capelli, pescatori, cani randagi...

Rientriamo a Bali in traghetto appena in tempo per salire a bordo dell'aereo diretto a Melbourne con gli occhi ancor pieni di gioia e adrenalina da questa, seppur troppo breve, prima meravigliosa avventura indonesiana.

15
POTARE LE VITI

Incontriamo Aya e Joris, la fresca coppia giappo-olandese, nel centro di Melbourne poche ore prima del traghetto di ritorno in *Tassie*.

"È un periodaccio, non riusciamo a trovare lavoro. Ci stiamo improvvisando in qualsiasi cosa..." Sembrano accigliati, difatti l'inverno australiano è povero di opportunità per chi non ha *skills* in *hospitality*.

Ci raccontano che Ubaldo e Paola, di cui avevamo perso le tracce, stanno raccogliendo banane nell'estremo nord del Queensland. Sembrerebbe proprio che siamo tra i pochi a non inseguire il caldo...

Munito di pillole contro il mal di mare, affronto il viaggio di ritorno a bordo dello Spirit of Tasmania senza incontrare alcun imprevisto.

"Mamma mia, che freddo epocale!"

Non nascondo lo stupore non appena scendiamo dal traghetto, il termometro della Barina segna -2°.

Il paesaggio ghiacciato ai lati della strada ricorda una tipica mattinata invernale nella Pianura Padana in cui la brina è protagonista.

Winter is here. Giugno, luglio e agosto sono infatti i mesi più freddi dell'anno e li passeremo lavorando all'aria aperta.

Raggiungiamo la casa di Terry dopo un'oretta di viaggio passata tentando invano di spannare il parabrezza.

Aveva chiesto di incontrarci subito dato che dopodomani parte per l'Inghilterra.

"Ho arredato casa mia da solo, amo il collezionismo!"

È ancora vestito da lavoro quando ci accoglie puntando il dito verso le innumerevoli targhe e insegne appese alle mura di casa.

"Farete compagnia a Buddy mentre vado a trovare la mia famiglia a Manchester. Mi raccomando chiudete sempre tapparelle elettriche e cancello d'ingresso perché non mi piace far vedere alla gente casa mia..."

Il pitbull marrone chiaro accovacciato sul divano ci viene incontro scodinzolando, sembra averci già accettato.

Terry è un altro appassionato delle Harley-Davidson, ne possiede addirittura cinque!

Ci stringiamo la mano con l'accordo di rimanere soli per due mesi pagandogli centocinquanta dollari settimanali per l'affitto.

Non ci sembra vero di avere un posto tutto nostro in cui rilassarci dopo le lunghe giornate di lavoro.

L'azienda vinicola di Prue sorge a Pipers River, un paesino sconosciuto del nord della Tasmania distante quarantacinque minuti di auto.

Di prima mattina raggiungiamo l'indirizzo che Prue ci aveva comunicato.

Tradisco un certo nervosismo dato che nella mail di presentazione ci eravamo spacciati come esperti potatori di viti.

Nei giorni precedenti avevamo organizzato una chiamata Skype con mio padre per farci spiegare i trucchi del mestiere ed esaminato una miriade di tutorial su YouTube cercando di memorizzare le parole chiave utili in inglese.

"Siete Philip e Jade? *Nice to see you, I'm Prue's husband.*"

Un signore sorridente alla guida di un fuoristrada nuovo di zecca ci stringe la mano.

"Queste sono le vostre forbici elettriche, ricordatevi di caricarle tutte le notti e trattatele con cura!"

Ci consegna due valigette nere plastificate simili alla ventiquattrore.

"Vi faccio vedere come si fa; le avete mai usate prima?"

Scuoto la testa ignorando perfino che aspetto abbiano quelle manuali.

"Quante gemme preferisci che lasciamo?"

Recito il copione a memoria accarezzando i rami spogli della vite.

"Tagliate appena sopra la terza ma non troppo vicino così hanno spazio per crescere il prossimo anno."

Andrew ci saluta poco dopo prendendo in braccio il figlioletto di due anni.

Le forbici elettriche color rosso acceso, collegate a una pesante batteria che carichiamo sulla schiena, sfoggiano un design svizzero pur essendo "Made in Italy".

"Questo lavoro non mi dispiace per niente!" G. si spoglia restando in maniche corte dato che il sole invernale della Tassie riscalda divinamente nelle ore centrali.

Nei giorni successivi altri due lavoratori si uniscono a noi, un ragazzo australiano appena ventenne e una signora del posto che pota le viti da sempre.

"Questo potrebbe essere il mio ultimo anno visto che in primavera mi opererò all'anca e non è detto che potrò continuare..."

Lynn è la più veloce del gruppo e nonostante l'andatura barcollante ci distacca di tre filari a giornata.

Col passare delle settimane io e soprattutto G., inspiegabilmente stimolata dai lavori pagati ad ora, le teniamo testa.

Terminata la potatura nella proprietà di Andrew e Prue veniamo trasferiti a Bay of Fires Vineyard, un vero e proprio impero alimentato interamente a energia rinnovabile.

"Collaboro con questa azienda da decenni, la paga è di 22,80 dollari all'ora. Sentitevi a casa!"

Andrew ci mostra di persona l'area relax con tanto di macchina del caffè, frigorifero, microonde, Wi-Fi e comodi divani su cui sprofondare in pausa pranzo.

Le giornate si sono accorciate notevolmente, ci capita spesso di ammirare il tramonto sulla strada di casa.

Siamo ormai abituati ad avere mani e piedi gelati di prima mattina nonostante indossiamo i guanti e ben tre paia di calzettoni. Il sole inizia a scaldare l'aria soltanto dopo le dieci.

"Dopo il Natale in Italia, perché non andiamo tre mesi alle Hawaii?"

Luglio è ormai ai titoli di coda, stiamo lavorando sotto una pioggia gelata quando G. si illumina improvvisamente.

Le avevo parlato delle Hawaii sin dal nostro primo appuntamento.

"Il miglior posto al mondo"

"L'unico in cui tornerei"

"Quelle isole hanno qualcosa di speciale..."

Ripetendole queste litanie così spesso l'avrò certamente incuriosita.

"Ho trovato un volo diretto Honolulu-Brisbane che costa appena duecento dollari!" Ha addirittura già controllato i biglietti.

Non riesco a nascondere un sorriso spontaneo mentre il mio cuore accelera.

Il solo pensiero di rimettere piede in quelle isole dà colore alla giornata uggiosa, facendomi dimenticare all'istante freddo e noia.

Questo fantasioso piano dipende però dai prossimi quattro mesi australiani e da quanti soldi riusciremo a risparmiare.

"Ciaooo stronzo, *I need to ask you something! Can I call you later today?*"

Il messaggio di Nozo ci riporta sulla Terra.

Lo chiamo in pausa spinto dalla curiosità. Ci propone di attraversare il deserto insieme da Darwin a Uluru.

"Devo provare l'itinerario prima di accompagnare i turisti! Voi comprate solo i voli, il camper è sponsorizzato dall'azienda per cui lavoro."

Dovremo soltanto dividerci le tante ore di guida, la spesa di benzina e aree di sosta.

"Ho letto che agosto è il miglior periodo per visitare il *Red Centre!*"

A G. non sembra vero.

Quattordici giorni e oltre duemila chilometri *on the road*, l'idea ci ispira immediatamente nonostante sogniamo a occhi aperti l'Oceano.

16
LASCIARSI IL PASSATO ALLE SPALLE

"In che categoria giochiamo?"

Sto allacciando gli scarpini da calcio nello spogliatoio del Launceston United in cui ho appena conosciuto il mio unico compagno di squadra italiano.

"Stai scherzando?" Fabio mi guarda perplesso.

"Siamo in serie A fratello, a che livello giocavi in Italia?"

Sussulto lucidando le "tredici" che avevo infilato in valigia quasi per scherzo.

In realtà mi aveva convinto mio nonno. "Con le tue qualità potresti arrivare in alto laggiù e rifarti una carriera!"

Non avrei mai pensato che sarebbe potuto accadere, anche perché stavo solo cercando una squadra con cui allenarmi e stringere qualche amicizia. Avevo inviato una mail alle squadre della zona e soltanto il Launceston United mi aveva contattato.

Fabio giocava in serie D nel milanese finché un amico gli aveva suggerito questa squadra dato che ai giocatori viene offerto alloggio e lavoro.

"Qui è solo corsa e preparazione fisica, tecnica e tattica valgono poco o nulla. Capirai tutto già dal riscaldamento..."

Le sue parole suonano come una minaccia dato che non gioco una partita "vera" da due anni.

Il coach ci riunisce a centrocampo e, dopo un rapido briefing tecnico, iniziamo a correre a ritmo sostenuto per venticinque minuti.

Sono allo stremo e tento di respirare a pieni polmoni mentre il petto mi brucia maledettamente.

Fabio, fresco come una rosa, mi affianca ridendo.

"Te l'avevo detto!"

Il resto dell'allenamento è divertente, mi tolgo perfino la soddisfazione di segnare di testa su corner durante la partitella.

Il coach di origini americane mi stringe la mano soddisfatto al termine della sessione.

"Non sei andato male e abbiamo proprio bisogno di un difensore centrale della tua stazza! Ti servirà però un mesetto buono per rimetterti in forma e abituarti a questi ritmi."

Saluto Fabio che domani inizia il suo turno di lavoro alle tre del mattino.

Non lo rivedrò mai più così come la maglia del Launceston United che ricorda una brutta copia di quella della Juventus.

A diciassette anni appena compiuti, proprio il giorno prima del provino cruciale per il Bologna, mi ero infortunato gravemente la caviglia destra compromettendo la mia carriera e di fatto non riuscendo più a esprimermi agli stessi livelli di prima, seppur sfiorando le porte del professionismo.

Non bastarono un anno di stop forzato e un'intensa riabilitazione giornaliera: quando ritornai sul campo non mi sentivo lo stesso di prima e i miei sogni di vivere di pallone s'infransero fragorosamente.

Ho sofferto molto per le critiche piovute a raffica dopo le mie scadenti prestazioni post-infortunio e la miriade di problemi fisici che hanno rallentato la mia ascesa.

Soltanto negli ultimi anni avevo ricominciato a divertirmi scendendo notevolmente di categoria e prendendo finalmente il calcio come una passione.

Ero riuscito a ritrovare quella gioia di giocare perduta da anni insieme a ottime prestazioni che avevano stupito gli addetti ai lavori che mi consideravano ormai "finito".

Era stata una delle più grandi rivincite con me stesso di cui vado molto fiero.

Ora però sono in Australia e il calcio non è più una delle mie priorità.

Potrei fermarmi qui e integrarmi nella folta comunità italiana continuando a dedicare tempo e passione al mio sport preferito, ma quello che sento nel profondo è ben differente.

Voglio dare un taglio netto alla mia vita precedente.

Questo significa fare scelte meno scontate prendendo strade mai percorse prima e abbracciando un futuro ricco di incertezze al contempo imprevedibile e sorprendente.

17

SOLITUDINE

"Uuuuaaauuaaaa"

Il verso del Kookaburra accompagna le nostre giornate lavorative.

Questo bizzarro volatile dal dorso bruno e il ventre bianco è uno dei simboli dell'Australia.

Dotato di un becco tozzo e robusto, emette un suono simile a quello di una scimmia e adora sostare sulle viti per adocchiare le lucertole spiaggiate al sole.

Stasera rientra Terry dall'Inghilterra, purtroppo i due mesi di solitudine sono volati.

"Se ci troviamo bene rimaniamo fino alla fine." G. ci spera dato che tra venti giorni voleremo a Darwin.

Ahimè, Terry si rivela molto peggio del previsto!

È invadente, ha seri problemi di alcolismo e pretende di dettare legge su tutto.

Inoltre non si fa problemi a piombare in camera nostra in piena notte in preda ai fumi dell'alcol.

Scopriamo che la sua compagna si è trasferita a due isolati di distanza perché la figlia sedicenne lo detesta.

"Grazie di tutto, Terry, ma abbiamo trovato un posto più vicino alla *winery*!"

Lo congedo dopo appena cinque giorni di convivenza.

Oggi pomeriggio sembra più alticcio del solito.

"Mi mancherete ragazzi, siete sicuri che non vi abbia dato fastidio in qualche modo?"

Scuoto la testa tentando di apparire convincente.

"Vorrei chiedervi cento dollari extra per le bollette..." sbiascica mentre imbocco il vialetto d'uscita a bordo della Barina.

Glieli porgo dal finestrino, non ho proprio voglia di discutere!

Ci trasferiamo a Newnham, un sobborgo di Launceston distante mezz'ora esatta dal lavoro.

Siamo carichi visto che la proprietaria ci ha rassicurati descrivendo i nostri coinquilini come "due studenti universitari molto socievoli".

Entrati in casa comprendiamo subito il malinteso. Dave ha sessantadue anni e frequenta un corso d'arte mentre Richard, di quarantacinque, studia ingegneria navale. Stanno cenando sul divano con gli occhi incollati su un documentario bellico in televisione.

"*Chissenefrega*, è soltanto per tre settimane! Non vedo l'ora di usare la macchina fotografica nuova..."

In realtà ci speravamo proprio in un pò di compagnia dopo due mesi di pura solitudine.

Trascorreremo il prossimo fine settimana a Cradle Mountain dove, nonostante il freddo, vogliamo percorrere parte dell'Overland Track.

Questo leggendario sentiero lungo sessantacinque chilometri, dichiarato Patrimonio Unesco, è percorribile in sei giorni e attraversa alcuni dei paesaggi più selvaggi e aspri del mondo dove s'incontrano montagne glaciali, foreste pluviali temperate, fiumi purissimi, laghi, cascate e pianure alpine.

I nostri piani vengono ostacolati pochi giorni prima della partenza.

"Filo, dimmi che è uno scherzo, ti prego."

Sono le sei di una gelida mattina di metà agosto mentre stiamo salendo in auto per recarci a lavoro.

Il parabrezza della Barina e il finestrino del guidatore sono stati completamente sfondati!

Mi viene in mente un tonfo sordo avvertito ieri sera intorno alle undici mentre stavo per addormentarmi. Non avrei mai pensato che quel pazzo di Terry stesse distruggendo la nostra povera auto...

"E adesso come facciamo? Non possiamo certo perdere l'ultima settimana di lavoro."

Denuncio l'accaduto alla polizia ammettendo di avere più di un sospetto.

"Non possiamo farci proprio niente se non hai prove!" mi risponde un poliziotto annoiato dalla mia storia.

Qualche giorno fa ci eravamo imbattuti in Terry al supermercato.

"Vi sto seguendo perché mi dovete altri cento dollari per le bollette!" aveva gli occhi fuori dalle orbite e le vene sul collo sembravano sul punto di esplodere.

Lo avevo liquidato senza fronzoli dicendogli che, avendo pattuito inizialmente un prezzo per l'affitto e la custodia di Buddy, non avevo intenzione di assecondarlo un'altra volta.

"La polizia non ci aiuterà a meno che tiriamo di mezzo un avvocato. Merita proprio una bella lezione, perché non andiamo a raccontare tutto alla sua compagna?" G. sembra intenzionata a farsi giustizia da sola.

Andrew ci viene a prendere proponendoci di utilizzare la sua auto a patto di trasferirci a casa sua. Accettiamo subito dato che l'atmosfera a Newnham si è fatta pesante dopo il fattaccio. I nostri coinquilini infatti ci guardano male, sembra quasi che sospettino di noi come se avessimo fatto un torto alla persona sbagliata.

Non siamo noi le vittime secondo il loro punto di vista, perciò non spreco nemmeno un briciolo del mio tempo a giustificarmi, anzi me ne infischio altamente!

Guidare l'auto di Andrew, una Holden sportiva famigliare, è un vero lusso.

"Usatela pure per andare a Cradle, con la neve è affidabilissima!"

Ci sentiamo accolti calorosamente da lui e Prue, come non ci accadeva dai tempi di Katy. La moglie di Andrew ha appena partorito il secondogenito, Thomas.

La loro casa sorge all'interno di una splendida tenuta con vista lago immersa nel silenzio tra vitigni di Shiraz e Pinot.

Entrambi originari del Queensland, si sono trasferiti in Tasmania appena due anni fa portando con loro un cavallo e tre cani.

"Io seguo la parte marketing e amministrazione dell'azienda mentre Andrew passa le sue giornate tra i filari; vi ha raccontato che ha studiato per qualche mese in Italia?" Prue mi allunga le etichette delle bottiglie da lei stessa ideate.

Da giovane era stato ospite di un'azienda vinicola di Bari apprendendo i segreti del mestiere e immergendosi totalmente nella cultura italiana.

"Nessuno parlava inglese quindi mi spiegavo a gesti. È stato divertente!" Andrew mi mostra una foto ricordo in cui abbraccia una numerosa famiglia sorridente.

Nonostante la piacevole atmosfera che si respira qui non riesco a dimenticare il folle gesto di Terry.

Un pomeriggio in cui siamo di passaggio a Launceston per fare la spesa, decidiamo di affrontare la sua compagna.

"Questo è l'ospedale dove lavora! Facciamole capire che razza di uomo ha al suo fianco..."

Chiediamo di lei in accettazione, per fortuna andrà in pausa tra poco.

Attendiamo consapevoli che il nostro aereo per Darwin decolla dopodomani.

"Che piacere vedervi, ragazzi!"

Karen ci viene incontro visibilmente stupita baciandoci sulle guance.

Le raccontiamo tutto ammettendo di non sospettare nessun altro se non del suo uomo. Inizialmente s'irrigidisce e pare non voler ammettere l'accaduto fingendo di non riconoscere gli atteggiamenti di Terry, poi all'improvviso scoppia a piangere.

"Gli devo molto perché mi ha prestato dei soldi in passato, ma non riesco a lasciarlo nonostante abbia alzato le mani contro me e mia figlia..."

Mi sento immediatamente in colpa: non siamo certo noi ad avere bisogno di aiuto. Ci scusiamo per averla disturbata e voltiamo le spalle a questa brutta vicenda una volta per tutte.

"La vita lo ha già punito abbastanza: è solo come un cane e non lo ama nessuno." G. appare sollevata come se si fosse tolta un peso dallo stomaco.

Anch'io mi sento immediatamente meglio nonostante i millecinquecento dollari persi, dato che non potremo rivendere la Barina, e le notti insonni al pensiero che qualcuno potesse farci del male.

Un capitolo importante della nostra avventura sta davvero per concludersi: lasceremo la Tasmania dopo otto mesi di tira e molla!

L'ultimo ricordo è il piacevole weekend a Cradle Mountain.

È uno strano feeling accarezzare la neve ad Agosto...

Fotografiamo decine di wombat che si aggirano indisturbati ciondolando goffamente, ci perdiamo negli infiniti sentieri montani e soggiorniamo in un cottage immerso nel bosco apprezzandone la fiabesca desolazione.

Camminare in piena notte nella foresta è una sensazione unica e appagante, un mix di serenità e inquietudine. Mi sento allo stesso modo fuori luogo e a mio agio pur non conoscendo minimamente questa landa remota illuminata soltanto dalla flebile luce della luna.

Abbraccio G. che s'incanta osservando il fuoco appena acceso.

Siamo felici.

18
DARWIN TO ULURU

Busso alla porta della camera del motel in cui alloggia Nozo.

Sono le tre del mattino, siamo reduci da un lungo volo notturno Launceston-Melbourne-Darwin.

Indossa uno stravagante pigiama colorato nonostante il caldo torrido e si stropiccia assonnato gli occhi a mandorla.

"Ciao amici, *I'm so excited you're here! Let's get some sleep before the adventure starts...*"

Dedichiamo una sola giornata alla tropicale Darwin, cittadina sempre più sofisticata costruita su fondamenta di natura selvaggia e acqua. Mercati variegati, reliquie della Seconda Guerra Mondiale e splendidi tramonti sono assoluti protagonisti.

Nozo non ci farà compagnia, interessato a visitare una *Chocolate Factory* che a noi appare come uno specchietto per le allodole. Lui, che sembra averlo intuito, nemmeno ci invita.

La vera avventura inizia non appena lasciamo la città.

Ci stiamo inoltrando in una vasta zona selvaggia e aspra che offre una fauna spettacolare, terra rossa, cieli azzurri e notti trascorse sotto una coperta infinita di stelle.

La prima tappa è il Litchfield National Park, distante appena centoventi chilometri in direzione sud; immenso, ricco di cascate e termitai che superano i tre metri di altezza. Raggiungiamo l'Adelaide River per partecipare a una gita in barca che ci permetterà di ammirare la star locale, il coccodrillo marino.

Sono le due di pomeriggio, il caldo è asfissiante e il silenzio ovattato. L'acqua fangosa del fiume contorna una vegetazione bassa e intricata, attorno a noi soltanto deserto, mulinelli di polvere e stormi di falchi interessati agli insetti stecchiti dal sole e dai *bushfires*.

La guida fa penzolare un pezzo di carne fresca oltre il bordo dell'imbarcazione e in pochi secondi un coccodrillo lungo oltre cinque metri s'innalza delicatamente e lo addenta.

È impressionante osservarli in sicurezza ad appena due passi di distanza, sembrano così aggraziati e lenti. In realtà il *salty* è uno degli esseri viventi più forti e letali al mondo, dotato di un morso ancor più potente di quello dello squalo bianco!

Essendo un animale notturno, è raro vederlo all'opera durante il giorno, e per questo appare così pacifico e rallentato.

"Oh my God... They're so close!" Nozo grida come un bambino.

Ha insistito parecchio per fare tappa qui nonostante le nostre perplessità sull'etica del tour.

Perlomeno lo abbiamo convinto a eliminare dall'itinerario una sorta di parco tematico in cui i coccodrilli sono tenuti rinchiusi in teche minuscole e perennemente accerchiati da turisti.

Kakadu è considerato uno dei più sorprendenti parchi nazionali del mondo.

Ospita una miriade di dipinti rupestri aborigeni che interpretiamo grazie a una guida indigena e le mirabolanti Jim Jim Falls che raggiungiamo dopo due ore estenuanti di strada sterrata inaccessibile durante la stagione delle piogge.

Il viaggio per Katherine offre una variegata gamma di contrasti paesaggistici che mettono in mostra la marcata transizione tra il lussureggiante *Top End* e l'arido *Red Centre*.

Ascoltiamo musica rap che Nozo parrebbe apprezzare da come muove a ritmo la testa, fotografiamo termitai che i turisti hanno addobbato con magliette e cappellini e maestose aquile dalla coda a cuneo che volano attraverso un cielo senza fine.

Esploriamo il celeberrimo Nitmiluk National Park ammirando vasti canyon e tuffandoci nelle sublimi sorgenti termali affollate da famiglie locali.

Mataranka, distante appena un'ora, è di certo la più spettacolare.

Questa serie di piscine bollenti di acqua marina dall'odore di zolfo si snodano attraverso una foresta di palme come una sequenza da film.

Galleggiare in un'acqua cristallina ammirando la rigogliosa vegetazione circostante è davvero sublime!

La prossima tappa dista oltre sei ore di camper e optiamo per una sosta intermedia al Daly Waters, storico pub tra i più famosi d'Australia.

La leggenda narra che negli anni Ottanta un autista fece una scommessa con le sue passeggere conclusa con le ragazze, e migliaia di passanti da allora, lasciare dietro di sé i loro reggiseni.

Bras a parte, appesi a ogni angolo disponibile ci sono T-shirt, bandiere, banconote, carte d'identità...

Raggiungiamo finalmente Devils Marbles, una serie di formazioni rocciose sacre per le popolazioni indigene e sostiamo nel parcheggio gratuito dotato di area pic-nic e Wi-Fi.

Questa zona testimonia i primi insediamenti umani influenzati dall'industria mineraria in rapida espansione a partire dalla fine dell'Ottocento.

Piccole *township*, siti culturali aborigeni e sparute stazioni di servizio in cui è consigliatissimo fare il pieno.

Il limite di velocità sulla Stuart Highway è di 120 chilometri all'ora, ma è necessario tener presente che, soprattutto all'alba e al tramonto, canguri, cavalli selvatici e mandrie di bovini possono attraversare la carreggiata all'improvviso.

Per nostra fortuna non ci accadrà niente del genere: riuscirò a scansare una mandria di asini all'ultimo istante e un serpente color verde vivido.

Raggiungiamo Wycliffe Well, considerata la capitale UFO australiana, a tarda sera.

Philip, il contrabbandiere di birre della Tasmania, mi aveva raccontato di avere visto strane luci in cielo mentre campeggiava in questa stazione di servizio.

Io e Nozo, appassionati di fenomeni extraterrestri, non potevamo certo mancare una foto di rito con alcune buffe statue rappresentanti alieni color verde sgargiante dalla testa deforme.

Passiamo la notte con il naso all'insù cercando di individuare qualcosa di anomalo, sorprendendoci continuamente del numero infinito di stelle brillanti.

L'ultima sosta prima di Ayers Rock è nel mirabolante Kings Canyon; aspre catene montuose, antiche pareti di arenaria che si elevano per centinaia di metri fino a un altopiano di cupole rocciose, buche e gole profonde.

Gli aborigeni hanno chiamato questo luogo "Watarrka" per ventimila anni.

Camminando lungo le pareti scoscese, la cosa più sorprendente sono le fitte foreste di palme incastonate tra i pendii che fungono da rifugio per oltre seicento specie di piante e animali.

Affrontiamo la Canyon Rim Walk che ci porta fino all'abisso di arenaria che si tuffa per trecento metri nei meandri del canyon.

Avvistiamo il Giardino dell'Eden, una pozza d'acqua permanente circondata da lussureggianti cicadi che dimostrano che un tempo questa zona geografica aveva un clima più tropicale.

Dedichiamo gli ultimi due giorni al vero e proprio emblema dell'Australia.

Kata Tjuta è una serie di monti, seppur più vasti e alti, considerati i cugini poveri di Ayers Rock. Sono costituiti da una trentina di cupole di granito e basalto dal dominante color rossastro, originatesi oltre trecento milioni di anni fa.

Percorriamo la Valle dei Venti, un sentiero impegnativo lungo sette chilometri che mette in mostra tutta la maestosità di questo luogo sacro agli aborigeni.

La leggenda narra che Wanambi, il re dei serpenti, vivesse in vetta alla cima più alta e scendesse soltanto durante la stagione secca trasformando una leggera brezza in un uragano in grado di punire chi avesse commesso peccati.

Rientriamo esausti e affamati nella piazzola di sosta. Mentre addentiamo un panino veniamo accerchiati docilmente da un gruppo di dingo curiosi e decisamente poco spaventati.

Questi cani, un tempo domestici, giunsero in Australia oltre seimila anni fa.

Le bestiole dal mantello fulvo, che arrivano a pesare fino a venti chili, abitano le steppe e le praterie nutrendosi di rettili, uccelli e piccoli roditori.

Ayers Rock sembra un mammifero addormentato, gli si può girare intorno ma non è possibile svegliarlo. Ha fessure e orifizi bui che s'illuminano solo per pochi minuti a seconda della posizione del sole.

Lo sfioro, la sua corazza è increspata e calda, mi sembra quasi di sentirlo respirare!

Seppur l'avessi già visto in centinaia di fotografie, un tuffo al cuore mi scuote a osservarlo da così vicino.

Costituito da roccia sedimentaria chiamata *arkose*, è grazie all'ossidazione dei minerali ricchi di ferro che la superficie ha assunto un color ruggine cangiante.

I 348 metri che svettano sulla pianura desertica sono solo la parte esterna di un enorme monolite che affonda per altri due terzi sotto terra, proprio come un iceberg.

La roccia si fa sempre più scura con l'avvicinarsi del tramonto. Il verde salvia dei cespugli e il cielo rossastro mutano in fretta divenendo color grigio scuro e rendendo il monolite sempre più femminile e materno, simile all'utero del mondo.

Ci salutiamo all'aeroporto di Alice Springs tra abbracci e i soliti imbarazzanti insulti in italiano che Nozo ormai recita a memoria.

Un breve scalo a Cairns e qualche ora di volo lo riporteranno in Giappone.

E pensare che tra una settimana dovrà accompagnare un gruppo di connazionali ripercorrendo lo stesso itinerario...

Decidiamo di fermarci qualche giorno ad Alice Springs dopo aver riconsegnato il camper. Abbiamo voglia di un letto comodo e un po' di privacy, per cui prenotiamo una camera nell'ostello più *cheap*.

Non abbiamo piani prefissati né voli prenotati visto che vogliamo tenerci aperti a qualsiasi opportunità che potremo incontrare lungo il cammino.

Mancano tre mesi esatti alla scadenza del nostro visto australiano.

I lavori più redditizi in questo periodo dell'anno sarebbero la raccolta delle arance in South Australia, quella del mango vicino a Darwin e dei mirtilli in New South Wales.

"Andiamo a Brisbane!" sbotta G. ispezionando i voli su Skyscanner. "Se non ci piace la grande città possiamo sempre spostarci a sud e raccogliere mirtilli..."

Compriamo i biglietti la sera stessa per meno di duecento dollari a testa e prenotiamo una settimana di alloggio al "Somewheretostay Hostel", in pieno centro a *Brissy*.

Sono carico all'idea di passare qualche mese in città e decisamente stanco di raccogliere frutta.

Rimaniamo affascinati da Alice Springs, una cittadina di appena venticinquemila abitanti sorta nel cuore pulsante dell'Australia.

Siamo completamente circondati dal deserto rosso fuoco e l'atmosfera è pacifica e armoniosa, così come le persone.

Passeggiando in centro spaventiamo un gruppo di cacatua codarossa intenti a cercare briciole sotto una panchina.

Osserviamo una coppia italiana dal marcato accento toscano abbracciarsi dopo aver abbassato la saracinesca di un bar.

"Chissà come sarebbe vivere qui per un po'..."

Era il 1872 quando Alice venne fondata come sede del telegrafo lungo la linea che attraversa in verticale tremila chilometri dal nord al sud del continente.

Fu il primo insediamento bianco di tutto il centro Australia, in quello che era già territorio degli Arrernte ma che venne chiamato Alice in onore della moglie del direttore delle poste.

Ancora oggi vivere qui è una scelta.

Una piccola comunità dispersa nel nulla di un deserto che durante l'estate tocca temperature superiori ai quaranta gradi mentre in inverno le notti stellate scendono abbondantemente sottozero.

Spesso considerata un mero luogo di passaggio, in realtà Alice regala esperienze divine.

La catena di monti rugosi dei West Mac Donnel Rangers che corre per oltre seicento chilometri nasconde gole scenografiche, piscine naturali, luoghi sacri per gli aborigeni e valli pieni di palme.

Dingo, canguri, emù, pappagalli, falchi, serpenti e tante altre specie che abitano i dintorni ricoprono un ruolo ben preciso nella cultura aborigena. Ogni pianta ha un uso e un significato tramandato da migliaia di anni secondo la conoscenza ancestrale che è talmente ampia da non poter essere a tutt'oggi catalogata.

Alice vanta inoltre il maggior numero di gallerie d'arte pro capite d'Australia, il che la rende una delle città più artistiche del mondo!

Secondo la leggenda aborigena, la terra circostante venne creata da figure ancestrali: due sorelle, alcuni giovani in viaggio e animali come wallaroo, bruchi e cani selvatici.

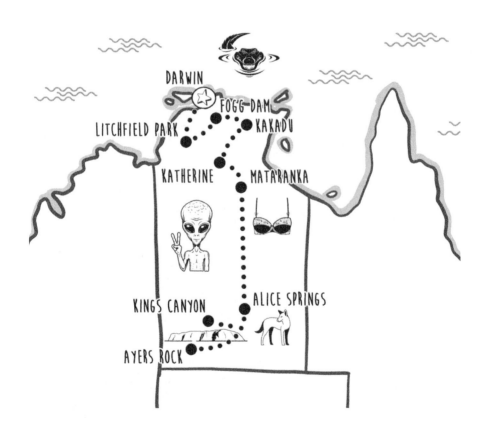

19
GRATTACIELI O MIRTILLI?

Appena scendiamo dal treno che collega l'aeroporto al centro della capitale del Queensland veniamo investiti da caldo torrido e umidità soffocante.

Milano è più piccola e meno popolata in confronto, tuttavia l'atmosfera qui è decisamente più distesa: strade poco trafficate, enormi aree verdi, poco affollamento e un piacevole silenzio.

Mi accorgo in fretta di averla combinata grossa.

"Sono un coglione, ho dimenticato lo zaino sul treno!"

Nella foga di scendere, caricandomi il suo, ho lasciato il mio *backpack* viaggiare fino a Gold Coast. Corriamo all'ufficio oggetti smarriti che ha appena chiuso, ci toccherà attendere l'indomani.

"Somewheretostay Hostel" sorge a West End, una zona tranquilla del centro ben servita dai mezzi di trasporto. La colossale struttura è costituita da due edifici a cinque piani che includono ampi dormitori, stanze private e bagni condivisi.

Questo è indubbiamente l'ostello più grande in cui siamo stati finora.

Facendo un giro in giardino notiamo decine di ragazzi conversare in lingue diverse: francesi, tedeschi, inglesi, portoghesi, americani e ovviamente italiani...

Ci sediamo al tavolo nostrano venendo subito accolti calorosamente.

"Bella Bologna, io ho studiato a Parma per cinque anni!"

Gianluca è un tipino basso con i capelli a caschetto che sprigiona una contagiosa simpatia.

"Sono il classico ingegnere che ha mollato tutto per viaggiare! Sto qui a Brisbane da una settimana ma voglio già andarmene..."

Il suo accento brindisino è marcatissimo, tra noi sarà amore a prima vista.

Gianlu è arrivato in Australia da due mesi e ha viaggiato da Cairns a Broome in moto, campeggiando dove capitava.

Durante la traversata ha conosciuto Lynn, una tedesca cresciuta in Sud Africa che gli ha fatto perdere la testa convincendolo a tornare a Brisbane dove lei sta ultimando un dottorato in biologia.

"Pensate che guadagna novecento dollari a settimana e le rimborsano pure l'affitto! In Italia chi fa il dottorato muore di fame..."

Lynn non è certo il prototipo della "ragazza della porta accanto". Parla cinque lingue, ha lavorato come guida-safari in Sud Africa ed è stata atleta professionista di sollevamento pesi oltre che biologa a tempo pieno.

"Gianlu, da come la segui ovunque mi sembra di capire che non te l'abbia ancora data!"

Un ragazzo minuto dai folti capelli ricci e lo sguardo da marpione si siede affianco a noi offrendoci due birre gelate.

Lui è Andrea, giunto in Australia tre anni fa con un passato da piastrellista nel nord Italia e tanta voglia di rifarsi una vita.

"Ho comprato gli 88 giorni da un agricoltore della zona e sto ancora lavorando grazie allo Student visa. Frequento un corso d'inglese cinque ore a settimana..."

Seguendo il consiglio del suo agente d'immigrazione ha infatti aperto l'ABN (Partita Iva) in modo da poter lavorare in maniera autonoma.

"Porto a casa cinquanta ore settimanali e mille dollari puliti! Vivo in ostello così conosco un botto di ragazze, cosa dovrei volere di più?"

Si alza di scatto non appena vede passare un gruppo di francesi, fa segno che ci vediamo dopo.

L'indomani ci rimettiamo al computer alla ricerca di lavoro. In appena due ore riesco a fissare un colloquio con una pizzeria italiana del centro. Cercano un cameriere, *why not*?
G. invece fatica a concludere qualcosa, mi sembra turbata e dubbiosa.
Mentre sto pagando la spesa al supermercato ricevo una chiamata da un numero sconosciuto.
"*Mister* Filippo, abbiamo qui il suo zaino, quando viene a ritirarlo?"
Sorrido, finalmente potrò cambiarmi la maglietta dopo due giorni!
"Abbiamo meno di tre mesi e, se vogliamo viaggiare prima di rientrare, dobbiamo lasciare Brisbane. Come facciamo a risparmiare con due lavori part-time? Poi ho ancora tanta voglia di avventura…"
Per la prima volta dopo un anno e mezzo di relazione siamo in disaccordo totale.
Brisbane mi affascina, il clima è splendido e mi stuzzica l'idea di godermi i comfort di una metropoli dopo dieci mesi vissuti nel *bush*.
Il colloquio alla "Violetta" sembra andato molto bene anche se mi offrono un contratto di appena venti ore settimanali.
Allo stesso tempo ho voglia di mare e natura, ma sono consapevole che Gold Coast e Byron Bay distano meno di due ore.
Potremmo andarci spesso nel tempo libero!
"Cos'hai in mente? Non dirmi ancora *farm* ti prego." lei mi guarda male intuendo il mio pensiero.
"Anche a me piace qui, però non abbiamo tanti soldi da parte, di conseguenza il viaggio in Asia sarà molto breve. Poi

149

chissenefrega della grande città, lo sai che mi soffoca dopo un po'... "

Cambio idea in poche ore ripensando ai tempi milanesi.

Non sono certo venuto in capo al mondo per rinchiudermi nella *comfort zone* di una metropoli con tutte le sue contraddizioni.

La nostra unica priorità è il viaggio non certo le comodità!

G. ha capito prima di me che potremmo approfittare della compagnia di Gianluca per andarcene alla ricerca di una buona opportunità per tutti e tre.

Lui freme dalla voglia di lasciare *Brissy*, deve assolutamente completare i giorni del visto inoltre ha appena comprato un'auto affidabile.

Nei giorni successivi rispondiamo a qualsiasi offerta online di *farm jobs* localizzata entro dieci ore di distanza.

La settimana in ostello volge al termine. È stato piacevole riassaporare un po' di mondanità e compagnia dopo mesi di isolamento.

La mia testa è già altrove.

"Dai, Filo, andiamo verso nord, là ci stanno un sacco di *farm* e troviamo fisso da lavorare! Male che vada campeggiamo, così m'insegni a pescare..."

Gianlu non sta più nella pelle ormai.

Io, dopo aver rifiutato l'offerta da cameriere, non ho ricevuto altre proposte concrete, idem per G.

20

SURFING IN BYRON BAY

"Drin drin driiiinnn"
Mi stropiccio gli occhi mentre ascolto G. parlare al telefono in tono formale.
"*Yes*, ci hanno preso tutti e tre! Ti ricordi quell'azienda di mirtilli a cui avevo risposto? Iniziamo domani."
Questa volta non si tratta di un mestiere di raccolta bensì di impacchettamento.
Lavoreremo esclusivamente all'interno per cui cappelli e occhiali da sole ci saranno utili soltanto per andare al mare nei giorni liberi.
L'azienda sorge infatti a mezz'ora da Byron Bay, capitale australiana del surf.
"Partiamo subito! Non mi sembra vero, grazie ragazzi..."
Gianlu è raggiante dato che potrà vivere sul mare e tornare a trovare Lynn nei *days off*.
"Un'ora e cinquanta minuti di auto, che problema c'è?"
Controlla all'istante armeggiando il GPS.

Decidiamo di alloggiare a Byron la prima settimana visto che il lavoro partirà a rilento e avremo parecchio tempo libero.
Dividiamo in tre una camera doppia nell'ostello più *cheap* della costosissima cittadina, per fortuna nessuno sembra accorgersene!
Compriamo senza indugi tre tavole da surf per *beginner*, le cosiddette *softboard*, che carichiamo sul portapacchi della Ford di Gianluca.

L'inizio alla Mountain Blue Farm va a gonfie vele visto l'ambiente giovanile e la paga ottima.

La manager, un donnone australiano tutto d'un pezzo, ci domanda subito in che turno preferiremmo lavorare tra quello mattutino e notturno.

Per fortuna Gianluca è sulla nostra stessa lunghezza d'onda.

"Meglio di notte così possiamo surfare la mattina dato che nemmeno io riesco ad alzarmi così presto."

Dalla seconda settimana iniziamo a lavorare sette/otto ore al giorno, ma ben presto l'azienda diventerà produttiva per la bellezza di venti ore giornaliere sette su sette.

Il lavoro in sé è alienante dato che si svolge all'interno di un capannone refrigerato alla temperatura costante di dodici gradi.

I mirtilli vengono processati attraverso una macchina automatica suddivisa in varie postazioni.

C'è chi sposta i pallet pesanti tonnellate, chi scarica i mirtilli all'interno della macchina, chi li seleziona e scarta, chi etichetta le scatole pronte alla vendita, infine chi le carica su bancali destinati a tutto il mondo.

Per fortuna abbiamo la libertà di cambiare postazione quando preferiamo e il rumore dei macchinari non è così fastidioso da impedire quattro chiacchiere con i colleghi.

"*Hola hermano, qué tal*? Spero proprio di avere tempo per surfare..." Javier è un cileno dall'indole solare e menefreghista.

Mi sventola in faccia orgoglioso il passaporto italiano ottenuto grazie al nonno originario di Genova.

"Il surf in Cile è spettacolare, peccato che faccia sempre un gran freddo!"

Mi mostra sul telefono delle foto che lo ritraggono cavalcare onde alte oltre tre metri.

Con le prospettive di guadagno dei prossimi due mesi e mezzo possiamo finalmente programmare il post-Australia.

Siamo attirati dal Sud America, ma purtroppo i voli da qui sono costosissimi e la stagione non è certo ideale.

"E le Filippine? Clima ottimo, per di più ho trovato un volo solo andata da Sydney a centocinquanta euro."

Lei, che nemmeno mi risponde, si mette a cercare foto e info di questo arcipelago dimenticato dal turismo di massa.

"Lo sapevi che Palawan è considerata l'isola più bella del mondo?"

Compriamo il volo all'istante.

Viaggeremo nelle Filippine zaino in spalla per un mese, per poi fermarci qualche giorno a Hong Kong sulla via di casa.

Costo totale dell'itinerario Sydney-Manila-Hong Kong-Milano circa quattrocento euro a testa.

"Ho sentito da Gianlu che state cercando un posto in cui stare, perché non vi unite a noi? Siamo al Travel Lodge di Ballina."

Marcus è un ragazzo tedesco affabile tatuato dalla testa ai piedi in stile Old School. Ha appena lasciato Colonia e il posto fisso in compagnia dei suoi due migliori amici di sempre, Tiago e Jens. Sono grandi appassionati di videogiochi e tattoo.

Giunti a Sydney hanno comprato un minivan camperizzato per viaggiare lungo l'intera East Coast, rientrando di corsa alla chiamata della Mountain Blue Farm.

Durante il viaggio Jens si è innamorato di Joshi, una ragazza tedesca conosciuta su Facebook, che si è in fretta unita al gruppetto.

Finito il turno li seguiamo fino a Ballina, un paesino sul mare che gode di scarsa fama essendo frequentato principalmente da pensionati attratti da affitti economici e clima mite tutto l'anno.

"*Hello there,* come posso aiutarvi ragazzi? *My name is* Franco, sono il manager"

Un ragazzo giovane e impostato, dalla carnagione chiara e i lineamenti delicati, mi viene incontro stringendomi vigorosamente la mano.

Deduco sia un nostro connazionale solo dall'aspetto dato che sfoggia una pronuncia invidiabile.

Travel Lodge è il tipico motel di passaggio provvisto di una corte interna, parcheggi privati, piscinetta riscaldata e locale lavanderia.

"Sono arrivato qui perché cercavo lavoro nelle farm proprio come voi!" racconta consegnandomi le chiavi della nostra camera. "Per mia fortuna sono finito a raccogliere *nuts* nella tenuta del proprietario di questo motel, ora conviviamo e ho richiesto il Partner Visa."

La sua voce tradisce un lieve imbarazzo forse perché è la prima volta che ne parla con un coetaneo.

Giorno dopo giorno arrivano sempre nuovi lavoratori alla Mountain Blue Farm, visto che i ritmi stanno aumentando vertiginosamente così come il carico di mirtilli in arrivo e partenza.

Approfittiamo dell'unico *day off* settimanale per surfare The Pass, presumibilmente uno dei migliori *spot* d'Australia quando "funziona".

Lo protegge un'insenatura rocciosa che si protende sul mare nascondendo un lembo di spiaggia molto frequentata da famiglie e ragazzi.

Le onde destre sono di solito lente e di lungo periodo, ideali per prendere confidenza con la tavola, ma durante le giornate "giuste" possono divenire epiche dando vita a *rides* di oltre trecento metri.

A distanza di qualche anno ripenso a quanti *surf paradise* e onde perfette non ho apprezzato realmente durante il mio lungo processo di apprendimento.

Ancora oggi, quando mi capita di surfare in giornate pessime con onde orribili, rimpiango gli esordi in luoghi leggendari come Australia, Hawaii e California in cui ero soltanto un esordiente incapace.

Un po' la stessa sensazione di quando in giro per il mondo trovo un libro che m'ispira scritto in tedesco, che peccato non poterlo leggere!

Fissiamo le tavole sul tetto della Ford in meno di cinque minuti.

Devo ammettere che Gianluca è davvero un ragazzo pratico ed efficiente, il contrario di me insomma.

Sarà un caso che i miei più cari amici siano ingegneri, ovvero individui in grado di risolvere qualsiasi problema o quasi senza perdere il controllo?

Indossiamo le mute a maniche corte comprate al Surf Outlet, la temperatura dell'acqua sfiora i venti gradi. A differenza del pensiero comune, il mare in gran parte d'Australia non è affatto tropicale.

I luoghi più rinomati per le onde sono bagnati da acque fresche per cui la muta è necessaria dieci mesi l'anno e durante l'inverno è preferibile vestirne una più spessa e resistente.

A differenza di G. e Gianlu, questo non è il mio primo impatto con il surf visto che durante i tre mesi passati alle Hawaii avevo onorato il primo comandamento della millenaria cultura locale, ossia cavalcare le onde.

Non fu certo amore a prima vista...

Le prime uscite in mare non furono un successo, mi sentivo a disagio su quelle enormi tavole di legno e faticavo a mantenere l'equilibrio spinto dalle docili onde turchesi di Waikiki.

Per fortuna sono sportivo, testardo e competitivo.

Non mi persi d'animo e continuai ad alzarmi all'alba per cimentarmi sulle onde semideserte in condizioni di vento assente o quasi, ottimali per imparare.

Migliorai lentamente giorno dopo giorno; è infatti risaputo quanto questa disciplina metta a dura prova la pazienza. Effettivamente servono nervi saldi e attitudine per padroneggiare una tavola in mare aperto.

"Filo, mi devi aiutare, io non c'ho proprio un'idea!"

Stiamo remando tutti e tre verso l'affollata *line up*, considerata la zona franca per i surfisti, poco distante dal punto in cui le onde impattano.

Dopo un'oretta di tentativi, cadute, bevute d'acqua e un paio di *take off* rivedibili, ci sdraiamo sulla spiaggia stremati.

"Che fatica, non mi sento le braccia! La corrente è fortissima..."

G. si massaggia il bicipite dolorante mentre l'aiuto a sfilarsi la muta attillatissima.

Rientriamo al tramonto incontrando Tiago e Marcus intenti a giocare al computer in cucina. Come sempre li avevamo invitati al mare, ma avevano declinato inventando la solita scusa poco credibile.

Sembra ci stiano ancora studiando come se non si fidassero completamente di noi.

"Tonight real Italian spaghetti for everyone!"

G., che sembra pensarla allo stesso modo, entra di corsa in cucina reggendo tra le mani due pacchi Barilla.

Dato che viviamo e lavoriamo insieme, perché non dovremmo condividere anche il tempo libero?

Il primo mese corre in fretta seguendo la solita routine: dormire, mangiare e lavorare.

Le buste paga da milleduecento dollari settimanali a testa ci aiutano a superare noia e stanchezza; in effetti non abbiamo mai guadagnato così bene in vita nostra!

"Che ne dici di aiutare quel disperato di Gabriele? È totalmente allo sbando e senza un quattrino..."

Gianlu mi coglie impreparato una domenica mattina mentre, ancora assonnato, farcisco i panini del pranzo.

Gabriele è un torinese trentunenne dallo spirito gioviale e la battuta sempre pronta che abbiamo conosciuto a Brisbane.

"Siamo sicuri? Basta che non ci facciamo una figura di merda con la manager se si comporta male..."

G. non ha tutti i torti; in effetti ci siamo frequentati per una sola settimana, ma abbiamo notato qualcosa di strano nei suoi atteggiamenti.

Non aveva avuto troppa fortuna in Australia fino ad ora, difatti una sera mi aveva confidato di chiedere spesso soldi a casa per mantenersi.

"Facciamo così, un giorno ci accompagna e va a chiedere in ufficio a patto che non ammetta di conoscerci."

Gianlu allarga le braccia come per lavarsene le mani.

Gabriele accetta al volo la proposta: l'indomani segue le nostre istruzioni e viene puntualmente assunto.

"Saremo nel turno notturno insieme!" ci abbraccia entusiasta.

A questo punto al motel di Franco è ufficialmente Italia-Germania quattro a quattro.

Gianluca, che sfrutta i pochi *days off* per correre da Lynn, inizia a palesare segni di stanchezza cronica.

"Come fai a fare questa vita?! Lavoriamo dodici ore al giorno e passi il tempo libero guidando avanti e indietro come un pazzo..."

Provo a scuoterlo visto che l'avevo scorto addormentarsi spesso in pausa pranzo negli ultimi giorni.

La sua storia con Lynn è acerba e vive di alti e bassi. Passano troppo tempo al telefono litigando e vomitandosi addosso le gelosie reciproche, la distanza e il poco tempo condiviso di certo non li aiuta.

L'estate è ormai alle porte, ce ne accorgiamo un lunedì di metà ottobre in cui visitiamo Surfer Paradise in compagnia di Gianluca e Karima, una collega tedesca arrivata pochi giorni prima.
Oggi e domani l'azienda resterà chiusa a causa di un'ispezione sanitaria governativa. Ci voleva proprio visto che abbiamo lavorato la bellezza di ottanta ore la settimana scorsa!
Trenta gradi con vento assente e cielo terso; a pensarci bene non abbiamo mai visto la pioggia da quando siamo arrivati a Byron.
Karima è venuta fin qui per Marcus dopo che si erano conosciuti su Facebook ma in questo caso, a differenza di Jens e Joshi, non è scoppiata alcuna scintilla tra loro.
Sembrerebbe estremamente popolare tra i tanti tedeschi presenti in Australia mettersi in contatto e fare amicizia sui social networks...
"Le sue foto profilo non coincidono minimamente con la realtà!" mi aveva confessato lui scherzosamente.
"Però sono un vero gentleman, mica posso cacciarla via!"
Ragion per cui la prosperosa bionda condivide la stanza con lui e Thiago in attesa di trovare un'altra sistemazione.
Surfer Paradise è ancor meno attraente di quel che credessi.
Grattacieli moderni arroccati sul mare, negozi in successione, club patinati, ristoranti chic, casinò e frotte di turisti asiatici.
Atmosfera stile Miami Beach, per intenderci, non certo il tipo di luogo che mi fa perdere la testa.

Gold Coast è considerato il paradiso dei surfisti dato che una cinquantina di spot leggendari sono racchiusi in questo fazzoletto di terra baciato perennemente da sole e onde.

Peccato per l'edilizia verticale che ha decisamente rovinato il paesaggio urbano; la zona di Byron a confronto è un paradiso naturalistico.

"Andiamo in bus, altrimenti chi guida al ritorno?"

Gabriele si fa notare attirando le occhiate cariche d'odio di Joshi e Jens che finalmente ci degnano della loro compagnia.

Oggi siamo diretti a Nimbin, paesino sulle prime colline di Byron Bay con una storia alquanto singolare.

Questa folkloristica cittadina sorge nella regione che gli aborigeni chiamavano "Rainbow". L'evento che l'ha resa celebre al mondo intero è stato l'Acquarius, un festival culturale e musicale organizzato dall'unione degli studenti australiani nel 1973.

I temi fondanti erano la promozione e diffusione di uno stile di vita sostenibile e un modo alternativo di pensare antisistema.

Molti dei partecipanti al festival non hanno mai abbandonato Nimbin, dando vita a una comunità attenta all'ambiente basata principalmente sulla permacultura organica.

La "maria" qui è tollerata nonostante nel resto del Paese sia illegale, ragion per cui Nimbin è divenuta meta di pellegrinaggio per molti giovani e hippies provenienti da tutto il mondo.

Inutile dire come negli ultimi decenni la cittadina si sia svenduta al turismo *mainstream* trasformandosi in una sorta di "Amsterdam australiana".

"Che figata questi negozietti artigianali!" G. cammina elettrizzata tra le stradine strette del paesino arroccato sulle verdissime colline.

Numerose famiglie gironzolano scalze, aborigeni solitari propongono ai turisti erba coltivata in casa, signore anziane vendono torte artigianali il cui ingrediente segreto non è certo la cannella, anguste botteghe offrono prodotti alla canapa e derivati, gruppi di ragazzi affollano i parchi suonando tamburi e giocando con birilli e hula-hop.

L'atmosfera ricorda quella della controcultura degli anni Sessanta-Settanta, i figli dei fiori e il movimento hippie.

Rientriamo alla routine decisamente rigenerati, ci aspettano sei settimane di lavoro serrato prima di lasciare l'Australia.

La situazione del turno notturno è palesemente degenerata negli ultimi tempi. Decine di mirtilli spiaccicati sulle pareti erano stati ritrovati dalla manager il mattino successivo, pallet interi rovesciati sul pavimento per mancanza di accortezza, etichette confuse avevano provocato ordini sbagliati, ragazzi beccati a dormire in bagno durante l'orario di lavoro...

Tra questi Gabriele che ha già ricevuto un ultimatum. Dopotutto è consuetudine vederlo a braccia conserte con lo sguardo perso nel vuoto durante le ore lavorative.

"Non lo sopporto più!"

Joshi si sfoga con noi senza nemmeno alzare lo sguardo, mentre scartiamo i mirtilli marci dal rullo scorrevole.

"Non sa autogestirsi, non lava i piatti, sporca ovunque e parla al telefono a voce altissima anche in piena notte. Ieri lo abbiamo detto a Franco!"

La cosa mi turba, che senso avrebbe lamentarsi con il manager di uno dei nostri?

Ammetto le mancanze di Gabriele, ma Joshi poteva parlarne direttamente con lui prima di sputtanarlo.

Per fortuna Franco mi spiega di non essere minimamente interessato ai nostri dissidi interni e che l'unica cosa che conta per lui è mantenere l'ordine.

Fino ad ora d'altronde ci abbiamo sempre pensato noi a coprire i pasticci di Gabriele.

Nemmeno Marcus pare condizionato dalle lamentele dell'amica.

"Lei non approverà di certo, ma domani notte si sboccia!"

I tedeschi hanno organizzato un party al rientro dal turno serale per festeggiare la settimana migliore della stagione: ottantadue ore e millesettecento dollari puliti di guadagno.

Alcuni ragazzi ci hanno addirittura superato lavorando venti ore di filata in occasione di un giorno festivo.

È risaputo infatti che durante le feste nazionali australiane le poche attività aperte siano tenute a pagare doppio stipendio ai propri dipendenti.

Beviamo, ridiamo e scherziamo fino all'alba nonostante le richieste di Joshi di tacere e rientrare in camera.

Il giorno seguente Franco ci convoca a rapporto in reception.

È visibilmente alterato e indossa larghi occhiali da sole che gli coprono quasi interamente il viso.

"Ragazzi, le cose non vanno bene, ieri notte due ospiti si sono lamentati degli schiamazzi. Non mi rimane che chiedervi di lasciare le vostre stanze entro domani."

A nulla valgono le nostre scuse, così veniamo cacciati a due settimane esatte dal nostro addio.

"Chissenefrega, vorrà dire che troveremo un posto più carino di fronte al mare!" G. la prende bene, evidentemente sembrava aspettarselo.

Dopotutto per noi è ormai consuetudine cambiare alloggio ogni due mesi e non è certo il caso di prenderla sul personale, considerando che ieri notte abbiamo davvero esagerato mancando di rispetto agli altri ospiti.

Joshi non sembra di questo avviso. Piange e si dispera da un'ora tra le braccia del fidanzato che tenta invano di consolarla. Perlomeno si è sbarazzata per sempre di Gabriele o come lo chiama lei "Capriele".

Decidiamo insieme a Gianlu e ai tedeschi, Jens e Joshi esclusi, di trovare un posto in cui stare tutti insieme.

La sera stessa è in programma il consueto barbecue settimanale a Lennox Head, dormiente paesino sul mare.

Vado a chiedere informazioni all'unico ostello presente, una piccola struttura in mattone a due passi dal mare.

Una villa in stile pompeiano collegata all'ostello è la casa di Graham, il proprietario.

"Ehi ragazzi, domani mi si libera un intero dormitorio. Ve lo posso offrire a venti dollari a testa se promettete di stare almeno due *weeks!*"

Due metri di altezza e un centinaio di chili di peso, Graham è un signore buono e accogliente.

Accetto subito senza nemmeno chiedere conferma agli altri, penso di conoscerli abbastanza per sapere che approveranno.

Condivideremo un dormitorio misto da sette dato che Gabriele ha deciso di restare nonostante il licenziamento.

"Siete fortunati, è proprio bello qui!"

Raggiungo Damio, un nostro collega inglese, che si è allontanato dal barbecue per osservare il mare.

"Domattina le condizioni saranno perfette e farò in modo di entrare in acqua all'alba per evitare il vento."

È cresciuto surfando fin da bambino nella nativa Cornwall, cittadina dell'estremo sud-ovest dell'Inghilterra celeberrima per le spiagge e i verdissimi paesaggi.

"Pensa che in queste settimane le onde sono migliori a casa e gli amici mi prendono in giro! Almeno qua, però, non muoio di freddo..."

L'Australia è un vero e proprio paradiso per un tipo come lui.

Mentre la sua ragazza Katie si crogiola in spiaggia leggendo romanzi d'amore, lui si diverte come un matto a bordo della sua *shortboard*.

Avvistiamo all'orizzonte un gruppo di delfini esibirsi in piroette e acrobazie immersi nella luce pastello del tramonto.

"Ieri un mio amico è stato morso da uno squalo toro alla foce del fiume, gliel'avevo detto di non andare all'alba quando l'acqua è torbida!"

Fortunatamente il ragazzo se l'è cavata con poco, mentre le recenti statistiche sono alquanto preoccupanti: trentasette attacchi di cui tre mortali solo nell'ultimo anno.

Damio non sembra affatto spaventato, nonostante frequenti esclusivamente *spot* da professionista spesso distanti centinaia di metri da riva.

I cuccioli di balena rappresentano la preda preferita dai grandi squali bianchi che ne seguono la migrazione fino a nord del Queensland.

Questa, insieme al cambiamento climatico, è la ragione principale per cui si sono verificati diversi incidenti negli ultimi tempi.

Lo squalo toro è spesso considerata la specie più pericolosa per l'uomo vista la sua preferenza per acque basse e costiere, l'abilità di risalire i fiumi e l'innata aggressività.

Damio è un vero surfista e la sua passione supera di gran lunga la paura.

"Statisticamente è più probabile morire investiti sulle strisce pedonali!"

Ho sentito ripetere questa frase da lui e Javier diverse volte. Li ammiro e sono maledettamente affascinato dal loro modo di pensare.

Mi sembrano entità distaccate dal mondo terreno, tutto quello per cui vivono è l'onda perfetta, il resto è noia.

Sembrano davvero felici ed entusiasti soltanto dopo un'appagante sessione di surf e pensano immediatamente alla successiva.

Chi l'avrebbe mai detto che un giorno saresti diventato uno di loro?

"Filo, perché non chiediamo il Working Holiday canadese?"

Ci stiamo rilassando sulle amache dell'ostello, oggi inizia ufficialmente la nostra ultima settimana australiana. Rientreremo in Italia la vigilia di Natale e ripartiremo per le Hawaii a inizio febbraio.

Da lì sarebbe semplice ed economico raggiungere il Canada e inoltre il tempismo sarebbe perfetto dato che la bella stagione canadese inizia soltanto in maggio.

"Se poi non otteniamo il visto torniamo in Australia per il secondo anno."

Siamo consapevoli della complessità del processo, in tanti addirittura ci rinunciano a priori.

Cercheremo lavoro in cambio di vitto e alloggio alle Hawaii, possibilmente in una struttura alberghiera.

Le isole vivono infatti di turismo dodici mesi l'anno perciò il numero di hotel, B&B e ostelli è spropositato.

"Possiamo fare come Alessio!" G. si riferisce a un surfista abruzzese che risiede gratis da Graham in cambio di qualche lavoretto.

Ben pagato come cameriere nel weekend, ha il compito di tenere in ordine cucina e aree comuni dell'ostello quotidianamente.

"In questo modo ho sempre la mattina libera per surfare. Mica mi prestate la tavola lunga quando non la usate che il mare è piccolo in questi giorni?!"

Alessio, pur avendo iniziato da poco, è un vero e proprio malato di surf e se la cava piuttosto bene.

Le ore alla Mountain Blue Farm stanno calando drasticamente, dato che la stagione è agli sgoccioli. Niente male, così potremo goderci gli ultimi giorni di mare, barbecue e surf prima di salutare Byron.

"Mi mancherete, ragazzi, vi aspetto a Bologna quest'inverno!" Gianlu pianifica di trasferirsi da Lynn alla ricerca di lavoro come ingegnere.

"Vivrei volentieri qui per qualche anno e magari mi becco pure lo sponsor!"

Mancherà anche a noi Gianluca, così come tutti i ragazzi della *farm* di mirtilli.

Tiago andrà in Nuova Zelanda, Marcus tornerà in Germania per studiare da *game designer* nonostante le allettanti proposte ricevute in Australia, Damio e Katy invece cercheranno fortuna a Sydney.

Così come accaduto in Tasmania, ognuno di noi inseguirà i propri sogni spendendo i sudati risparmi per viaggiare, tornare alla vita precedente o iniziarne una nuova.

Camminiamo lungo l'affollata Bondi Beach, domani ci aspetta il volo Sydney-Manila.

"Che strana sensazione, non mi sembra di andarmene davvero..."

Abbraccio G. stretta stretta mentre osserviamo la schiuma infrangersi sulle nostre caviglie. In realtà nemmeno io mi sento pronto a lasciare questo luogo che sento parte di me ormai.

Tuttavia il mondo è grande e non voglio certo accontentarmi di quello che ho vissuto fino ad ora.

Restare in Australia sarebbe di certo la scelta più scontata e conveniente!

Avremmo degli amici e qualche contatto lavorativo, per di più ci orientiamo ormai alla perfezione in questo stile di vita e il nostro inglese è migliorato notevolmente così come la sintonia con l'oceano.

Potremo sempre tornare tra qualche tempo, ricchi di nuove esperienze e forse convinti a rimanere per costruirci un futuro qui.

In effetti i luoghi sono esattamente come le persone: all'inizio sconosciuti, è soltanto trovando il coraggio di avventurarsi nel profondo che potremmo innamorarcene davvero.

Chi l'avrebbe mai detto che ce l'avremmo fatta?

Ripenso a tutti i sacrifici fatti nel corso di quest'anno, ai momenti bui e a quelli felici.

Sono convinto che l'Australia ti offra enormi possibilità ma pretenda altrettanto, mettendoti costantemente alla prova e facendoti scontrare con le tue più grandi paure e insicurezze.

Tutto ciò mi ha intimidito all'inizio, poi ne ho capito e accettato l'importanza.

Andare ben oltre i propri limiti sfidando sé stessi ti ricambia con una forza interiore incredibile e ingrossa la tua corazza giorno dopo giorno.

Abbiamo appreso a vivere con meno, rinunciando al superfluo volenti o nolenti, rendendoci conto che questo stile di vita appaga maggiormente l'anima del materialismo a cui eravamo abituati.

Sarò sempre grato a questo straordinario Paese che mi ha stupito per l'efficienza, inondato di pura bellezza e fatto sentire piccolo di fronte alla sua vastità.

21
FILIPPINE

Avvisto Manila all'alba.

Non riesco davvero a comprendere quanto sia estesa questa metropoli dato che l'orizzonte è stipato di case e le aree verdi non sono pervenute.

La capitale delle Filippine supera i quindici milioni di abitanti e gode della pessima fama di città più inquinata del mondo.

Ce ne rendiamo conto appena usciti dal terminal dell'aeroporto. Auto, taxi, motorini e tuk-tuk sfrecciano all'impazzata in qualsiasi direzione.

"Il traffico è orribile a tutte le ore!" ammette un tassista sudato fradicio.

Siamo fermi a un semaforo sotto il sole cocente, ci saranno almeno trecento motorini stipati l'uno di fianco all'altro in attesa di scattare al verde.

"Amo l'Italia e Laura Pausini, sapete che l'ascolto in lingua originale?"

Lo vedo trafficare nel portaoggetti ed estrarre un CD custodito gelosamente all'interno di una doppia pellicola.

Riconosco immediatamente la base di uno dei più grandi successi di Laura che il tassista inizia a cantare a squarciagola.

Non immaginavo fosse tanto conosciuta anche in Asia nonostante sapessi dell'enorme fama di cui gode in Sud America.

Passiamo l'intera giornata esplorando la città con la più alta densità abitativa al mondo.

Manila, nata da una colonia musulmana sorta sulla foce del fiume Pasig, deriva da "maynilad", il particolare tipo di mangrovia dai fiori bianchi che cresce soltanto nei dintorni.

Pur essendo stata fortemente danneggiata dai bombardamenti della Seconda Guerra Mondiale, conserva ancora le tracce del suo passato coloniale.

Oggi la città è un caotico e interessante mix di contaminazioni che si incontrano nella lingua, nel cibo e nell'architettura.

I suoi quartieri sono camaleontici e vivaci, le aree della conurbazione di Metro Manila differenti tra loro ma accomunate dalla veracità dell'atmosfera scaturita da un passato ricco di eventi e cambiamenti.

Ci perdiamo per ore nel quartiere Intramuros, l'antica cittadina fortificata eretta nel 1571 come baluardo difensivo per i conquistadores spagnoli.

Ammiriamo un violaceo tramonto alla Baywalk, una lunga passeggiata di fronte alla baia incorniciata da alte palme da cocco, caffè e ristoranti all'aperto in cui ogni sera si esibiscono decine di gruppi musicali.

Il volo per Palawan è in ritardo, non una novità come ci spiega un medico filippino desideroso di scambiare due chiacchiere all'imbarco.

"Sto andando nel sud dell'isola a portare scorte di vaccini anti malaria dato che vi sono ancora dei focolai attivi. Il turismo in quei villaggi di montagna non è ancora sviluppato..."

Atterriamo a Puerto Princesa al tramonto e, data la sfrenata voglia di mare, decidiamo di prendere al volo l'ultimo transfer giornaliero per El Nido.

Questo arcipelago dimenticato per decenni sta diventando rapidamente il vero *hotspot* turistico delle Filippine. Natura incontaminata, scenari mozzafiato, isole e isolotti da cartolina, lagune color smeraldo e una barriera corallina fragile ma ancora densamente popolata.

Per secoli queste spiagge di polvere corallina, acque limpide e pareti calcaree sono rimaste note soltanto alle comunità locali che vi approdavano alla ricerca di un paradiso incontaminato.

Nel corso degli ultimi vent'anni è cambiato tutto; oggi infatti il poster di El Nido è appeso nell'ufficio delle agenzie di viaggi di tutto il globo.

"Quanto mancherà?" G. tenta invano di dormire schiacciata al mio fianco.

La strada si fa sempre più tortuosa ma per fortuna l'autista, che guida come un pazzo, sembrerebbe conoscerla a memoria.

A parte un paio di villaggi smarriti nella foresta tropicale e decine di cani randagi sul ciglio della strada, non incontriamo anima viva in sei ore di viaggio.

Siamo talmente stremati che crolliamo in un sonno profondo non appena toccato il letto.

El Nido Town sembrerebbe sorta nel giro di pochi anni. Stradine strette e dissestate, case diroccate trasformate alla meglio in alberghi e una schiera di ristoranti sulla spiaggia.

Mi arrampico sulla terrazza dell'ostello per ammirare le ripide e scoscese pareti di roccia calcarea a picco sul mare.

La spiaggia è tutt'altro che indimenticabile dato che ci saranno un centinaio di barche ormeggiate a pochi metri da riva.

"Vi consiglio di uscire in mare tutti i giorni per vedere posti davvero speciali!"

Un belga proprietario di un ristorante sembra percepire la nostra insoddisfazione.

Non ce lo facciamo ripetere due volte visto che non abbiamo certo fatto tutta questa strada per annoiarci in un paesino affollato e rumoroso.

Come al solito non abbiamo piani, il che ci consente di rientrare in ostello, raccogliere le nostre cose e prendere un passaggio per Las Cabanas Beach.

"Wow... finalmente quello che cercavamo!"

G. si lascia scappare un sorrisone non appena avvistiamo un tratto di spiaggia dorata orlata da una fitta foresta di palme altissime.

Il mare, racchiuso in una baia protetta da due isolette montuose, è decisamente invitante.

"Troviamo da dormire qui, t'immagini svegliarci ogni mattina con questa pace?"

Non mi faccio certo supplicare, inoltre ho sentito dire che si ammirano tramonti fuori di testa su questo versante dell'isola.

Affittiamo un bungalow a venti metri dal mare, non è certo lussuoso ma costa poco e la proprietaria sembra simpatica.

Marisol è transessuale, veste in maniera femminile con un meraviglioso abito a fiori, tacco dodici e una generosa scollatura.

Ci accorgeremo col passare del tempo che le Filippine hanno una mentalità straordinariamente aperta nei confronti di omosessuali, trans e transgender, tant'è che nel 2014 è stato eletto il primo parlamentare transgender.

Seguiamo il consiglio del belga, uscendo in barca sette giorni su dieci.

La spesa media è di venti euro a testa, pranzo incluso.

Big Lagoon mi ha fatto innamorare!

Non è esperienza di tutti i giorni scivolare in kayak su acque limpidissime che mettono in mostra un fondale colorato avvolto da ripide e impervie pareti di roccia calcarea che brillano alla luce del sole...

Il luogo è talmente *ispirevole* che ricordo ancora la sensazione di pace provata nuotando all'interno di questa piscina naturale.

Siamo esterrefatti di fronte a tanta bellezza silenziosa.

Decidiamo poi, prima dell'imminente rientro a Puerto Princesa per imbarcarci sull'aereo diretto a Bohol, di conseguire il brevetto di immersioni "open water".

Il corso dura appena quattro giorni e si snoda tra lezioni teoriche e pratiche.

Covo fin da bambino questo desiderio. Sono estremamente affascinato dalle creature che abitano il fondale marino e dall'idea di ribaltare il mio punto di vista osservando finalmente le cose dal basso all'alto.

G., a differenza mia, aveva già provato l'ebbrezza di fare immersioni nel Mar Rosso.

"È fondamentale la respirazione, quindi ricordati di dosare bene il consumo di ossigeno!"

Andiamo a chiedere informazioni in un paio di *diving centre* fino a quando incontriamo Alon, un signore del posto che si vanta di aver aiutato un migliaio di principianti a conseguire il brevetto.

"Ho lavorato in altre isole delle Filippine da giovane, poi sono ritornato a casa. El Nido è davvero il luogo perfetto! Ottima visibilità, scarso inquinamento e fondali intatti; pensate che quindici anni fa questo paesino nemmeno esisteva..."

È un tipo alla mano che parla un buon inglese così come la maggioranza dei filippini.

Finiamo per darci appuntamento l'indomani per iniziare il corso teorico che durerà due giorni concludendosi con un esame finale.

Le prove pratiche previste sono ben dodici.

Da quelle in acqua bassa, necessarie per farci prendere confidenza con l'attrezzatura e apprendere le tecniche di base, fino alle vere e proprie immersioni in mare aperto.

Il costo totale del brevetto incluso di equipaggiamento, materiale didattico e uscite in barca sfiora i trecento euro a testa.

Certamente più economico rispetto all'Italia, senza contare che potremo cimentarci in un mare tropicale ricco di coralli piuttosto che in un'anonima piscina.

Lo studio della teoria procede al meglio nonostante le difficoltà nel memorizzare in inglese alcuni termini tecnici legati alla strumentazione.

"Tranquilli, ragazzi, Alon vi darà una mano! Fa il duro solo per spaventarvi ma ha un gran cuore..."

Un ragazzo alto e biondo ci accoglie bagnato fradicio il pomeriggio dell'esame teorico.

È Charlie, braccio destro inglese di Alon, con il sogno di diventare *dive master*.

"Sono stato anch'io in Australia! Ho fatto l'aiuto cuoco nel deserto per otto lunghi mesi."

Charlie sogna di lavorare sulla Grande Barriera Corallina e sembra perfettamente a suo agio in questo sperduto angolo del mondo.

Superiamo la prova teorica senza intoppi né suggerimenti, non vediamo proprio l'ora di infilare la muta e goderci la parte interessante del corso.

Passiamo gli ultimi due giorni a El Nido sott'acqua avendo in programma ben sei immersioni, l'ultima delle quali indimenticabile.

Shimizu Island è rinomata per l'alta probabilità di incontrare calamari, polipi e soprattutto vongole giganti.

"Palawan è nota per i ritrovamenti di perle. Pensate che la più grande, trovata da un pescatore locale, superava i trentacinque chili di peso!"

Stiamo indossando muta e bombole con l'assistenza del meticoloso Charlie.

Alon ci narra la storia di un padre uscito in mare in compagnia del figlio di sei anni che, nel tentativo di estrarre una perla dalla sua ostrica, finì per rimanerne intrappolato morendo affogato. Il padre recuperò l'ostrica decidendo di conservarla in memoria del figlioletto, nonostante il suo valore di mercato superiore al milione di euro.

Chissà se questa storia sia soltanto una leggenda o corrisponda alla realtà...

Scendendo sott'acqua mi godo il silenzio avvolgente dell'oceano, l'inseguimento di un polpo e l'ebbrezza di superare i venti metri di profondità.

È strano pensare che negli abissi il peso dell'attrezzatura non sia nemmeno percepibile.

Stiamo camminando per le strade di Puerto Princesa alla ricerca di un posticino in cui mangiare prima di raggiungere Chiara, Ilaria e Andrea a Bohol.

"Aaaahhh... Filo!"

Mi volto di scatto sentendola urlare disperatamente come mai prima. Lei, che sta piangendo come una bambina, si dimena a terra tenendosi le mani strette intorno alla caviglia destra.

Capisco in fretta l'accaduto e mi precipito a esaminare la situazione.

La caviglia si sta gonfiando rapidamente e un alone rossastro è sempre più evidente intorno alla zona dolorante.

Un passante corre ad aiutarci iniziando a massaggiarla con movimenti concentrici mentre un altro ragazzo si procura del ghiaccio.

La dottoressa del pronto soccorso ci rassicura affermando che non c'è nulla di rotto ma sono necessari dieci giorni di assoluto riposo.

"Gran tempismo baby, sarà meglio trovare delle stampelle!"

Risulterà una vera e propria impresa, visto che nessuna delle farmacie che visito le vende.

Quando sto per arrendermi ne trovo una di legno al mercato dell'artigianato suggeritomi da un mendicante.

"Stavo guardando l'insegna di un ristorante italiano, non ho notato quel maledetto scalino altissimo!" G. mi racconta l'accaduto a bordo di una sedia a rotelle mentre superiamo la fila in aeroporto.

"Cosa ti è successo?"

Ilaria e Chiara non credono ai loro occhi quando ci incontriamo al terminal di Bohol. Archiviati baci e abbracci di rito, Ila non perde tempo a raccontarmi le vicissitudini del suo ultimo anno.

Ricordate che sarebbe dovuta partire con me secondo il piano iniziale?

"Sentivo proprio di doverlo fare, non vedo l'ora di arrivare a Sydney! Alla fine viaggerò da sola dato che con lui non c'è proprio sintonia..."

Si riferisce ad Andrea, il ragazzo dai capelli rasati e gli occhi azzurri che sta aspettando di ritirare lo zaino dal nastro scorrevole.

I due, che palesano marcate divergenze caratteriali, si conoscono solo superficialmente e non hanno mai viaggiato insieme prima d'ora.

Chiara, la migliore amica di Giada, ha altrettanto da narrare.

Ha infatti appena lasciato il ragazzo con cui stava da anni e al rientro in Italia aprirà il suo centro estetico.

"Avevo proprio bisogno di schiarirmi le idee e fuggire dall'inverno!"

La disabilità fisica di G. è seria e il dolore acuto e persistente, tanto che fatica a percorrere anche solo qualche metro appoggiandosi a una sola stampella.

Decidiamo perciò di rimandare l'affitto dei motorini agli ultimi giorni e spostarci esclusivamente in barca.

"Vai pure con gli altri, tanto io non mi muovo da qui..."

G. è di pessimo umore quando attracchiamo a Balicasag Island, un atollo interamente circondato dalla barriera corallina e da acque popolate da tartarughe e delfini.

Sono passati quattro giorni dall'infortunio, non sopporto davvero più la sua autocommiserazione così decido di seguire gli altri.

Rientro pentito dopo un'ora e la vedo arrancare sugli scogli mentre cerca di raggiungere la riva.

Un gruppetto di pescatori locali la guarda con preoccupazione senza però intervenire.

"Ho letto che posso sforzarla senza problemi, così smettete di rompermi le palle!"

La prendo sottobraccio e raggiungiamo a fatica l'ombra delle palme.

L'isola è rustica e incontaminata, non vi sono strutture alberghiere né mezzi a motore, ma soltanto alcuni villaggi, centinaia di caprette che pascolano libere e un'intricata giungla tropicale. Un mondo incantato ancora lontano dalla globalizzazione.

Gli abitanti del luogo vivono in bungalow di legno e sono totalmente autosufficienti coltivando frutta e verdura, allevando maiali e dedicandosi alla pesca.

Sono ancora fin troppo evidenti i segni della devastazione causata dal terremoto e dal conseguente tsunami che devastò l'isola appena due anni prima, mietendo migliaia di vittime.

L'indomani, come da routine, veniamo svegliati dalla proprietaria dell'ostello che ci invita a fare colazione a base di omelette e *nata de coco*, un prelibato dolce filippino.

Passiamo la giornata di relax a Panglao, la zona più turistica dell'isola. Niente di speciale rispetto all'entroterra e alle isolette poco distanti.

La spiaggia è risicata a causa dell'erosione e totalmente occupata da ombrelloni e bar.

"Mi sono laureato in ingegneria ma non ho mai lavorato in quel campo" mi spiega Andrea mentre ci allontaniamo per una nuotata.

"Ho vissuto a Parigi facendo il cameriere, sono certo che l'Australia sia un'ottima occasione per me dato che sono stanco della vita in Europa! Tutti badano solo all'apparenza..."

Va fiero del fatto che non possiede un profilo Facebook definendosi l'antitecnologia per eccellenza.

Nonostante l'insofferenza di Ila mi sembra un ragazzo a posto. Credo che i suoi atteggiamenti da sbruffone egocentrico, come tuffarsi da una cascata senza preoccuparsi dell'altezza e delle rocce nascoste a pelo d'acqua, mirino soltanto ad attirare l'attenzione delle ragazze e a nascondere tanta insicurezza.

Finalmente noleggiamo gli scooter per esplorare l'isola dato che G. inizia a camminare.

Il viaggio per raggiungere le celebri Chocolate Hills è splendido, attraverso la zona più selvaggia, distante anni luce da resort e trambusto.

Decine di villaggi si susseguono, gruppi di scolari sorridenti si fermano a salutarci e la fitta foresta è tagliata in due soltanto dalla strada che percorriamo.

Respiro a pieni polmoni gioia di vivere, semplicità e purezza.

Le "Colline di cioccolato" furono originate da un curioso e raro fenomeno geologico: migliaia di depositi corallini sono stati levigati dall'azione corrosiva dell'acqua piovana, motivo per cui si presentano in questa forma bizzarra e ricoperte da boscaglia. La loro colorazione varia a seconda della stagione, dal verde chiaro durante quella umida al marrone scuro di quella secca.

La vista di cui godiamo dopo aver scalato i duecentoquattordici gradini della collina principale è unica e impareggiabile. Una valle a perdita d'occhio in cui spiccano migliaia di collinette alte tra i trenta e cinquanta metri.

Si narra perfino che un circuito della leggendaria saga di "Mario Kart" tragga ispirazione da questo paesaggio.

Sulla via del ritorno visitiamo il Tarsier Sanctuary, una riserva naturale in cui è possibile avvistare il più piccolo primate del mondo, il tarsio.

Questo animale notturno, dai buffi occhi grandi e sporgenti con la pupilla fissa, vive su arbusti di media altezza.

Osserviamo, muniti di torce e lampade, una decina di questi esemplari muoversi lentamente all'imbrunire.

La nostra settimana insieme volge già al termine, ci salutiamo ammirando una crociera panoramica piena zeppa di turisti sul fiume Loboc.

"Se tornate in Australia prima del previsto dovete venirmi a trovare per forza!" scherza Ila che pianifica di fermarsi inizialmente a Sydney per poi mettersi alla ricerca di un lavoro.

Ci abbracciamo stretti sapendo che, se avessimo ottenuto il visto canadese, non ci saremmo rivisti per un bel po' di tempo.

Domani mattina io, G. e Chiara ci imbarchiamo sul volo diretto a Siargao, la capitale del surf filippino affacciata sull'Oceano Pacifico.

Ormai G. cammina quasi normalmente, nonostante ciò il personale dell'aeroporto insiste perché utilizzi la sedia a rotelle.

Siamo in attesa al gate delle partenze quando viene annunciato un ritardo di tre ore del nostro volo! Strano, vero?

Controllo per scrupolo il meteo previsto a Siargao: pioggia intensa tutta la settimana.

"Mio fratello dice che il tempo è orribile, cosa facciamo?" Una coppia tedesca, in fila davanti a noi, sembra innervosita dall'attesa e davvero poco entusiasta.

"Visto il ritardo, penso proprio che ci rimborseranno il biglietto!"

Ci mettiamo a discuterne consapevoli di avere ben poco tempo a disposizione per prendere una decisione. Seppur tentati dal surf, optiamo per lasciar perdere Siargao e puntare su Malapascua, un'isoletta nell'estremo nord di Cebu che sembrerebbe il posto adatto per staccare dal mondo intero e goderci un mare da favola.

Compiliamo i moduli del rimborso, ritiriamo i nostri zaini che erano già stati imbarcati e saliamo a bordo del primo bus diretto a Nord.

Il viaggio non è dei più comodi dato che il mezzo, privo di aria condizionata, è stipato di locali che raggiungono le cittadine vicine.

Trovo i filippini estremamente accoglienti e aperti al dialogo. Non è affatto insolito ritrovarsi a discutere di questioni personali con sconosciuti incuriositi dalle ragioni che ci hanno spinto fin qui e dal nostro *background* culturale.

Ho percepito in loro un'intensa passione nei confronti della cultura occidentale, difatti sono veri e propri fanatici di moda, musica, basket e fedeli devoti della religione cristiana.

La cosa più sbalorditiva, se confrontati con altri Paesi del Sud-Est Asiatico, è la cura puntigliosa per l'igiene e l'ordine che si riflette nella semplice e gustosa cucina locale.

L'utilizzo delle spezie e di ingredienti piccanti è molto limitato, il che non mi dispiace affatto.

Scendiamo al porticciolo di Maya, nell'estremo nord di Cebu, quando ormai è notte fonda. Il mare è mosso e il vento teso; ci tocca aggrapparci alla poppa della barchetta per non cadere in mare.

Malapascua si sta ancora leccando le ferite dopo il passaggio del ciclone Yolanda che ha distrutto gran parte delle abitazioni e sradicato centinaia di palme. Quest'isola, dalla forma allungata e completamente *car free*, può essere percorsa a piedi in meno di due ore.

È considerata uno dei "Top 10 diving spot" al mondo per via della presenza stabile nelle sue acque del timido *treaser shark*, lo squalo volpe.

Un'altra pratica largamente diffusa e legale è quella del combattimento tra galli.

Ogni domenica è possibile assistere a questo macabro spettacolo all'interno di vere e proprie arene in cui i poveretti, armati di speroni d'acciaio legati alle zampe, vengono aizzati l'uno contro l'altro.

"Filo, andiamocene, ti prego!"

Non resistiamo più di cinque minuti osservando dal vivo questo raccapricciante show tradizionale. Gli spettatori locali ci avevano cordialmente fatto spazio in prima fila tra le urla eccitate e le mazzette di denaro sventolate in aria.

Non sopporto la violenza gratuita, tantomeno quella nei confronti degli animali indifesi, seppur rispetti questa tradizione millenaria.

L'unico ostello presente a Malapascua è "Villa Sandra", una dimora in cemento armato dedicata alla madre scomparsa di Jun Jun, il folkloristico proprietario.

Il posto è ispirato alla cultura reggae e pieno zeppo di poster, foto, targhe e firme sui muri lasciate da viaggiatori di passaggio. Anche G. deciderà di abbandonare la stampella autografata sul muro.

"L'importante per me è che stiate bene, se avete bisogno di qualcosa venite a bussare alla mia porta."

Jun Jun indica una casa sull'albero costruita nel giardino della proprietà con tanto di amaca panoramica sospesa nel vuoto.

È un uomo sulla quarantina dai *dread* lunghi fino alla schiena e gli occhi perennemente socchiusi. Il nativo del Mindanao, tatuato dalla testa ai piedi, sembra essersi già innamorato di Chiara.

"Da giovane ero un ladro di professione e ho fatto cose di cui mi pento. Giocavo tutti i miei averi nei combattimenti clandestini, finché un giorno ho sentito la chiamata del Signore..."

Jun Jun si fa il segno della croce al rallentatore indicando il cielo.

Ci racconta di utilizzare gran parte dei proventi dell'ostello per garantire l'istruzione ai bambini poveri dell'isola e organizzare laboratori artistici gratuiti.

Il tempo scivola in fretta tra gite in barca, immersioni, abbuffate a base di dolci locali che ricordano il nostro bombolone, passeggiate lungo spiagge deserte e visite ai villaggi.

Indimenticabile resta Kalanggaman Island, sperduto atollo privato a due ore di barca da Malapascua. Questa lingua di sabbia bianco accecante ricorda da vicino le Maldive.

Il mare è cristallino con mille sfumature di colore e la spiaggia talmente chiara da sembrare talco.

L'atollo è vergine; infatti non vi sono strutture create dall'uomo ed è possibile campeggiare soltanto prenotando con largo anticipo.

Sembra proprio di essere in paradiso!

Pochissimi turisti, mare da urlo, natura selvaggia e una sana sensazione di isolamento.

L'indomani Chiara inizia il suo lungo viaggio di rientro in Italia, mentre noi decidiamo di passare gli ultimi tre giorni filippini esplorando Bantayan Island.

Quando pianificavamo le tappe del viaggio non abbiamo nemmeno preso in considerazione Boracay, la cosiddetta "Ibiza delle Filippine".

"Perché non ci andate?" mi avevano chiesto un paio di amici insistendo sul fatto che quella fosse una tappa obbligatoria per via della fama mondiale e l'agitata movida notturna.

Considerando che non siamo interessati a far festa e di spiagge spettacolari ce ne sono miriadi in altre isole meno battute, perché non spingerci altrove?

Raggiungiamo Hagnaya sulla costa nord di Cebu; da qui approderemo a Bantayan in due ore di barca.

Spiagge solo per noi, palme altissime, mare spettacolare e nessun orologio.

Non incontriamo altri occidentali, ma decine di turisti filippini benestanti.

Rientriamo a Manila giusto in tempo per imbarcarci sul volo diretto a Hong Kong.

Tra una settimana esatta saremo in Italia e l'emozione inizia a farsi sentire.

Sono passati ormai quattordici mesi dalla nostra partenza, ma non ci sentiamo ancora pronti ad affrontare gli interrogatori di parenti e amici.

"Cosa farete adesso?"

"Pensate di continuare a lavorare nei campi?"

"Che futuro credete di costruirvi in questo modo?"

"E la pensione?"

Agli occhi di tanti siamo soltanto due vagabondi esaltati dall'aver guadagnato parecchi soldi facendo lavori degradanti.

Cosa importa?

Soltanto chi si è staccato dalle proprie radici per un tempo considerevole e dovendosi mantenere, può comprendere appieno le difficoltà del nostro percorso.

Integrarsi in una società differente apprendendo una lingua sconosciuta, allontanarsi dalle proprie abitudini e dagli affetti stabili sono soltanto alcuni degli ostacoli che abbiamo superato.

So per certo che il nostro viaggio non è finito qui!

I prossimi mesi in Italia serviranno a chiarirci le idee e trovare nuovi stimoli per ripartire.

Ci stiamo imbarcando sul volo Hong Kong-Milano.

Siamo entrambi mezzo influenzati: lo shock termico si è fatto sentire, eccome...

Passare dai trentacinque gradi umidi delle Filippine ai dieci scarsi di questa regione amministrativa speciale della Cina ha scombussolato il nostro organismo.

Hong Kong è uno dei più grandi centri finanziari mondiali, nonché l'area più densamente popolata dell'intera Asia.

Per fortuna i trasporti pubblici sono rapidi ed efficienti dato che il governo sconsiglia vivamente ai cittadini di utilizzare la propria auto.

Il "porto profumato", tradotto letteralmente, è una metropoli dalla storia recente che ha segnato gli sviluppi dell'intero continente asiatico.

Profondamente sospesa tra il mondo occidentale e il colosso cinese, oggi nelle sue strade si respira un'atmosfera che tra pochi anni probabilmente cambierà, vista l'intenzione cinese di renderla Pechino-centrica.

A ogni modo, i segni occidentali sono profondi: dal modo di vestire, alla cucina, dagli enormi quartieri commerciali, alla guida a sinistra, al fast food, ai social networks...

Abbiamo soggiornato al Lucky Hostel, un perfetto esempio dell'architettura urbana locale. La stanza misurava cinque metri quadrati per cui non c'era spazio per camminare una volta scesi dal letto lungo appena un metro e mezzo.

Il Big Buddha, sulla verdissima Lantau Island, e il Man Mo Temple, edificato durante l'epoca coloniale, sono stati gli *highlights* della nostra breve permanenza.

Abbiamo avuto l'occasione d'incontrare Melissa, conosciuta in ostello ai tempi della Tasmania. Nata e cresciuta in pieno centro, lavora attualmente come infermiera nel miglior ospedale della città.

"Ho pensato di portarvi qualcosa di tipico da mangiare anche se non vi sentite bene."

Ci viene a trovare in tenuta da lavoro.

Soltanto alla vista di quei piccoli contenitori take-away che emanano un forte odore dolciastro mi viene il voltastomaco.

Non mangiamo niente o quasi da due giorni!

Ingoio un dolce al tofu senza nemmeno masticarlo così come un'orribile polpetta di polipo che galleggia dentro una zuppa giallastra.

"Mmm this was very good!" mento provando a dimenticare in fretta il sapore acre che ancora invade la bocca.

Ringraziamo Melissa per averci dedicato una visita, è davvero una ragazza dal cuore d'oro. Le promettiamo di ospitarla in Italia non appena potrà permettersi il viaggio in Europa che sogna da una vita.

22
LA VITA DI PRIMA

Osservo le piastrelle sul muro mentre mi godo una doccia bollente.

Mi trovo a casa, fuori è freddo e la classica nebbia invernale nasconde un paesaggio famigliare.

Avverto l'assenza di G. dopo tutti questi mesi passati fianco a fianco.

Mi sembra quasi di essere tornato indietro nel tempo come quando ero ragazzino.

È una piacevole sensazione di solitudine dopo quindici mesi passati insieme a lei giorno e notte.

Chissà se sta pensando la stessa cosa...

Ritengo fondamentale per una "coppia sana" conservare la propria identità e indipendenza, sentendosi in primis bene con sé stessi.

Stare insieme per noi è sempre stata una scelta e mai una forzatura.

Sarà che abbiamo due caratteri simili, amiamo stare in mezzo alla gente, passare tempo di qualità con gli amici e farne di nuovi.

Apprezziamo alla stessa maniera l'introspezione che ci dà il tempo per ascoltare noi stessi nel profondo.

La mia famiglia è euforica all'idea di poter riunire a tavola tutti i suoi membri in occasione del pranzo di Natale.

"È stato proprio triste non averti qui l'anno scorso..."

Mia mamma mi accarezza il viso lasciandosi scappare una lacrima di commozione mista a gioia.

Non capisco se sia felice, malinconica o preoccupata per i nostri piani futuri.

A me sembrano passati dieci anni dallo scorso Natale!

Non riesco ancora ad assimilare tutto quello che è capitato in questo lasso di tempo.

Ho sempre amato le feste invernali maggiormente di quelle estive.

Scorgo una marcata vena romantica nell'atto di riunirsi a tavola per l'intero pomeriggio, alternando abbondanti portate di cibo al sacro rituale di scartare i regali.

La mia famiglia ci tiene alle tradizioni e per questo la cerimonia del pranzo natalizio è immutata da quando ero bambino, nessuna eccezione ammessa.

Mi ritrovo ancora ad aprire i regali soltanto dopo aver letto a voce alta le letterine appiccicate all'esterno, mostrando la stessa curiosità di sempre.

"Quindi, Filippo, andrete a vivere nell'appartamento della nonna di Giada?" mio padre non perde tempo essendo un tipo che bada poco a smancerie e fronzoli.

Non lo vedevo così felice da anni, credo proprio che il mio ritorno lo abbia commosso parecchio nonostante cerchi di nasconderlo in tutti i modi.

Io e G. abbiamo deciso di spostarci per un mese e mezzo in un piccolo appartamento con vista sulle colline romagnole.

Ripartiremo direzione California la prima settimana di febbraio.

Vogliamo goderci la compagnia di amici e famigliari sbrigando un po' di faccende.

G. ha deciso di vendere l'amata Opel Corsa comprata a rate durante gli ultimi anni lavorativi.

"Non ha senso tenerla ferma dal momento che abbiamo deciso di non rimanere."

Dobbiamo finalizzare le pratiche per il visto canadese e iniziare a cercare opportunità interessanti alle Hawaii.

"Ho chiesto a Fede se ci può insegnare a fare caffè, cappuccini e qualche cocktail... Potrebbe tornarci utile, no?"

G. accetta entusiasta.

Il mestiere del barista è molto ricercato all'estero, per di più il "Baricentro" è un luogo perfetto in cui prendere confidenza.

Gran parte dei clienti sono nostri conoscenti e, una volta esaurita la ressa mattutina, Fede ha abbastanza tempo da dedicarci.

Inoltre siamo legatissimi a questo mitico bar del centro storico dato che, proprio sotto questi affascinanti portici, io e G. ci siamo incontrati per la prima volta.

Ci scattiamo una foto dietro al bancone in compagnia di Leo, un'anima speciale, di quelle che incontri raramente nel corso di un'intera esistenza. Seppur malato di tumore e prossimo a un delicato intervento, sorride senza remore prendendomi in giro mentre tento di preparare un cappuccino presentabile.

Non siamo amici stretti seppure ci conosciamo fin da bambini, quando giocavamo a calcio insieme.

Leo è uno di quelli a cui tutti vogliono bene, sempre in vena di due risate e disposto a scambiare quattro chiacchiere di qualità con chiunque.

"Ammiro la vostra vita! Siete tra i pochi a trattarmi allo stesso modo nonostante la malattia..." mi avrebbe detto, visibilmente dimagrito e sciupato, un pomeriggio in piscina di pochi anni dopo.

Purtroppo la vita non scorre allo stesso modo per tutti e spesso ci troviamo a combattere battaglie più grandi di noi.

Leo rappresenta per me un grande elogio alla vita, la dimostrazione lampante che nemmeno un bastardo male incurabile possa privarti della gioia di vivere.

Bologna-Oslo-Los Angeles.

Abbiamo affittato un minivan all'aeroporto di LAX su cui viaggeremo per una settimana in direzione sud.

Lo riconsegneremo a Las Vegas e da qui voleremo a Honolulu.

Spesa totale dei biglietti inferiore ai quattrocento euro a testa.

Nelle scorse settimane ci eravamo impegnati a cercare lavoro utilizzando alcune tra le piattaforme più valide con cui è possibile mettersi in contatto diretto con business e famiglie di tutto il mondo.

Workwaway, Helpx, Craiglist.

"Italian couple looking for a work trade position in a hotel/hostel/ B&B"

Questo l'annuncio che abbiamo pubblicato un po' ovunque.

Sarebbe bello stare sulle altre isole, ma di sicuro Oahu è quella che offre maggiori opportunità.

Muoriamo dalla voglia di mettere piede in paradiso, poco importa dove esattamente.

Ho già vissuto alle Hawaii per tre mesi, di cui due abbondanti a Honolulu, imparando a comprenderne pregi e difetti. Imballata di turisti, a tratti caotica e asfissiante, ma allo stesso tempo affacciata sulla splendida Waikiki Beach e poco distante da foreste e coste selvagge.

Ho passato appena una settimana su ciascuna delle altre isole innamorandomene per ragioni opposte.

Le centinaia di spiagge di ogni tipo e colore a Maui, i lussureggianti giardini tropicali e canyon vertiginosi di Kauai, la primordiale e impervia natura di Big Island...

Non saprei davvero stilare una classifica personale perché finirei per cambiare idea troppe volte.

La mail di Kasia, manager del Seaside Hostel, spazza via ogni dubbio.

"We're looking for two helpers, you guys look like the ideal candidates!"

Ci viene offerta una camera privata con bagno condiviso, colazione inclusa e noleggio gratuito delle *surfboards* in cambio di sedici ore di lavoro settimanali a testa.

Una follia, ma sempre meglio di altri ostelli che ci proponevano in alternativa soltanto un letto in dormitorio.

Le Hawaii sono una delle destinazioni più costose al mondo a livello di alloggi.

Siamo proprio curiosi di osservare da vicino come funziona una struttura alberghiera anche se i nostri compiti principali saranno pulire i bagni, rifare i letti e tenere in ordine le aree comuni.

Non potevamo certo ambire a lavorare in reception senza alcuna esperienza!

Nel frattempo stiamo investendo energie, soldi e tempo per ottenere il Working Holiday canadese.

Una vera e propria gatta da pelare se paragonato a quello australiano: difatti è necessario possedere tutta una serie di requisiti specifici per ottenere l'invito nella *pool* dei partecipanti con la speranza poi di venire selezionati.

Io e G. ce l'abbiamo fatta!

Abbiamo quindi a disposizione tre settimane per presentare una serie infinita di documenti.

Il certificato dei carichi pendenti del nostro Paese d'origine e di quelli in cui abbiamo vissuto per almeno sei mesi, il casellario giudiziale, un curriculum aggiornato in formato canadese e le prove di poterci mantenere durante i primi tempi.

Curioso che in Canada sia fortemente sconsigliato includere informazioni personali (fotografia, età, stato civile) nel *resume* per evitare di influenzare negativamente il datore di lavoro...

"Lo sapremo solo alle Hawaii se riusciremo a ottenere il visto, male che vada torniamo in Australia!" G. ha ragione.

Ci vorranno infatti almeno quaranta giorni per ricevere una risposta definitiva.

Avevamo discusso a lungo sul Canada.

Io, da sempre attratto dalla Nuova Zelanda, avevo lasciato a lei la decisione definitiva.

"Fidati che staremo bene là!" Aveva tagliato corto G. selezionando mirtilli durante un infinito turno di lavoro.

Della "città degli angeli" mi sorprendono la vastità infinita che ammiro dal finestrino mentre atterriamo, il traffico surreale in cui rimaniamo imbottigliati all'uscita della metropoli e le ville milionarie di Beverly Hills e Malibù.

Nonostante siamo ancora in pieno inverno, il clima è mite e soleggiato.

Il Grand Canyon mi scrolla di dosso in fretta l'ansia da grande città.

Visitiamo il South Rim, l'unico settore aperto e non certo il più spettacolare.

Le profonde voragini color rosso tenue che solcano la Terra sono avvolte dalla nebbia e sferzate da gelide folate di vento.

È tutto smisurato e vertiginoso ai miei occhi e mi sento infinitamente minuscolo!

Durante la notte la temperatura si avvicina allo zero e abbiamo bisogno di un pesante sacco a pelo per dormire stretti stretti nel van.

"Il parcheggio gratuito del Wallmart è meglio di un vero e proprio campeggio!"

Un olandese conosciuto a Venice Beach, alla guida di un camper di ultima generazione, aveva ammesso di non pagare una piazzola ormai da anni.

Cercando informazioni sul Web scopro che è perfettamente legale utilizzare come area di sosta notturna l'ottanta per cento dei parcheggi di questo colosso mondiale.

Noto infatti decine di camper e roulotte appostate nelle aree più tranquille e oscure del parcheggio.

"Cosa vuoi di più dalla vita che svegliarti al supermercato, baby?" la prendo in giro tra le corsie deserte di prima mattina mentre compriamo la colazione.

Arriviamo a Las Vegas giusto in tempo per goderci una serata nella "città del peccato".

Domattina ci attende il volo per Honolulu.

Vegas, la più grande città del Nevada, è sorta nel bel mezzo del Mojave Desert.

Qui il gioco d'azzardo e l'acquisto di alcolici è permesso a qualunque ora, a differenza del resto degli States.

E pensare che le scommesse sportive negli ultimi venticinque anni sono state legali soltanto in Nevada e, in misura limitata, Delaware, Montana e Oregon...

I casinò sono vere e proprie città al coperto, prive di orologi e finestre, in cui è più che probabile perdere la cognizione del tempo ritrovandosi a giocare per giornate intere.

A differenza dell'immaginario comune gran parte della clientela è "over 50".

Osserviamo stravaganti personaggi vestiti in maniera sgargiante, auto sportive che sfrecciano sulle due uniche strade principali, hotel e ristoranti di lusso, spettacoli sincronizzati di pacchiane fontane illuminate a giorno e boutique dei marchi più prestigiosi.

"Come si può vivere in un posto del genere? Non piove mai, è sempre caldo e sembra tutto *fake*..."

G. sta fotografando l'ottocentesco soffitto affrescato del Venetian, uno dei casinò più famosi in cui è stato riprodotto su scala originale un canale veneziano con tanto di gondole.

23

HAWAII, PARADISE LOST

Le Hawaii distano ben sei ore di volo da Las Vegas; la dice lunga sulla posizione geografica di questo arcipelago vulcanico composto da otto isole principali.

Quando avvistiamo terra in lontananza si ripete uno spettacolo a cui avevo già assistito.

Una minuscola montagna ricoperta di verde e circondata da acque turchesi si staglia nella desolazione dell'Oceano Pacifico.

Mi provoca di nuovo uno strano effetto atterrare qui, non so spiegarne la ragione.

Sembra di entrare a far parte di un universo parallelo distante svariati pianeti dal nostro.

Ai miei occhi queste isole rappresentano l'incarnazione perfetta del paradiso terrestre.

Il bus per Waikiki è gremito, inizio ben presto a riconoscere luoghi, negozi e strade a me famigliari.

Siamo in anticipo sul colloquio fissato con Kasia, per cui lasciamo gli zaini in ostello e usciamo per una passeggiata.

Ci sono cantieri in costruzione un po' ovunque e decine di edifici appena completati.

Honolulu supera i due milioni di abitanti e la sua estensione ricopre oltre metà dell'intera isola.

Frotte di turisti asiatici sfrecciano rapidi tra le vie dello shopping, fieri di aver risparmiato sugli acquisti dei marchi più blasonati.

La statua di Duke Kahanamoku, il surfista hawaiano che rese celebre questa disciplina nel resto del globo, si staglia imponente all'ingresso di Waikiki Beach.

Questo lembo di sabbia perennemente baciato da sole e onde perfette rappresenta la classica foto ricordo di ogni viaggio alle Hawaii.

In realtà non è che una mera apparenza, la parte superficiale che tutti possono vedere.

Il senso è, come spesso accade, molto più profondo e percepibile soltanto da chi s'impegna a cercarlo allontanandosi dai luoghi comuni e dallo scintillio delle rotte turistiche.

"Siamo felici di avervi con noi!"

Kasia è una bionda procace di origine polacca trasferitasi qui per frequentare l'università.

"Ho lavorato dieci anni per Ryanair a Londra, ma da sempre desidero di entrare a far parte del mondo dell'hospitality..."

I suoi modi sembrano pacati e riflessivi, il suo ufficio perfettamente in ordine.

Mi dà l'idea di essere estremamente puntigliosa e precisa.

"Ho già preparato i vostri turni della settimana! Finché Miao non se ne andrà vi dividerete le ore con lui."

Accenniamo un saluto al nostro nuovo collega che sta mangiando riso seduto in disparte nella cucina.

Chinato sul piatto con le cuffie nelle orecchie a malapena ci degna di uno sguardo.

"Non disturbatevi, lui è fatto così! Quando se ne andrà, Thomas vi pagherà le sue ore come extra."

Si riferisce al proprietario che ha ereditato l'ostello dal bisnonno, uno dei primi a investire sul turismo edificando Waikiki negli anni Trenta del secolo scorso.

È il tipico ragazzo americano da film. Frequenta il college, passa le giornate fumando erba con gli amici, lavora poco o niente e la sua ultima preoccupazione è come fare per mantenersi.

L'ostello ha certamente un enorme potenziale vista la posizione in cui si trova e il numero di camere disponibili, la maggior parte delle quali adibite a dormitori.

Nonostante l'edificio necessiti visibilmente di una ristrutturazione è quasi sempre *fully booked*; i prezzi oscillano dai trentacinque dollari del letto in dormitorio ai cento della camera privata.

"Com'è andato il vostro primo giorno di lavoro? Scusate se prima vi ho snobbati, ma ero incazzata nera..."

Una ragazza alta e corpulenta, con indosso un vistoso paio di occhiali da vista viola, ci parla in italiano dall'ufficio.

"Tranquilla, tra te e il cinese pensavamo di essere finiti in una gabbia di matti!"

G. è stupita quanto me di sentirla parlare la nostra lingua.

Priscilla è trevigiana ma, essendo nata in Texas, possiede la doppia cittadinanza.

Dopo essersi laureata come infermiera in Italia ha deciso di trasferirsi negli States ma, date le complesse normative per il riconoscimento del suo titolo di studio, lavora in ostello per mantenersi.

Il suo nervosismo era dovuto a Thomas dato che il loro rapporto parrebbe bisticcioso e altalenante. Lei non sopporta il menefreghismo del giovane rampollo nei confronti dell'ostello e il fatto che tenda spesso a rimandare le cose da fare, seppur urgenti.

Il training è andato bene, dopotutto pulire in coppia tredici bagni e dieci stanze in due ore e mezza è più che fattibile considerando che gli standard non sono certo da hotel a cinque stelle.

Strofinare la base del water, lustrare i vetri del bagno, disinfettare la doccia, svuotare i pattumi, spazzare per terra, spolverare e rifare i letti sono alcune delle nostre mansioni quotidiane.

Con questi ritmi avremo tutti i pomeriggi liberi e la possibilità di cercare un altro lavoretto o semplicemente goderci le Hawaii e surfare.

La clientela, costituita principalmente da ragazzi di età compresa tra diciotto e trentacinque anni provenienti da Nord Europa, Australia, Stati Uniti e Canada, sembrerebbe interessata a vita notturna e trekking piuttosto che al mare.

D'altronde Oahu è ricca di sentieri spettacolari e offre un clima perfetto tutto l'anno per godersi la vita all'aria aperta.

Inoltre sulle isole non vi sono animali pericolosi: niente ragni e serpenti come in Australia, "soltanto" saltuari avvistamenti di squali tigre vicino alle coste.

"Stasera ti va di beccare Giulia?"

G. ha sentito molto parlare di lei, una ragazza romana che conobbi tre anni prima poche ore dopo l'arrivo a Honolulu.

Io e Sera avevamo affittato un appartamentino nel cuore di Waikiki per cinque settimane con l'intenzione di frequentare un corso d'inglese. Mi ero appena laureato e la mia famiglia, decisa a farmi un regalo, mi chiese suggerimenti.

"Un viaggio, anzi vorrei fare un'esperienza all'estero di qualche mese..."

Mia mamma, entusiasta della mia idea, tornò a casa pochi giorni dopo con i cataloghi di una scuola d'inglese con sede a Malta, Londra e Dublino.

"Il corso alle Hawaii costa tre volte meno e vorrei spingermi al di fuori delle classiche mete."

Ringrazio ancora oggi quell'intuizione geniale!

Convinsi Sera che, amante di mare e clima mite proprio come me, decise subito di prendersi un mese e mezzo di ferie.

"Vi piacerete un sacco!"

La tengo per mano mentre scorgiamo l'edificio color rosa pastello in cui abitavamo.

"Non avete idea con che *fregna* mi sto frequentando..."

Giulia non è proprio cambiata di una virgola.

È ancora il peperino che ricordavo.

Minuta e grintosa, dai lunghi capelli lisci neri, gli occhi verdi da cerbiatto e la carnagione chiarissima di chi passa intere giornate sui libri.

Sta infatti studiando medicina, si è trasferita a Honolulu perché il padre lavora qui come medico da vent'anni.

Giulia è attratta dalle donne e la complicità tra me, lei e Sera fu immediata.

Mi ricordo quanto fosse felice ogni volta in cui invitavamo a casa le nostre compagne di corso in occasione di party e serate.

"Raga, io non lo so più che *vojo fà*! Non penso di finire medicina..."

A quanto pare qualcosa è cambiato nel corso degli ultimi anni.

Per sua fortuna l'università americana è diametralmente opposta alla nostra. Gli studenti hanno infatti la possibilità di coltivare altre passioni in parallelo al corso di studio scelto, nel suo caso potrebbe diventare insegnante di francese abilitata sostenendo soltanto un paio di esami.

Ci abbracciamo promettendo di rivederci spesso visto che il mese prossimo Giulia non dovrà frequentare a causa dello *Spring Break*.

Riusciremo davvero a convincerla a staccarsi dai libri qualche pomeriggio?

Il tempo vola in questo *Paradise Lost*. Mi sembra di vivere un sogno ad occhi aperti nonostante il lavoro sia davvero faticoso, noioso e sporco. Infilo spesso la testa sotto la doccia gelata mentre pulisco le stanze visto che già di prima mattina il termometro supera i trenta gradi.

A Waikiki abbiamo tutto, forse troppo.

Una spiaggia irrealmente perfetta, onde che paiono disegnate, sole splendente tutti i giorni, servizi e comfort di una metropoli, un posto in cui stare gratis in cambio di qualche ora lavorativa, viaggiatori da tutto il mondo che vanno e vengono e la possibilità di esplorare il resto dell'isola in autobus.

I mezzi pubblici hawaiani rappresentano perfettamente questa meravigliosa cultura: lenti, intermittenti e sempre in ritardo.

Che importa?

Ci abbiamo preso gusto ormai a calarci in questa realtà.

Qui i sorrisi si sprecano e capita spesso di fermarsi a chiacchierare con i locali fieri di svelarci qualche *secret spot*.

Per molti americani originari del *mainland* trasferirsi alle Hawaii è una scelta consapevole volta ad assumere un sano stile di vita e una sorta di ritorno alle origini.

Durante i pomeriggi liberi esploriamo Oahu e le sue meraviglie naturalistiche.

Lanikai, che significa "mare paradisiaco" in lingua nativa, è una sottile spiaggia incantata della costa orientale incorniciata da due isolette distanti un centinaio di metri da riva.

Nel tratto che separa la spiaggia dalle isole Mokulua c'è una splendida barriera corallina facilmente raggiungibile in cui ammirare decine di tartarughe nascondersi sotto il fondale sabbioso. Qui il mare è sensazionale, la sabbia chiara e le correnti benevole concedono un bagno anche ai meno coraggiosi.

Waimanalo è invece un tratto di costa selvaggio, spesso deserto, baciato da un mare color cobalto agitato e ondoso.

Questa spiaggia di oltre otto chilometri risulta la più estesa dell'isola ed è orlata da *ironwood*, particolari alberi sempreverdi molto resistenti che offrono ombra ai frequentatori, in maggioranza locali, del luogo.

La West Coast, distante da Waikiki e i suoi resort patinati, è costellata di baie incastonate tra montagne talmente perfette da sembrare finte.

Questo tratto di costa secca, che si estende ai piedi della catena Waianae, è caratterizzato da spiagge selvagge, paesaggi rurali, abitazioni modeste e piccole cittadine.

North Shore, con le sue onde alte come palazzi e la vivace comunità hippie, è il punto di riferimento culturale dell'isola.

Durante l'inverno si trasforma nella capitale mondiale delle onde giganti attirando i migliori surfisti del mondo mentre in estate ha l'aspetto di un'assopita comunità artistica con epicentro a Haleiwa, ricca di negozietti e gallerie d'arte.

Qui si può provare il famoso "shave ice", tipica bevanda a base di ghiaccio tritato e sciroppi vari risalente all'epoca coloniale importata dai tanti giapponesi accorsi alle Hawaii per lavorare nelle piantagioni di zucchero.

Oahu offre una vasta dose di adrenalina oltre al surf.

Shark cage, *skydiving* e il sentiero di trekking più pericoloso al mondo, Stairway to Heaven, che si arrampica sui rilievi più alti dell'isola ed è stato dichiarato illegale dal governo americano dopo una dozzina di incidenti fatali accaduti di recente.

Nonostante gli avvertimenti, decine di turisti eludono quotidianamente la sorveglianza e affrontano il cammino durante la notte sperando di raggiungere la vetta in tempo per ammirare l'alba. Un'esperienza faticosa e pericolosa, ma allo stesso tempo uno dei panorami più incredibili che io abbia mai ammirato.

"Comincio a sentirmi soffocare tra questi grattacieli! Il mare è meraviglioso, il resto dell'isola un paradiso, ma Honolulu è troppo per me..."

G. si confida a bassa voce mentre passeggiamo al chiaro di luna sulla spiaggia insolitamente deserta.

Da un lato amo Waikiki, dall'altro so perfettamente quanto Maui, Kauai e Big Island incarnino le vere e proprie Hawaii.

Sono convinto che G. se ne innamorerebbe ancor di più!

"Miao resterà ancora cinque settimane."

La sentenza frettolosa di Kasia, stressata a mille dalla preparazione di un esame imminente, suona come un campanello d'allarme.

È passato un mese esatto dal nostro arrivo e siamo decisamente esausti di pulire i bagni tutte le mattine.

Speravamo perlomeno di iniziare a guadagnare qualche dollaro extra...

Mi rimetto al PC deciso a reinviare alcune mail nella speranza di essere contattati da un'altra struttura.

Mentre controllo la casella di posta in arrivo, noto una mail del governo canadese.

"Your application has been approved"

Idem per Giada.

Abbiamo finalmente ottenuto il Working Holiday Visa! Ormai è ufficiale, scaduto il nostro Esta americano ce ne andremo in Canada.

"Filo, guardamiiiii!"

G. mi sfreccia affianco a cavallo di una docile onda alta forse un metro.

È la prima volta che la vedo salire sulla tavola e non si tratta della solita schiuma che abbiamo sempre sfruttato per prendere confidenza.

Sorride estasiata.

So perfettamente quello che sta provando! La sensazione di scivolare sull'acqua è eterea e magica: in quella decina di secondi il tempo sembra fermarsi.

Ogni volta che entro in mare con la tavola inizia un vero e proprio corteggiamento tra me e le onde. Se non riesco a sfiorarle nei punti giusti saranno spietate, sfogando tutta la loro forza su di me e rendendomi inerme al loro volere.

Quando invece riesco a farmi accogliere, persuadendo l'onda a danzare con me, tutto diventa magnifico e la sintonia con la natura totale.

Ne abbiamo fatti di progressi ripensando ai primi tentativi a Byron Bay...

"Baby, adesso dobbiamo imparare a virare!"

Finalmente stiamo raccogliendo delle soddisfazioni dopo mesi di sforzi e insuccessi nel potente oceano australiano.

Qui a Waikiki le onde sono lente e di facile lettura. C'è il tempo di riprendere fiato tra un set e l'altro, le correnti sono deboli e il mare caldo è adatto a costume e bikini tutto l'anno.

Per me il surf è ormai peggio di una droga, una sorta di tunnel da cui non riesco e nemmeno voglio emergere. Entro in mare tutti i giorni, non importa come mi sento e di che qualità siano le onde.

Non sono appagato se non passo almeno un paio d'ore immerso in questo paradiso liquido chiamato Oceano.

Guardo l'orizzonte seduto sulla tavola, avvolto dalla quiete di un tramonto rosa, con lo sguardo che scruta un possibile set in arrivo.

Sta nascendo un legame profondo con l'immensità del mare che mi attrae verso di sé per poi respingermi, creando una intima alleanza che seduce la mia mente.

"We're urgently looking for someone to replace our manager that will leave in five days. Are you still looking for a job? Jenaya"

Abbiamo appena finito l'ennesimo turno di pulizie. Faccio segno a G. di venire a leggere subito la mail appena arrivata.

L'offerta di Jenaya rappresenta esattamente quello che stavamo cercando! Ci offre infatti un appartamento privato vista mare in cambio di venticinque ore di lavoro settimanali nel ruolo di *night managers*.

L'ostello, che si trova a Big Island, sembra un posto curato e accogliente leggendo le recensioni.

"Come lo diciamo a Kasia? Non la prenderà certo bene..."

G. è preoccupata dalla sua reazione, così decido di non perdere tempo prezioso.

Io e lei siamo diametralmente opposti in questo. G. si logora al solo pensiero di mettere in difficoltà il prossimo mentre io sono più strafottente, impulsivo ed egoista.

Come previsto Kasia non la prende alla leggera.

"Adesso come faccio a sostituirvi?" borbotta con gli occhi fissi sul monitor e le mani tremanti.

Le spiego che per noi si tratta di una grossa opportunità di crescita personale, dato che andremo a ricoprire un ruolo più stimolante e avremo la possibilità di guadagnare di più. Non mi passa nemmeno per la testa di rinunciare!

Qui non ci sono possibilità d'ascesa, dovremmo davvero continuare a pulire i cessi in cambio di una stanza angusta e torrida con vista cemento?

A Big Island potremo finalmente imparare il mestiere del manager e vivere sul mare lontano da grattacieli e traffico.

"Mi dispiace perché eravate i migliori a lavorare. Non badate a Kasia, è sempre schizzata quando prepara un esame... Tornate pure a trovarci quando volete!"

Il forzuto abbraccio di Priscilla ci mette di buon umore poco prima di lasciare l'ostello.

Incontriamo Jenaya non appena atterrati al minuscolo e suggestivo aeroporto di Kailua Kona, sulla costa occidentale di Big Island.

Il gate arrivi e partenze, completamente all'aria aperta, è costituito da un paio di padiglioni in legno che riparano i passeggeri dal sole accecante.

Big Island, formata da cinque vulcani, due dei quali ancora attivi, è la più grande e orientale delle isole hawaiane.

"Mia sorella è un'agente immobiliare così abbiamo deciso di comprare un edificio commerciale per trasformarlo in ostello."

Jenaya, originaria del Montana, vive qui da dieci mesi in compagnia della sorella maggiore Jaelyn.

Il "My Hawaii Hostel" sorge su Alii Drive Road a tre miglia dal centro di Kona, cittadina di appena quindicimila abitanti e cuore pulsante dell'isola.

Saliamo a bordo del suo pick-up inerpicandoci sulle colline laviche ricoperte da una verdissima vegetazione.

L'edificio su due piani, a dieci metri dalla costa vulcanica, può accogliere fino a una quarantina di ospiti.

"Paulo aveva il compito di stare in ufficio dalle 16 alle 22 garantendo reperibilità durante la notte, ve la sentite di sostituirlo? Se volete guadagnare qualche dollaro extra potreste aiutarmi con le pulizie..."

Sembra troppo bello per essere vero!

Potremo finalmente sperimentare il lavoro in reception comprendendo a tutto tondo le dinamiche di un ostello: check-in, gestione delle prenotazioni, ordini, contatto diretto con i clienti...

Inoltre ci troviamo a breve distanza da Magic Sand Beach, una delle rare spiagge sabbiose della costa, e Kahaluu, ottimo *surf spot* per principianti e intermedi.

"Birretta?"

Paulo mi accoglie con il sorriso scanzonato tipico di un brasiliano.

Cammina scalzo con indosso un succinto pantaloncino verde pisello. La sua felicità è contagiosa.

Vive qui da sei mesi, si sta allenando per partecipare alla tappa finale dell'Iron Man in programma a settembre.

"Quando avete un dubbio o volete un giorno libero, chiamatemi! Domattina se volete iniziamo il training..."

Jenaya è una quarantenne in ottima forma, slanciata e tonica. Dopo aver operato come volontaria in Kenya per sette anni, ha deciso di stabilirsi a Big Island lanciandosi in una nuova avventura. I suoi modi sono genuini, non ci tiene affatto a far pesare la nostra inesperienza in questo ruolo.

"Tim vi coprirà durante i giorni liberi. Quando non ci sono potete prenderlo come riferimento dato che conosce ormai alla perfezione l'ostello..."

Un ragazzo americano dallo sguardo furbetto e gli occhi verdi mi stritola la mano.

Vive qui da quattro mesi non pagando l'affitto in cambio di qualche lavoretto.

"Faccio parte dei servizi segreti. Tra due mesi mi verrà assegnato un nuovo incarico, nel frattempo sto in vacanza, anzi faccio il supervisore!" ridacchia lanciando un'occhiata maliziosa a Jenaya.

L'atmosfera al My Hawaii è famigliare, decisamente più stimolante rispetto al Seaside di Waikiki. La struttura e gli arredi sono nuovi di zecca, i materassi comodissimi, la cucina moderna e la zona ricreativa curatissima.

Vi sono amache, divanetti e sdraio in cui gli ospiti possono rilassarsi e fare amicizia.

"Piacere, Todd, sono il manutentore del posto. Ho aiutato le due sorelle a ristrutturarlo dal principio."

Un californiano sulla cinquantina, vestito da lavoro, mi abbraccia calorosamente.

Ci racconta di conoscere a menadito queste isole in cui è arrivato per la prima volta nel 1975.

"Vi accompagno io a comprare una tavola! Posso anche darvi qualche lezione se volete... Per prima cosa dovete imparare a conoscere il mare, perciò è inutile che tentiate di reggervi in piedi se non sapete leggere le onde."

Saliamo entrambi in moto dietro di lui e in pochi minuti ci ritroviamo al Farmers Market.

In mezzo a decine di bancarelle che espongono frutta e verdura dall'aspetto invitante, ne avvisto una che affitta e vende equipaggiamento da mare.

"Caro Glenn, avresti una tavola per questo ragazzo? Sta imparando, ma deve migliorare ancora molto..."

Todd sembra conoscermi da una vita, in realtà ci siamo stretti la mano per la prima volta un'ora fa. Lui è proprio il californiano "tipo": accogliente, empatico, bizzarro, estroverso e chiacchierone.

Ne incontreremo a decine come lui, devo ammettere che ho un debole per questo genere di personaggi. Mi fanno sentire a mio agio fin da subito, hanno molto da raccontare e sono spesso generosi e aperti mentalmente.

Alla lunga però ti accorgi che il loro modo di essere è standardizzato, nel senso che si atteggiano alla stessa maniera con tutti quelli che incontrano finendo per dimenticare il tuo nome in fretta.

Non sono buoni amici sul lungo termine, ma sono certamente di ottima compagnia per un breve lasso di tempo.

Glenn è un signore sui settanta timido e misurato che indossa un eccentrico cappello di paglia decorato da spille e fasce di colori sgargianti.

"Se la riporti messa bene te la ricompro a metà prezzo!"

Mi mostra una *longboard* ammaccata con le finiture in legno laccato e due bande centrali giallo verdi. Ha un aspetto molto vintage, diverse contusioni sul *nose* e un prezzo decisamente abbordabile per le nostre tasche.

Gli prometto di tornare presto a cercarne una per G. e acquistare due biciclette per raggiungere la spiaggia.

"Che bello qui, non vedo l'ora di esplorare l'isola!"

G. è soddisfatta, sembra aver già messo da parte l'irrequietezza degli ultimi tempi.

Reduci da un mese di lavoro in un posto più grande e trafficato, cadiamo assolutamente in piedi al "My Hawaii Hostel".

Ci sono appena cinque dormitori da otto persone e tre camere private, aria condizionata e una luminosa cucina equipaggiata.

All'esterno, oltre all'area relax, una decina di tavolini muniti di ombrellone e una doccia a forma di tavola da surf.

Jenaya ci promette dieci dollari l'ora in contanti per le pulizie. Un vero e proprio lusso considerando che il nostro appartamento si trova giusto al di sopra della reception e gode di una spettacolare vista mare.

Ce ne vorremo davvero andare da questo paradiso quando sarà il momento?!

"Nuotiamo in direzione della statua di Captain Cook e li vedremo sicuramente!"

Sono le sei del mattino e sta ancora albeggiando.

Ci troviamo a Kealakekua Bay, un luogo simbolico essendo stato il primo approdo europeo alle Hawaii. La statua che ammiriamo da mezzo chilometro di distanza è stata eretta in onore di James Cook, il celebre conquistatore inglese ucciso dagli indigeni nel lontano 1779.

Questa baia rocciosa e profonda è teatro di un meraviglioso spettacolo naturale che si ripete quasi tutte le mattine quando centinaia di delfini vengono a riposare e riprodursi nelle sue placide acque.

"Non ci saranno mica gli squali, vero?" G. sembra preoccupata mentre indossiamo maschera e pinne.

È decisamente troppo tardi ormai per farsi certe domande.

"Chi può saperlo?" penso tra me e me accelerando il ritmo delle bracciate mentre osservo il fondale farsi sempre più abissale.

La visibilità subacquea delle Hawaii è sorprendente, tant'è che riesco a vedere nitidamente il tappeto di sabbia sotto di me, profondo almeno quaranta metri.

Nonostante l'orario insolito non siamo soli. Un paio di kayak galleggiano di fianco a noi alla ricerca di pinne e schizzi, segni distintivi della presenza dei delfini.

"Filo, hai visto niente? Per ora solo tartarughe e banchi di pesci..."

G. fluttua al mio fianco pulendo il vetro perennemente appannato della sua maschera di dubbia qualità.

Proprio in quell'istante lo sentiamo! Il tanto atteso richiamo è forte e facilmente distinguibile.

Fischi, successioni di suoni ad alta frequenza, impulsi sonori...

Dopo pochi secondi ci ritroviamo letteralmente circondati da una cinquantina di *spinner dolphins* che saltano fuori dall'acqua e nuotano al nostro fianco.

Non sembrano affatto spaventati, bensì incuriositi.

È la prima volta che li vedo nuotare da vicino.

Sono davvero incredibili! Sfrecciano a velocità impensabili, roteano, saltano e sembrano divertirsi come pazzi.

"Che spettacolo memorabile!"

G. sembra aver dimenticato in fretta paura, sonno e fatica.

Mi viene da pensare agli spettacoli di delfini nelle piscine artificiali, gli spettatori che li accarezzano a bordo vasca e le urla euforiche della gente a ogni loro piroetta...

Provo un'enorme pena per quegli esemplari e grande vergogna per il genere umano.

Poterli osservare nel loro habitat naturale è davvero un'esperienza impagabile.

Un altro luogo speciale è Honaunau National Park conosciuto come Two Step.

Vista da fuori questa baia di roccia lavica nera e porosa non sembra affatto eccezionale. Una volta scesi, armati di maschera e pinne, i due gradini naturali che portano al mare, lo scenario si trasforma.

Questo è considerato uno dei migliori siti del mondo per lo *snorkelling*. Un vero e proprio acquario naturale caratterizzato da canyon di coralli, tartarughe verdi, miriadi di pesci colorati, mare calmo e visibilità pressoché perfetta.

Ci torneremo spesso durante la nostra permanenza per immergerci in un mondo silenzioso incantato.

"Andiamo a provare le tavole che alle quattro dobbiamo rientrare!"

Faccio partire l'asciugatrice e metto fretta a G. che sta scrostando alla perfezione i fornelli della cucina.

Saliamo di corsa sulle biciclette comprate da Glenn per trenta dollari l'una, caricando le tavole su un gancio laterale.

Siamo entrati ufficialmente in primavera. Le piante in piena fioritura sfoggiano colori sgargianti ed emanano profumi intensi. Gli alberi di papaie sono carichi di frutta e gli uccellini, intenti a beccare qualcosa sull'asfalto, volano via al nostro passaggio.

Ai bordi della strada si susseguono ville lussuose e condomini anonimi in fila ordinata.

I fiori bianchi del frangipane danzano magicamente nell'aria e posandosi al suolo sprigionano un'aura di immortalità che soltanto chi ne ha raccolto uno può comprendere.

Due tenere manguste attraversano la strada dinanzi a noi guardando a destra e sinistra per evitare di essere investite. Questo roditore diurno nativo dell'India, dal corpo allungato e le zampe corte, è stato introdotto alle Hawaii per controllare il numero spropositato di ratti, adattandosi però alla perfezione e colonizzando il territorio.

Ci accorgiamo di essere arrivati quando intravediamo una scuola di surf all'ingresso della baia.

Non c'è sabbia qui, ma soltanto rocce scure.

L'accesso al mare è complicato, difatti bisogna stare attenti a non scontrarsi con rocce appuntite, tartarughe intente a brucare alghe e insidiosi ricci di mare.

"Guarda che roba, baby!"

Lo spettacolo sotto i nostri occhi è sbalorditivo.

Stiamo galleggiando sulla tavola in acque trasparenti ricche di coralli e pesci variopinti che, data la limpidezza del mare, appaiono molto più vicini di quanto lo siano realmente.

Ci sono almeno tre metri di acqua tra i nostri piedi e il *reef* affilato.

Le onde, più lunghe e potenti di quelle di Waikiki, sfiorano i due metri di altezza.

Ci accorgiamo subito di faticare a mantenere la posizione dato che, remando contro corrente, veniamo risucchiati verso riva.

Il cielo è spesso nuvoloso in questo versante, ma non certo a causa del maltempo.

La fuliggine emessa dalla perenne eruzione vulcanica del Mauna Kea, il più grande e attivo vulcano dell'isola, tende a essere sospinta dal vento in questa direzione durante le ore pomeridiane.

Le serate in ostello sono tranquille e rilassanti, ceniamo quasi sempre in compagnia degli ospiti e condividiamo volentieri una birra ascoltando memorabili racconti di viaggio.

L'ultimo volo in arrivo a Big Island atterra alle 22:30, per cui raramente dobbiamo aspettare un cliente più tardi delle undici. Per la gran parte si tratta di *backpackers* con cui ci capita di fare amicizia e trascorrere il tempo libero alla scoperta dei tesori dell'isola.

Tra questi Sophie, una timida canadese dell'Ontario con cui condividiamo due giorni di trekking attraverso le valli sacre di Waipio e Waimanu, due enormi polmoni verdi ancora vergini che si trovano nell'estremo nord di Big Island, a circa tre ore di auto da Kona.

Il Muliwai è un mitico sentiero che si snoda per sedici miglia tra foreste tropicali inesplorate, cascate che superano i trenta metri, torrenti ingrossati dalle piogge notturne e viste mozzafiato della costa.

Portiamo con noi soltanto l'equipaggiamento necessario per campeggiare una notte, qualche litro d'acqua e una dozzina di scatolette per la sopravvivenza, considerando che Madre Natura metterà a disposizione papaie giganti e banane a profusione.

Waimanu, che significa *"river of birds"* in hawaiano, è situato a ovest di Waipio e viene considerato uno dei luoghi, accessibile via terra, più impervi di tutte le Hawaii.

Montagne verde smeraldo che superano i seicento metri di altezza si gettano in picchiata sull'oceano scuro e intimidante che s'infrange sulla spiaggia disabitata.

Si narra che Waipio sia stata la capitale e residenza permanente dei primi reali hawaiani finché, nel diciottesimo secolo, il re di Maui fece irruzione bruciando il palazzo d'erba e i quattro alberi sacri.

"Occhio a dove camminate!" mi aveva avvertito Todd.

"I *locals* coltivano marijuana e difendono gelosamente le loro proprietà. Ho sentito storie di turisti a cui hanno sparato alle gambe..."

Le Hawaii si vantano di produrre una delle migliori erbe del mondo, la *pineapple*, grazie al suolo vulcanico ritenuto tra i più fertili.

"Se passate da Montreal venite a stare da me!"

Abbracciamo la pallida futura avvocatessa Sophie, chissà se mai la rivedremo...

Dopotutto non sappiamo ancora in quale regione canadese finiremo anche se il British Columbia è, a tutti gli effetti, quella più facilmente raggiungibile e l'unica interamente anglofona.

Sistemiamo i nostri curriculum: siamo dunque pronti a inviarli in gran parte del Canada nella speranza di ricevere proposte concrete in vista dell'imminente stagione estiva.

24
LIFE'S A BEACH

Mi fermo a osservare un gruppo di hawaiani seduti sulle tavole in attesa dell'onda giusta. Il mare oggi sembrerebbe calmo.

È domenica e le numerose famiglie hawaiane passeranno l'intera giornata in spiaggia tra surf, barbecue, birre e relax.

Life's a beach è un tatuaggio che ho già visto inciso sul corpo di decine di locals.

Invidio profondamente questo stile di vita e la semplicità con cui l'affrontano.

L'hawaiano viene spesso considerato aggressivo, attaccabrighe, razzista, chiuso e intollerante.

Personalmente non ho mai vissuto esperienze negative, ma di certo ho sempre faticato ad attaccare bottone con uno del posto, a meno che non fosse lui a volerlo.

Le nuove generazioni sono ormai abituate all'invasore e sempre più simili allo stereotipo statunitense.

Storicamente il popolo hawaiano è indipendente per cui non riconosce l'appartenenza agli USA, ritenendosi a tutt'oggi distaccato dal mainland.

Quella hawaiana è considerata l'etnia più mista al mondo, derivante da una mescola strabiliante di culture.

Polinesiana, asiatica, americana, portoghese e filippina.

Nessuna di queste prevale sull'altra e soltanto unite si completano.

Ciascuna delle isole principali ha una precisa identità e attrae quindi un target differente.

La cosmopolita Oahu è il primo punto di arrivo per quasi tutti, Maui il regno delle famiglie grazie alle sue spiagge sabbiose e gli innumerevoli servizi, la piccola e isolata Kauai ad appannaggio di famiglie che si tramandano case e terreni di generazione in generazione, Big Island, invece, la più estesa, estrema e intatta.

"La grande isola" attrae single e giovani coppie in cerca di una nuova vita dato che il mercato immobiliare ha ancora prezzi ragionevoli.

"Vivo primavera ed estate in Alaska ma scappo tutti gli inverni alle Hawaii."

Ho già sentito pronunciare questo mantra da una decina di ospiti.

Che invidia!

Includo, senza ombra di dubbio, questi due stati americani in cima alla lista dei luoghi più belli che abbia mai visitato.

Il piatto tipico hawaiano è il meraviglioso *poke* di cui io e G. andiamo letteralmente pazzi: un'insalata a base di pesce crudo marinato arricchita da alghe, peperoncino e cipolle.

Poke sta a indicare il taglio del pesce a cubetti abbinato con olio di sesamo, riso e salsa di soia. Tradizionalmente veniva utilizzato soltanto il tonno, mentre oggi si usano anche polpo, salmone e molluschi.

Le eccellenze tipiche non si fermano certo al cibo, infatti la Kona Brewing Company produce una delle birre più famose degli States, oramai esportata in tutto il mondo.

"Hawaiian Juice" è invece un succo di frutta in lattina con diverse varianti tropicali che richiamano i sapori afrodisiaci delle isole.

"Filo, ci credi che frutta e verdura costano meno che in Italia?!" G. sta riempiendo una borsa di succosi manghi. Ci troviamo al *farmers market* di Kona in cui a giorni alterni si riuniscono i contadini della zona.

L'opinione comune associa le Hawaii a un luogo di lusso costoso e inavvicinabile. Sarà per l'isolamento geografico, la vacanza in resort e l'esclusività di queste isole...

Niente di più falso se si seguono alcuni accorgimenti.

L'*housing* è certamente inaffrontabile, dato che affittare un appartamento o una camera d'hotel può risultare costoso, ma è anche vero che ci sono alternative accessibili per esplorare le isole: lavorando in cambio di vitto e alloggio, campeggiando in spiaggia o addirittura dormendo nella propria auto dato che il clima lo permette tutto l'anno.

Nel nostro caso, non dovendo pagare l'affitto, riusciamo a mantenerci agevolmente con i soldi extra delle pulizie.

Compriamo nei mercati locali e all'ingrosso sfruttando la tessera Costco di Jenaya per fare scorta di cibo secco. Questa celebre catena di supermercati permette infatti, previo tesseramento annuale, di comprare medie-grandi quantità di prodotti a prezzi stracciati.

È davvero impressionante osservare i flussi di lava scendere lungo le pareti di un vulcano e immettersi direttamente nell'oceano fumante!

Quando ero stato qui con Sera non avevo avuto la fortuna di apprezzare questo mirabolante e raro fenomeno naturale.

Mauna Kea significa "montagna bianca" per via della neve che cade sulla sua cima durante l'inverno. È considerato il rilievo più alto del mondo se misurato dalla base che s'immerge nell'Oceano Pacifico alla profondità di 5761 metri.

Insieme al Mauna Loa, che erutta continuamente da quasi settantamila anni ed è responsabile del costante ingrandimento dell'isola, rappresenta uno dei cinque vulcani di Big Island.

La crescita stimata dell'isola è di 2,2 km quadrati ogni quindici anni.

"Sembra di stare su Marte!"

G. saltella sul deserto color rossiccio che disegna un paesaggio surreale e marziano.

La strada taglia una distesa di lava solidificata e rocce nerastre in cui la vegetazione è praticamente inesistente. Mentre saliamo sulla vetta, guidando tra tornanti stretti e ripide salite, dobbiamo fare due soste di decompressione.

Amo la natura primordiale di quest'isola in cui gli estremi sembrano davvero attrarsi.

In quale altro luogo sarebbe possibile passare da una spiaggia tropicale alla sommità di un vulcano di quattromila metri in appena due ore?

L'osservatorio astronomico costruito sulla cima è di ultimissima generazione, dotato di telescopi avanzati che scrutano il cielo più limpido dell'emisfero nord del globo.

"Ve ne andate davvero?"

Jenaya sprofonda sul divano della cucina in compagnia dei suoi pitbull mentre cuce a mano un cuscino strappato. Ci guarda sorridente e malinconica.

Tra dieci giorni lasceremo queste isole.

"Mi dite il nome del posto in cui lavorerete che voglio farmi i fatti vostri?"

Appunto sul suo telefono Black Swan Guesthouse, Prince Rupert, British Columbia.

Dopo centinaia di mail inviate stile *spam* in gran parte del Canada, abbiamo ricevuto soltanto due proposte interessanti.

La prima da un ostello di Churchill, villaggio sperduto del Manitoba (Canada centrale) rinomato per la migrazione degli orsi polari e frequentato unicamente da intrepidi viaggiatori e fotografi che sognano un incontro ravvicinato con questo maestoso mammifero.

La seconda da un hotel a tre stelle di Prince Rupert, anonima cittadina dell'estremo nord del British Columbia a due passi dall'Alaska.

Scegliamo quest'ultima per due semplici ragioni: il ruolo da manager che ricopriremo a Prince Rupert e la complessità nel raggiungere Churchill, distante tre giorni di viaggio in treno e mille dollari a testa di biglietto.

Durante una breve chiacchierata su Skype con Agneska, proprietaria del Black Swan, ci era stato promesso parecchio lavoro durante l'estate.

"Sembrerebbe quello che stiamo cercando! Mica potevamo sognare un'opportunità del genere a Vancouver o Tofino..." dico a G. al termine della chiamata.

Mi riferisco alle due zone più turistiche del Canada in cui speravamo di trovare lavoro e poter vivere sul mare continuando a surfare nel tempo libero.

Dovremo rimandare questo sogno a un secondo momento visto che l'occasione lavorativa di Agneska è di quelle da non poter rifiutare.

Voleremo a Maui per una settimana e campeggeremo in spiaggia godendoci le ultime onde delle Hawaii prima di imbarcarci sul volo diretto a Vancouver.

Visiteremo la capitale del BC e Vancouver Island, da lì troveremo il modo di raggiungere Prince Rupert via terra.

Organizziamo un party d'addio in ostello a base di pasta *homemade* e daiquiri.

"Ho venduto tutto su Craiglist senza problemi!"

Mi vanto con Todd degli affari chiusi con tavole e biciclette, difatti incasso la stessa cifra spesa due mesi prima.

Mi mancherà eccome questo posto!

Le sensazioni che provo sono molteplici e contrastanti, ma comunque simili a quelle vissute quattro anni fa.

Sono carico per quello che ci aspetta e curioso di mettere finalmente piede in Canada, ma allo stesso tempo sconsolato al solo pensiero di non immergermi più in questo paradiso.

Non provo certe sensazioni nemmeno lasciando l'Italia prima di un lungo viaggio.

Sento un feeling speciale con questo luogo, una sorta di cordone ombelicale.

"It's a state of mind" spiega chi ci vive da sempre.

Un ragazzone dai capelli arruffati, le guance rossastre e il passo pesante interrompe i miei pensieri.

Sta parlando con G. come se si conoscessero da tempo.

Mi offre uno shot di kava, tipica bevanda originaria del Pacifico ottenuta dalle radici di una pianta dagli effetti analgesici e rilassanti.

"Adoro gli italiani, pensate che mia nonna era calabrese! Vi ho visto lavorare questi giorni e mi piacete un sacco. Sto attraversando un brutto periodo dopo il divorzio, per cui dovrei odiare le coppie, ma con voi proprio non ci riesco..."

Johnny Key è nato in California e da anni gestisce un *retreat* sulle colline di Sacramento.

"È il luogo perfetto in cui distaccarsi dallo stress dei nostri tempi dato che non ci sono Wi-Fi né linea telefonica. Inoltre organizziamo corsi di yoga e meditazione! Io sono preso dai massaggi, e avrei bisogno di aiuto in cucina e in ufficio a partire da settembre..."

Non lo ascolto con grande attenzione fino a che non menziona lo stipendio.

"Venti dollari l'ora vitto e alloggio inclusi."

Ci annotiamo volentieri il suo contatto.

Alla fin dei conti chi può dire come andranno le cose in Canada?

La settimana a Maui vola esplorando l'isola in lungo e in largo a bordo della Renault presa a noleggio.

Ogni sera campeggiamo su una spiaggia diversa addormentandoci cullati dal dolce suono delle onde.

Road to Hana è uno dei tratti stradali più scenografici del mondo che qualsiasi viaggiatore dovrebbe percorrere almeno una volta nella vita. La strada è tortuosa, stretta e non adatta ai deboli di cuore e stomaco.

Lunga ottantatré chilometri e oltrepassata da ben cinquantasei ponti a una sola corsia, attraversa una fitta vegetazione tropicale costellata di cascate, *pools* e scorci oceanici fino a giungere, dopo quattro ore di viaggio, alla dormiente e surreale cittadina di Hana.

Sembra di essere fuori dal mondo!

Gli abitanti di questo remoto avamposto degli Stati Uniti vivono ancora secondo le antiche tradizioni allevando bestiame, pescando e coltivando la terra.

Maui è l'isola giovane delle Hawaii, non solo geologicamente ma anche per le tendenze e gli atteggiamenti.

Seconda per grandezza dopo Oahu, possiede un numero incredibile di spiagge balneabili e un perfetto connubio di paesaggi tropicali, foreste pluviali e montagne.

La sua storia è una continua successione di personaggi. Re e regine, balenieri, missionari, immigrati assoldati nelle piantagioni, hippie della *new age*, surfisti e persone comuni che hanno deciso di trascorrere il resto della loro vita in una delle isole più incredibili del pianeta Terra.

Campeggiando viene naturale alzarci presto e vivere una delle esperienze più suggestive della nostra vita, l'alba sul vulcano Haleakala.

Secondo la leggenda Maui, il superuomo hawaiano salì in cima alla "Casa del Sole" e lo catturò obbligandolo ad attraversare il cielo di queste isole più lentamente. Il sole accettò e promise di rallentare la sua corsa per sei mesi all'anno garantendo estati con giorni più lunghi.

Ci troviamo a oltre tremila metri di altezza in compagnia di un gruppo di audaci viaggiatori in religioso silenzio, pronti a celebrare la nascita di un nuovo giorno.

Il paesaggio lunare si colora prima di viola, poi di rosso acceso, infine di un tenue rosa pastello che delinea la morfologia atipica del territorio aspro e seghettato.

L'aria è fresca, il cielo terso e lo scenario attorno a noi ultraterreno.

Un'immensa valle di un verde sgargiante estesa tra due vulcani, questa è la mia diapositiva di Maui.

Risaliamo la costa occidentale incontrando la baia di La Perouse, primo approdo francese nel 1786 e oggi famosa per le sue colonie di delfini, i resort di lusso di Wailea e Makena con annessi campi da golf, centri commerciali e condomini ordinati.

Proseguendo verso nord troviamo Lahaina, capitale delle Hawaii dal 1820 al 1845, considerata il terzo mercato dell'arte per grandezza dopo New York e Londra.

Tra le sue viuzze popolate da casette di legno è possibile ammirare opere di Picasso e Cézanne, mangiare sushi, frequentare Internet cafè e scuole di surf. Pur non avendo spiagge vere e proprie, è l'epicentro surfista dell'isola, almeno per il nostro livello.

Paia è la vera e propria scoperta di Maui, il luogo che più ci ha colpito. Questo paesino ricorda il New England con steccati bianchi, casette ordinate, negozi vintage e locali colorati.

I locals dicono che Paia non si sia più ripresa dall'influenza psichedelica degli anni Sessanta.

Di giorno assopita sotto il sole cocente, movimentata la sera quando botteghe e bar aprono i battenti.

Si narra che proprio qui Herman Melville prese spunto per i suoi racconti su Moby Dick...

Prima di lasciare Maui decidiamo, seppur completamente fuori stagione, di fare tappa a Jaws.

Questo luogo mitologico si trova a est di Paia tra il miglio 13 e 14 e non è affatto semplice da trovare non essendo indicato su alcuna mappa.

Durante l'inverno teatro di onde alte oltre venti metri, in estate appare come un qualsiasi lembo di Oceano piatto prossimo a una piantagione di ananas.

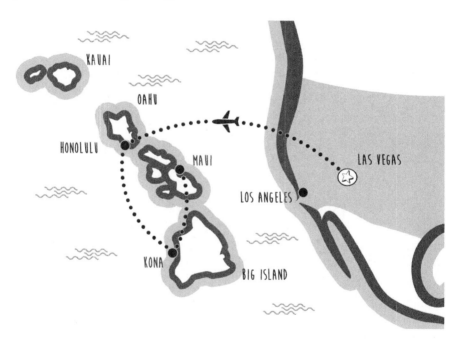

25
CANADA

Vancouver si mostra per la prima volta ai nostri occhi nel suo abito più classico, la pioggia. Per nostra fortuna nei giorni seguenti *Raincouver* viene baciata da un tiepido sole primaverile che rende la nostra visita piacevole.

La capitale del British Columbia, distante appena un paio d'ore dal confine americano, è una vivace e dinamica metropoli affacciata sull'Oceano Pacifico.

È considerata una delle dieci migliori città al mondo per qualità della vita.

La mia prima impressione supera le aspettative.

Di Vancouver apprezzo il perfetto equilibrio tra *skyline*, modernità e spazi verdi.

L'architettura vittoriana, le numerose gallerie d'arte e i ristoranti chic si sposano alla perfezione con l'immenso Stanley Park, polmone verde della metropoli, e le sue spiagge poco frequentate.

Il parco è una riserva naturale di quattrocento ettari sorta in pieno centro che accoglie alberi secolari, totem indiani, piste da pattinaggio, ciclisti e la tipica fauna locale costituita da castori, tassi e altre specie di roditori.

Ci sdraiamo sul prato desiderosi di sole: dopotutto siamo reduci da quasi tre mesi alle Hawaii...

L'estate sembrerebbe appena esplosa.

Decine di ragazzi si accalcano suonando tamburi, intonando canzoni folk e giocando a beachvolley sulle spiagge vista grattacieli.

Notiamo un corteo colorato sfilare silenzioso all'interno del parco. Si tratta di una manifestazione pro-legalizzazione dell'erba che verrà rimossa dalla lista delle droghe leggere in tutto il Paese nel giro di pochi mesi.

"Wow, che meraviglia!" G. afferra con le bacchette tremolanti un succulento pezzo di sashimi.
Per sua grande gioia a Vancouver si può gustare un sushi economico e di altissima qualità dato il primato canadese nella pesca e lavorazione del salmone mixato con la forte influenza asiatica.
Con appena dieci dollari a testa ci si può permettere un ricco pranzo in uno qualsiasi dei tanti ristorantini del centro!
I trasporti pubblici sono un altro punto forte di Vancouver.
Lo Skytrain è una sorta di metropolitana puntuale e veloce che transita all'aperto collegando i diversi quartieri della città.
"Filo, cosa sta succedendo?"
Stiamo passeggiando nelle vicinanze del nostro ostello quando assistiamo a una scena decisamente atipica. Un pizza express dai lineamenti asiatici viene letteralmente inseguito e aggredito da un gruppo di procioni interessati alle profumate pizze che trasporta.
"I hate them, fucking dangerous!" si affretta a mugugnare mentre risale in auto visibilmente terrorizzato.
Osservo questo gruppetto di ladri mascherati ritirarsi a mani vuote.
G. mi racconta di essersi imbattuta sul Web in una marea di foto e storie di malcapitati sfigurati da questi, solo all'apparenza, coccolosi animaletti.

Prima di dirigerci verso nord saliamo a bordo del rapido traghetto per Vancouver Island incuriositi dalla ricchezza ecologica, ambientale e paesaggistica di questa enorme isola considerata la massa terrestre più popolata tra Pacifico e Nuova Zelanda.

Il clima è quasi mediterraneo; nel sud, addirittura, ci imbattiamo in limoni e ulivi.

La varietà di ecosistemi dell'isola, favorita da una conformazione articolata, la rende un vero e proprio microcosmo che racchiude i principali biotipi del Nord America.

Foreste pluviali, acquitrini, coste puntellate da fiordi, catene montuose che superano i duemila metri, fitti boschi solcati da fiumi impetuosi che si diradano in pietraie e nevai d'alta quota.

La biodiversità animale è altrettanto stupefacente.

Balene grigie, megattere, orche, orsi, alci, puzzole, marmotte, lontre di mare, lupi bianchi e oltre quattrocento specie di volatili.

Victoria, all'estremo sud, è la capitale del British Columbia.

Frizzante, vivibile, cosmopolita e densamente popolata artisticamente.

Buona parte dell'isola è composta da rocce vulcaniche e ammantata da alberi grandiosi come i cedri rossi giganti e i pecci di Sitka.

La cosa davvero sorprendente è lo spropositato numero di parchi nazionali istituiti sul suo territorio, oltre centosessanta.

L'isola è una vera e propria palestra a cielo aperto.

Viaggiando da nord a sud osserviamo frotte di pescatori inseguire pregiati salmoni di dimensioni epiche viste le mostruose quantità di nutrimento presenti in questo paradiso fecondo, surfisti cavalcare le gelide onde di Tofino, impavidi kayakisti rincorrere balene e orche, una ramificata rete di sentieri dotati di passerelle in legno che consentono di esplorare il silenzio delle foreste orlate dall'oceano a piedi o in mountain bike.

Questo luogo amatissimo da canadesi e statunitensi si avvicina decisamente all'Australia, non certo paesaggisticamente ma come stile di vita.

Sarebbe stato interessante poterci vivere e lavorare per qualche mese...

Purtroppo è tempo di tornare alla realtà dato che ci aspettano due giorni pieni di viaggio per raggiungere Prince Rupert.

Facciamo una sosta intermedia nella spettrale Prince George dopo ben quindici ore di bus attraverso le sconfinate e monotone pianure canadesi.

La seconda parte del *trip* è certamente più affascinante. Il treno panoramico attraversa scenari da film: montagne innevate, fiumi scintillanti, paesini sperduti nel nulla, praterie a perdita d'occhio e un costante senso di vastità.

Non mi annoio affatto passando ore e ore con il naso appiccicato sull'ampio finestrino, lo sguardo perso all'orizzonte e la mente che fantastica.

Questo aspro territorio, un tempo abitato da pionieri e dai primi nativi, segue il tortuoso corso del fiume Skeena con spettacolari canyon ai piedi delle catene montuose.

Come in tutti i viaggi conta l'approccio mentale e in questo caso o ci si annoia o ci si entusiasma.

Basta lo zoom della macchina fotografica per cogliere i particolari del paesaggio davvero superbi e in linea con il gigantismo che mi aspettavo.

Facciamo conoscenze interessanti a bordo del treno dove i viaggiatori europei sono rari a fronte di una folta presenza di canadesi e statunitensi, sempre in vena di fare due chiacchiere davanti a una tazza di caffè annacquato o nei tavoli da quattro della carrozza ristorante, in cui il *maître* pare divertirsi ad assortire gli avventori costretti a condividere pasti e dialoghi personali.

D'altronde è proprio questa la filosofia del viaggio in treno!
Guardare fuori dal finestrino il paesaggio mutare, ascoltando
le storie di sconosciuti e osservandone usi e costumi.

Prince Rupert sorge su Kaien Island, settecento chilometri a
nord di Vancouver.
La sua storia è particolare. Il porto ha da sempre rappresentato
il fulcro degli scambi commerciali tra Canada e Nord America
nonché punto strategico dell'Inside Passage, il canale
marittimo naturale che corre lungo il Pacifico da Vancouver a
Skagway in Alaska.
Per questa ragione, durante l'estate, qui sosta la gran parte
delle navi da crociera diretta a nord.
"Tanto piacere, che bello vedervi finalmente di persona!'
Un coppia sui sessanta, appena scesa da un suv blu elettrico,
ci viene incontro a passo spedito.
Agneska e Stan sono polacchi immigrati in Canada trent'anni
fa alla ricerca di una vita migliore insieme ai figli ancora
piccoli.
"Vi stavamo aspettando con ansia, c'è tanto lavoro per voi."
Agneska ha l'aspetto di una donna in carriera che parrebbe
tenere le redini del business. Non supera il metro e sessanta,
dall'aspetto piacente, lo sguardo di ghiaccio e i capelli castani
a caschetto.
Stan, che ha gli occhi ancor più azzurri, è di poche parole e
mette in mostra le mani ruvide di chi è abituato a lavorare
manualmente.
Sulla strada verso il Black Swan ci fermiamo al supermercato,
Agneska scende a fare una rapida spesa.
Prince Rupert ha l'aspetto di una città spettrale lontana dal
mondo e avvolta da un'atmosfera inquietante. È circondata da
rigogliose colline verde chiaro, un mare scuro e una fitta
nebbia bassa.

"Siamo finalmente in primavera! Le giornate si allungheranno e vedrete che bel sole..."

Stan sembra leggermi nel pensiero borbottando con poca convinzione frasi di circostanza utili ad allentare il silenzio.

L'hotel è più grande ed esteso di quanto avessimo immaginato in foto.

Tre edifici di due piani, disposti l'uno accanto all'altro, si affacciano direttamente sulla strada nella parte alta del paesino. Mentre il primo in cui campeggia la reception mostra segni di decadenza, gli altri due tirati a lucido, sembrano appena costruiti.

Oggi è il nostro primo giorno di lavoro in Canada.

Siamo ovviamente sulle spine dato che non avremmo mai immaginato soltanto pochi mesi fa di poter ricoprire il ruolo di manager per un albergo di medie dimensioni.

Prima di conoscerli, quello che mi spaventava maggiormente era il nostro inglese, seppur buono, ma distante da quello di un madrelingua. Fortunatamente, nonostante i trent'anni vissuti in Canada, Agneska e soprattutto Stan sembrerebbero ancora in fase di apprendimento. L'accento est-europeo, benché camuffato, è distintamente riconoscibile e la grammatica confusa.

"Da oggi in poi questa sarà la cosa più importante per te!"

Lei, guardandomi dritto negli occhi, mi porge un pesante cellulare arancione. Nel primo edificio ci sono soltanto camere *hotel style* doppie e famigliari, mentre nel secondo e terzo s'incontrano appartamenti di varie dimensioni.

"La vostra priorità è guadagnare il più possibile perché pretendo siate manager che ragionano come boss. Se vi telefona una famiglia dovete spingere per vendere l'appartamento più costoso, poi saranno loro a chiedervi una soluzione più economica..." Agneska mi squadra sincerandosi che io abbia capito bene.

Annuisco con convinzione. Mi sembra di essere tornato sui banchi di scuola al cospetto di un'insegnante eccentrica.

"Questa è pazza a lasciarci già da soli!" G. è sconvolta.

Agneska ci ha congedato raccomandandosi di chiamarla per qualsiasi dubbio.

Non sono passate nemmeno due ore dall'inizio del *training* che ci ritroviamo l'intero hotel sulle spalle.

Il telefono inizia a squillare e nel pomeriggio ci attendono già una dozzina di check-in.

Il Black Swan utilizza un programma arretrato per gestire l'agenda, per cui siamo costretti a inserire manualmente tutte le prenotazioni in arrivo.

Il *range* dei prezzi è abbastanza alto spaziando dai cento dollari della camera doppia ai trecentocinquanta dell'appartamento superior.

Durante le prime settimane di lavoro i problemi non mancano. Io e G. stiamo contemporaneamente imparando una professione, mettendoci alla prova con l'inglese al telefono, tentando di carpire le sintetiche direttive della proprietaria e impazzendo nel gestire Rose e Greta, le donne delle pulizie locali.

Abbiamo, tra gli altri, il compito di pianificare i loro turni.

Ci scontriamo fin da subito con la diffidenza nei nostri confronti.

"Sono indigene, cosa vi aspettate? Dovete imparare a farvi voler bene sopportando i loro malumori." Agneska mi aveva liquidato indispettita dopo che le avevo raccontato delle loro frequenti mancanze di rispetto.

Prince Rupert ospita una nutrita comunità indigena nativa che nel corso degli ultimi decenni si è occidentalizzata e inserita, seppur a rilento, nel mondo del lavoro.

Rose lavora per il Black Swan da otto anni e, a differenza della maggioranza dei locals, non abusa di droghe e alcol dimostrandosi affidabile.

Per questa ragione, e dato che non è affatto semplice trovare un rimpiazzo adeguato in questo luogo remoto, Agneska si fida ciecamente di lei tendendo a chiudere più di un occhio riguardo ai suoi atteggiamenti da capetto.

"Io non voglio più lavorare con quella lì, sai cosa mi ha detto? Che sono lenta e incapace..." G. rientra in ufficio piangendo un paio di volte nei primi tempi.

Riusciamo a trovare un accordo soddisfacente. G. riduce infatti il carico di pulizie in modo da alternarci durante gli infiniti turni in reception ed evitare la compagnia di Rose.

È passato appena un mese e già non tollero i modi bruschi di Agneska, per di più è sempre in ritardo con i pagamenti nonostante i miei continui solleciti.

"Non conviene a nessuno che vi assuma regolarmente, poi dovrei pagare un sacco di tasse..." continua a ripetermi.

Abbiamo pattuito il nostro salario contrattando serratamente. Milleduecento dollari settimanali con alloggio gratis in cambio del lavoro da manager a tempo pieno.

Ci capita spesso di staccare alle due del mattino in attesa degli ospiti in arrivo dal traghetto e dover riaprire l'ufficio alle otto.

Senza considerare gli ubriachi che suonano il campanello esterno in piena notte e gli ospiti che incappano in qualsiasi tipo di urgenza a orari impensabili.

"È davvero dura, mi trattano come una sguattera!"

G. è stremata al termine di ogni turno di pulizie, e ammetto che anch'io sono spesso in difficoltà.

Siamo soli e circondati da persone ostili, sperduti in un piccolo paesino nel mezzo del nulla e sottoposti a enormi carichi di lavoro, responsabilità e stress.

L'incontro casuale con Joe avviene nel momento più buio e ci dà la forza necessaria per resistere.

"Come fate a lavorare per quella strega?"

Lui è un italiano immigrato in Canada negli anni Sessanta che è riuscito a coronare il suo sogno.

"Ho aperto un'agenzia di tour in kayak. Dai che la settimana prossima vi porto a fare un giro!"

La sua energia è letteralmente una boccata di ossigeno in un mare di merda.

È la prima persona, ospiti di passaggio a parte, a dimostrarci affetto e comprensione in questa avventura canadese.

Se avessimo scelto di restare in città o fossimo andati a raccogliere la frutta come il 99% dei nostri coetanei avremmo incontrato minori difficoltà, ma se vogliamo acquistare esperienza in questo mestiere da qualche parte dovremo pur partire, no?

A ogni scelta corrisponde un prezzo da pagare.

Sempre.

"Davvero non vi hanno portato a vedere nulla? E come pensano possiate dare suggerimenti ai clienti se non lasciate mai quell'ufficio?"

Oggi splende il sole e la temperatura sfiora i venti gradi, a Joe sembra un miracolo.

"Giornate così belle sono rare quassù!"

Stiamo facendo un tour dei dintorni quando ci racconta di conoscere Stan da anni e reputarlo una buona persona.

"È Agneska la mela marcia dato che bada solo ai soldi! Abbiamo provato a collaborare senza successo in passato, io porto la gente in kayak per pura passione..."

Prince Rupert è circondata da una natura incontaminata, basta allontanarsi dal minuscolo centro per accorgersene. La strada s'inerpica sulle montagne circostanti, attorno a noi soltanto verde smeraldo e acqua.

Fiumi, laghi, torrenti, estuari, foreste, montagne rocciose...
È davvero l'apoteosi dei sensi per qualsiasi amante della natura.
Gli unici suoni sono quelli dell'acqua che gorgoglia, del vento che scuote i rami degli alberi sempreverdi e il richiamo di un lupo distante.
Capita spesso che alcuni cerbiatti scendano fino in paese, li ho addirittura avvistati dall'ufficio intenti a brucare l'erba del giardino d'ingresso dell'hotel.
Durante il raro tempo libero esploriamo le decine di sentieri della zona, navighiamo lo Skeena River in kayak e ci dilettiamo nella pesca.
G. si annoia in fretta mentre inseguo il sogno di catturare un salmone di grossa taglia.
Dopo un paio di uscite a vuoto, riesco finalmente nell'impresa di allamare un *chinook salmon* di sette chili e portarlo a casa al termine di un lungo combattimento.
La pesca è un'attrattiva enorme della zona, perciò capita spesso che gli ospiti di passaggio ci regalino le loro fresche prede: salmoni, hallibut, flathead, granchi...

Luglio è alle porte e la stagione sta entrando nel vivo.
Abbiamo decisamente ingranato il lavoro, ormai interpello di rado Agneska che si fa vedere sporadicamente in ufficio.
Con l'arrivo dell'estate il numero di turisti europei, australiani e soprattutto statunitensi sta aumentando vertiginosamente a discapito dei canadesi, protagonisti assoluti fino ad ora.
Ospitiamo un paio di coppie italiane che, stupite di vederci in veste di manager, ci rivolgono sempre la stessa domanda.
"Cosa ci fate qui?!"
Il periodo infernale sembra ormai alle spalle. Domani ci godremo finalmente la nostra prima giornata libera dopo due mesi di lavoro ininterrotto.

Ne approfittiamo per fare visita alla riserva di grizzly Khutzeymateen istituita nel 1994 come prima area protetta del Canada.

Otteniamo, grazie a Joe, uno sconto sostanzioso sul prezzo base dell'escursione che si aggira sui trecento dollari a persona.

Attraversiamo a bordo di un catamarano a motore il fiume che taglia in due la vastissima riserva caratterizzata da montagne superiori ai duemila metri, umide vallate verde scuro e intatte foreste pluviali.

Non è affatto comune osservare *wild* questa maestosa e leggendaria creatura diffusa soltanto in Nord America.

Il grizzly è ritenuto il terzo mammifero carnivoro più grande al mondo.

"Che carini i cuccioli!"

G. aggiusta lo zoom della macchina fotografica per immortalare una femmina che, indaffarata a sorseggiare acqua dall'estuario, ci fiuta sollevandosi poderosamente sulle zampe anteriori in atteggiamento difensivo verso i tre cuccioli.

All'interno di questo vero e proprio gioiello della conservazione, protetto gelosamente dal turismo di massa, possono accedere appena duecento visitatori all'anno!

Restiamo in osservazione una mezz'ora buona finché l'allegra famiglia di grizzly si ritira nel fitto del bosco.

Notiamo un gommone di piccole dimensioni, affollato di fotografi muniti di attrezzature super professionali, avvicinarsi alla boscaglia continuando a seguire da vicino l'esemplare adulto.

Scopriremo essere un gruppo di scienziati e giornalisti inviati dal "National Geographic" per documentare le meraviglie di questo territorio.

Sfruttiamo gli unici quattro giorni consecutivi concessi dalla famiglia polacca nell'intera stagione per esplorare Haida Gwaii, considerata la "Galápagos del Canada" per via della straordinaria fauna selvatica.

Quest'isola remota e scarsamente abitata racchiude un mondo perduto di cultura Haida e meraviglie naturalistiche.

Raggiungibile esclusivamente da Prince Rupert via mare dopo otto ore di traghetto o in caso di emergenza via elicottero, è considerato uno dei luoghi più isolati al mondo.

Massivi abeti e cedri profumano l'aria, aquile testa bianca e orsi popolano le antiche foreste mentre leoni marini e orche pattugliano le acque.

Per l'occasione noleggiamo un minivan convertito in una vera e propria casa mobile dotata di materasso, fornelletto a gas e stoviglie per cucinare.

L'avevo trovato quasi per caso online: cercando informazioni sugli alloggi mi era apparso l'annuncio postato da Grace, la proprietaria.

È una signora sulla sessantina estremamente affabile che gestisce un piccolo Bed & Breakfast poco distante dal porto in cui sbarchiamo.

Veniamo immediatamente colpiti dal calore e senso di ospitalità che emana il posto.

Muri rosa e viola, piante e pendagli un po' ovunque e un timido West Corgie che ci accoglie sul terrazzo d'ingresso affacciato sul mare.

La voce di Grace, gracchiante e rapida, è simile a quella di una centralinista ma il suo aspetto tradisce i tratti di una casalinga in pensione.

Capelli biondo tinto raccolti in un *ciappo* di legno antico, grembiule da cucina ancor sporco di farina e un penetrante profumo di rose nell'aria.

"Cosa state cercando in questo posto dimenticato da Dio?"

Ci racconta di aver cominciato ad accogliere ospiti soltanto dieci anni prima, dopo che alcune riviste di viaggio avevano inserito Haida Gwaii nella classifica delle isole più belle al mondo.

Al momento di consegnarle la patente di guida vengo assalito dal panico.

Infatti, nella fretta di organizzare lo zaino la sera prima, l'avevamo dimenticata entrambi!

A questo punto ci toccherà scordarci il tanto sognato *weekend on the road* e dovremo impazzire alla ricerca di un alloggio last minute...

Invece Grace mi squadra con aria perplessa accarezzando il cofano scolorito del mezzo.

"Nessun problema, tanto c'è una sola pattuglia sull'isola che di solito non ferma nessuno a meno non corriate ai duecento chilometri orari. Impossibile con questo vecchietto!"

Dice di fidarsi di noi e pretende soltanto una copia dei nostri passaporti.

I tre giorni successivi si rivelano memorabili; l'isola fa di certo la sua parte!

Perlustriamo a fondo un territorio in gran parte intatto e ricco di scenari naturali magici.

Spiagge deserte orlate da abeti e pini, foreste pluviali ricoperte di muschi e abitate da cervi nani, una delle rare barriere coralline presenti in acque fredde...

Partecipiamo a una visita guidata di Gwaii Haanas il cui accesso è possibile soltanto tramite kayak, barca o idrovolante. Ne vale davvero la pena!

Scivoliamo in gommone ammirando antichi villaggi con sorgenti termali e vecchi totem rivolti verso il mare, luoghi talmente silenziosi che ci sentiamo i primi esseri umani a mettervi piede.

Camminiamo sul terreno argilloso tra gli abeti rossi dove una griglia di tronchi di cedro delinea quel che rimane di enormi case così ampie da ospitare fino a quaranta persone.

Il sito più sorprendente è Sgang Gwaay in cui una fila di pali rari e antichi, ognuno scolpito da un unico massiccio tronco di cedro, si affaccia su una stretta radura.

Gli Haida, che abitarono qui per duemila anni, dovettero abbandonare l'insediamento a fine Ottocento dopo l'arrivo degli europei.

Questo arcipelago a forma di pugnale, perennemente avvolto dalla nebbia e costituito da oltre quattrocento isolotti, racchiude i segreti dell'orgogliosa cultura che ha abitato per secoli questo misterioso e incantevole lembo di terra in mezzo al Pacifico, le cui acque pullulano di vita.

Maciniamo parecchi chilometri a bordo del van di Grace percorrendo l'unica strada asfaltata che collega l'isola da nord a sud e fermandoci a dormire dove capita.

Spiagge, stazioni di servizio, parcheggi o semplicemente sul ciglio della strada.

La vita scorre lenta e, benché siamo in piena estate, la mole di turisti è ridotta.

Haida ha la parvenza di un luogo fermo nel tempo non ancora assalito dal turismo, nonostante le meraviglie culturali e naturalistiche a portata di mano per chi è disposto a un lungo e scomodo viaggio.

Il piccolo paesino di Masset è l'unico avamposto abitato della costa occidentale.

North Beach, orlata da un fitto bosco di abeti, si estende per quasi quindici chilometri sull'oceano aperto ed è meta di pellegrinaggio da parte dei residenti per le succulente vongole giganti che si possono trovare camminando sul bagnasciuga in bassa marea e per le onde deserte nelle giornate favorevoli.

Sfortunatamente oggi il mare è piatto, così il nostro sogno di risalire sulla tavola svanisce.

Incontriamo una coppia canadese desiderosa di chiacchierare e farci assaggiare i granchi che stanno abbrustolendo sul falò.

"Tornate a settembre se volete fare soldi! La stagione dei funghi è fruttuosa, potreste raccoglierli al nostro fianco che conosciamo a memoria la zona..."

Annuiamo fingendoci interessati, certi che il nostro futuro sarà lontano da questa landa desolata alle pendici del globo.

Passiamo l'ultimo giorno ammirando i totem e scoprendo l'arte indigena all'Heritage Centre di Kay Linagaay. Questo centro culturale è molto diverso rispetto a quelli visitati in altri luoghi del mondo.

Ha più l'aspetto di un teatro che quello di un museo.

È possibile assistere di persona alle danze indigene in costume, alla costruzione di canoe secondo tradizione e a cerimonie sacre dell'antico popolo Haida, la cui lingua deriva dalla mescola di diversi dialetti un tempo parlati nei villaggi.

Dopo aver osservato il tramonto colorare di mille sfumature rosate un gruppo di foche curiose che di tanto in tanto affiora in superficie, parcheggiamo il van in una piazzola a pochi passi dal mare.

"Ci stava proprio respirare un po' di libertà!" bisbiglia G. srotolando con cura il sacco a pelo.

Domani torneremo alla consueta routine del Black Swan, ai suoi ospiti e soprattutto alla gelida famiglia polacca.

26
CON LA TESTA AI TROPICI

"Resistiamo fino a metà settembre, poi ce ne andiamo in California?"

Non abbiamo discusso del nostro futuro di recente, ma ero certo lei avesse qualcosa in mente. L'ho vista sollevata negli ultimi tempi, come fosse conscia di andarsene presto.

Me lo conferma una sera mentre osserviamo il classico tramonto di mezzanotte sul porticciolo affollato di pescatori e crocieristi.

Abbiamo appena chiuso l'ufficio e, nonostante il solstizio d'estate sia già passato, le giornate sono ancora lunghissime.

Il nostro visto canadese scade a metà novembre e, nel caso Agneska accettasse, potremmo prolungarlo di altri sei mesi.

"State lavorando bene, io e Stan cerchiamo un manager per altri due anni per cui potremmo aiutarvi a ottenere la cittadinanza. Tenete conto però che da ottobre a maggio il lavoro cala nettamente e di conseguenza anche il vostro salario." ci aveva confessato lei qualche giorno prima.

Invece di esserne felice mi ero immediatamente sentito soffocare.

Questo lavoro mi piace, inizio a sentirmi davvero a mio agio e sto imparando molto. Oltretutto le soddisfazioni stanno finalmente arrivando, lo dimostrano le ottime recensioni lasciate dagli ospiti che spesso ci menzionano per nome.

Il punteggio dell'hotel su Booking è salito da 8.3 a 9 nel giro di pochi mesi.

Ovviamente né Agneska né tantomeno Stan ci hanno mai fatto i complimenti a riguardo.

Inoltre stiamo risparmiando molto, seppur palesemente sottopagati, dato che non abbiamo tempo e modo di spendere quel che guadagniamo e il Canada è indubbiamente un Paese perfetto in cui rifarsi una vita. Efficiente, sicuro e aperto nei confronti degli immigrati.

Nonostante ciò non vedo il mio futuro a Prince Rupert.

Sono davvero stufo di Agneska e il clima qui, così come nel resto del Canada, è pessimo.

Piove trecento giorni l'anno, l'estate è breve e gli inverni lunghi.

Questa cittadina non offre alcun tipo di svago, i giovani si contano sulle dita di una mano, gran parte dei locals é ostile nei confronti degli stranieri, e inoltre spostarsi da qui richiede tanti soldi e tempo date le distanze siderali dal "resto del mondo".

Insomma, si profilerebbero due anni di solo lavoro con pochi amici e tanta malinconia.

Ho ventotto anni e francamente non è questo che sto cercando dalla mia nuova vita. Abbiamo ancora a disposizione un anno di visto in Nuova Zelanda, un altro in Australia e la possibilità di lavorare negli Stati Uniti così come in altre parti del mondo.

Non me la sento proprio di fermarmi adesso, cedendo alla prima allettante proposta economica.

G. è esattamente sulla mia stessa lunghezza d'onda.

"Filo, io voglio viaggiare, se le cose andranno bene in California potremo andare dove ci pare!"

Esiste davvero una donna come lei? Dove si era nascosta finora?

Non ha paura di nulla, non è attaccata a niente e non s'imbarazza a dire quello che pensa sempre e comunque.

Da un lato mi vergogno della nostra scelta perché sono certo che un'altra coppia avrebbe colto al volo quest'opportunità di cambiare vita per raggiungere una stabilità economica.

Per me quello che conta davvero è seguire l'istinto perseguendo ciò che mi rende felice e appagato, altrimenti sarei ancora a Milano incastrato in quella vita...

Se devo vivere così lontano da famiglia e amici, ne deve proprio valere la pena! Alle Hawaii ci penserei seriamente.

Oltretutto la distanza da onde e clima tropicale inizia a farsi pesante.

Se tutto procederà per il verso giusto, dopo tre mesi scarsi in California potremo finalmente esplorare il Centro e Sud America!

"A questo punto perché non andiamo in Alaska?! Lo so che costa, ma quando ci ricapiterà di essere così vicini?"

Accetto senza esitare; dopotutto chi non ha mai fantasticato di perdersi *into the wild?*

L'Alaska é uno dei miei sogni nel cassetto, un viaggio di quelli che non dimentichi.

Chiamiamo Johnny Key che si conferma felice di averci in squadra nel suo *retreat* californiano e pronto ad accoglierci a braccia aperte.

Prenotiamo i biglietti del traghetto diretto a Juneau in partenza il quindici settembre e il volo Fairbanks-Sacramento dopo due settimane esatte.

"Ho trovato un biglietto solo andata per la Costa Rica a centocinquanta euro, che dici, lo compriamo?"

Come faccio a dirle di no? Il venti dicembre la stagione in California dovrebbe essere terminata così potremo finalmente andarcene in vacanza.

Oltretutto è necessario possedere un biglietto d'uscita dagli States entro tre mesi dall'arrivo.

In sintesi ci aspettano altre tre settimane a Prince Rupert, due di viaggio in Alaska e quasi tre mesi di lavoro in California prima di andarcene in Costa Rica.

Un piano niente male, ostacolato da Agneska a soli dieci giorni dal nostro addio.

"Io e Stan abbiamo deciso di tornare finalmente in Polonia! Staremo via un mese esatto, non avete strane idee in testa vero? Partiamo tra due giorni."

Mi guarda intensamente negli occhi alla ricerca di un qualsiasi segno di esitazione.

Colto alla sprovvista, trovo in qualche modo la forza per formulare una risposta credibile.

"Certo, nessun problema!"

Lei si alza di scatto e lascia l'ufficio, sembrerebbe averla bevuta.

Mi sono appena ripreso quando G. entra trafelata palesando un'espressione sconvolta. Capisco al volo l'accaduto!

Agneska l'ha interrogata in lavanderia senza nemmeno lasciarci il tempo di concordare un alibi.

"E tu?!"

Mi si ferma il cuore mentre attendo la sua risposta.

"Niente, cos'avrei dovuto dirle? E adesso come facciamo?!"

Se non fossimo così in sintonia sarebbe successo un vero e proprio disastro.

Abbiamo fatto la scelta giusta, almeno credo.

Se le avessimo detto la verità sono certo ce l'avrebbe fatta pagare in qualsiasi modo e avremmo rischiato di essere licenziati in tronco senza ricevere i pagamenti arretrati, dato che nessun contratto ci tutela.

Mi sforzo di trovare un'altra soluzione senza riuscirci...

È assurdo che tutto questo sia capitato proprio ora che abbiamo già programmato l'addio e i conseguenti spostamenti futuri.

Il mio sonno è tormentato.

Purtroppo neppure la notte ci porta consiglio.

Il gran giorno è finalmente arrivato!

Sono passati quattro mesi esatti dal nostro arrivo a Prince Rupert.

L'ultima settimana senza i capi è stata rilassante e inquietante allo stesso modo.

Il drastico calo di turisti e l'inizio delle piogge autunnali ci ha ritagliato abbastanza tempo libero per rimuginare sulla nostra decisione.

"Siamo sicuri?" mi ha ripetuto quotidianamente G. in preda a terribili sensi di colpa.

Quando abbiamo raccontato a Joe l'accaduto, è scoppiato a ridere a crepapelle.

"È lei che vi ha cacciato in questa situazione, di cosa dovreste vergognarvi? Se vi avesse messo in regola sarebbe andata diversamente. Pensate a voi stessi senza voltarvi indietro mai!"

Le sue parole ci scaldano il cuore. Gli saremo per sempre riconoscenti.

Inconsapevolmente ci ha dato la forza per andare avanti quando eravamo a terra, permettendoci di conoscere luoghi e tradizioni di questo spicchio di mondo, e ora ci sta spingendo ad andarcene senza rimpianti.

Gli zaini sono già pronti in camera nostra, l'appuntamento con Joe è fissato tra quindici minuti.

Ci resta giusto il tempo per l'ultima passeggiata tra i corridoi del Black Swan e le sue infinite scale.

Nessun biglietto, e-mail, messaggio...

Abbiamo deciso di non spiegare le ragioni del nostro gesto né di mentire su presunti malanni o imprevisti dell'ultimo minuto che ci avrebbero allontanati da qui. D'altronde il nostro punto di vista non è mai stato preso in considerazione per quattro mesi, che senso avrebbe farlo ora?

"Buona vita e prendetevi sempre cura l'uno dell'altro!" Joe ci accompagna fino al traghetto divenendo ufficialmente il nostro *partner in crime*.

Il suo abbraccio commosso e la ruvidezza dei suoi baffoni bianchi sono le mie ultime istantanee di questo luogo in cui scommetto non torneremo.

Peccato, perché non s'incontrano tutti i giorni anime come la sua. In lui ho scorto un'energia forte e contagiosa, a tratti accecante.

Un grande cuore e tanta consapevolezza nel ritenersi fortunato a vivere in questo piccolo e remoto angolo di mondo che per molti può risultare insignificante ma per lui racchiude l'universo intero.

"Filo, promettimi che non faremo mai più una cosa del genere!"

Conoscendola a fondo so esattamente quanto lei stia soffrendo logorandosi l'anima.

Guardando a posteriori la vicenda è scontato ammettere quanto abbiamo sbagliato, che le cose nella vita si affrontano e soltanto i codardi reagiscono fuggendo.

Molte volte però, come già detto, la retorica conta poco o nulla.

In quel momento eravamo fermamente convinti che andarcene rappresentasse l'unica soluzione possibile per salvaguardare noi stessi e continuare a inseguire i nostri sogni.

Questa vicenda ci ha insegnato tanto e migliorato umanamente nel profondo, ma allo stesso tempo abbiamo pagato a caro prezzo il nostro senso di colpa nei mesi a seguire.

Vivere viaggiando il mondo a tempo pieno ti mette di fronte a scelte obbligate, spesso complicate e controcorrente, che fanno parte dello straordinario processo di maturazione personale di cui ci si rende conto soltanto a posteriori.

27
ALASKA, L'ULTIMA FRONTIERA

Finalmente ci troviamo a bordo del traghetto accompagnati dal rumore ininterrotto delle turbine e dai soffi di qualche balena migrante.

Osservo fuori dal finestrino la pioggia fitta e il cielo plumbeo che si fonde con il mare sottostante.

Il mio stato d'animo è controverso.

Da un lato si abbina perfettamente alle condizioni atmosferiche, carico di dubbi e sensi di colpa, dall'altro mi sento leggero come una piuma e pieno di smania per una nuova avventura.

Abbiamo appena varcato il confine con l'Alaska entrando ufficialmente in territorio americano.

Lei, come sempre su qualsiasi mezzo di trasporto, dorme beata al mio fianco.

"Lunch is gonna be ready in five minutes!"

Lo speaker del traghetto risveglia G. e i suoi istinti primari.

"Ho fame Filo, andiamo subito, ti prego..." sbiascica con la bocca ancora impastata dal sonno.

Abbiamo passato la notte sugli scomodi divanetti di quella che un tempo era una sala cinema, per risparmiare sul prezzo esorbitante della cuccetta.

Nonostante sia appena mezzogiorno, troviamo già una ventina di persone in attesa che il ristorante apra.

Non c'è molto altro da fare a bordo, dato che il traghetto non è certo di quelli moderni dotati di ogni comfort.

Ci sono un paio di televisori datati che trasmettono film in bianco e nero, nessun collegamento a Internet o altri intrattenimenti tecnologici.

Unicamente un meraviglioso paesaggio in movimento che possiamo ammirare dalle ampie vetrate e dal pontile esterno.

Prendiamo posto in uno dei pochi tavoli con vista ancora liberi e mangiamo in silenzio osservando una serie di isolotti disabitati che stiamo oltrepassando.

"Andiamo a fare un giro fuori!" G. sembra volersi scrollare di dosso pensieri pericolosi scattando dal sedile come una molla.

Lo spettacolo sul pontile è ipnotico.

Siamo in piena stagione di transizione per le balene che hanno lasciato il Messico e stanno migrando verso acque più fredde e ricche di nutrimento, per cui è comune osservare i loro sbuffi in lontananza anticipati da un rumore simile a quello prodotto dalle labbra di un bambino annoiato.

Lei, avvolta nella sua giacca a vento e bardata da una sciarpa di pile giallo ocra che le copre interamente il viso, fotografa alcune foche arenate sulle boe direzionali.

Mi viene da ridere pensando che all'inizio scattavamo tutte le fotografie con il telefono e non avessimo idea di quanto un k-way potesse fare la differenza in certe giornate...

"Come fanno a infilarsi lì?"

Mi mostra divertita le foto appena scattate che ritraggono due foche arrampicate misteriosamente fino al terzo scalino della boa dondolante.

Il canale marittimo che stiamo attraversando, conosciuto come Inside Passage, collega il Canada all'Alaska.

Ha un'importanza storica e naturalistica notevole poiché, essendo racchiuso tra due lembi di terra riparati dalle correnti oceaniche, rappresenta un habitat ideale per diverse specie animali che lo frequentano per riprodursi e crescere la prole.

L'Inside Passage, che arriva a essere ampio soltanto una decina di metri in alcuni punti, costeggia territori vergini inaccessibili all'uomo.

Ci lasciamo ammaliare dalla bellezza che ci circonda, sferzati da un insolitamente gelido vento estivo, mentre respiriamo una delle arie più pure al mondo.

Giungiamo a Juneau esausti e desiderosi di un vero letto dopo quaranta ore di viaggio e due notti accampati nella sala cinema.

È la tipica cittadina portuale che vive di turismo regolando il proprio calendario in base ai giorni di attracco di navi da crociera e traghetti, proprio come Prince Rupert.

Non è possibile arrivare qui via terra dato che non vi sono strade percorribili e per questo gran parte dei residenti possiede un idrovolante.

Camminando sul *waterfront* è scontato distinguere la miriade di negozi "trappola per turisti" che vendono souvenirs e prodotti tipici a prezzi triplicati.

I giacimenti d'oro, ormai completamente esauriti, concessero fama mondiale a Juneau che a fine Ottocento venne invasa da avidi avventurieri preparati ad affrontare il clima rigido della zona.

Questa è la capitale amministrativa del quarantanovesimo stato degli USA, il più esteso, che fu acquistato dalla Russia nel 1867 per sette milioni di dollari.

Passeggiamo sotto la pioggia battente fino al Mendenhall Glacier, ammirando cascate di ghiaccio color azzurro intenso e immense distese di gelo circondate dalla spettrale foresta Tongass.

Noto sul sentiero alcuni cartelli di legno con l'iscrizione di diverse date. Man mano che avanziamo, gli anni si avvicinano ai giorni nostri.

Si tratta infatti della posizione esatta che ricopriva il fronte del ghiacciaio in quel determinato anno.

Infatti, dal millecinquecento a oggi il Mendenhall si è ritirato di ben quattro chilometri e sta continuando a farlo a ritmi spaventosi.

L'Alaska è uno dei pochi territori del globo in cui questo maledetto fenomeno è maggiormente tangibile e visibile a occhio nudo.

I quattro giorni passati campeggiando al Denali National Park rappresentano di certo la parte più affascinante dell'intero viaggio.

Raggiungiamo Anchorage in aereo e, dopo una breve e non indimenticabile visita della cittadina che fino ai primi del Novecento era ancora un villaggio eschimese, noleggiamo un'auto per dirigerci verso nord.

Ci attende una brutta sorpresa non appena presento la mia patente e lo screenshot della prenotazione al banchetto del noleggio.

"Avendo lei utilizzato una carta di debito, devo richiederle un deposito di cinquemila dollari restituibile alla consegna."

Un formale signore afroamericano mi spiega gentilmente che non c'è una vera altra soluzione dal momento che non disponiamo di una carta di credito.

In effetti quella australiana è soltanto una *debit card* che scopriremo essere raramente accettata come forma di pagamento e garanzia per il noleggio di qualsiasi mezzo di trasporto negli USA.

Ritengo l'auto o la moto fondamentali per visitare a fondo uno stato esteso come l'Alaska. Non lo dico con supponenza, poiché è indubbio che viaggiando in treno e autobus si possano apprezzare comunque paesaggi e scenari.

È anche vero però, che soltanto quando puoi decidere di fare una sosta in qualunque momento hai davvero la libertà di uscire dalle rotte turistiche convenzionali. Eventualità che treno e bus non ti concedono affatto.

Spesso, intraprendendo viaggi di questo tipo, mi sono sentito parte di una catena di montaggio in cui le tappe sono predefinite e i passeggeri seguono la stessa rotta visitando i medesimi luoghi.

Altre volte ho sentito il desiderio impellente di immortalare un panorama mozzafiato dannandomi di non poter rallentare la corsa del mezzo su cui mi spostavo.

Detesto sentirmi privato della libertà personale quando viaggio, di conseguenza preferisco farlo in maniera indipendente seppur questo significhi dovermi sottoporre a decine di ore di guida.

"Ho parlato con il mio capo e il massimo che posso offrirvi è un aumento significativo del prezzo del noleggio per accettare la vostra *debit card*. Consideratevi fortunati!"

Io e G. ci guardiamo e accettiamo la "generosa" offerta seppure abbia raddoppiato il prezzo che ora sfiora gli ottocento dollari.

Almeno ci hanno dato un *upgrade*, consegnandoci una spaziosa monovolume anziché la solita economy car...

Il costo degli alloggi in Alaska è folle, in linea con le Hawaii per intenderci.

Come sempre abbiamo scelto i posti più economici che spesso si sono rivelati vere e proprie bettole.

L'ostello di Anchorage è in cima a questa speciale classifica.

Situato nella zona più squallida della città e ricavato dalle macerie di una vecchia industria, presenta camere sudicie con letti di ferro, lenzuola macchiate e cuscini spessi quanto fogli di carta.

"Non posso farci proprio niente ragazzi, scusate!" risponde il receptionist dallo sguardo assente, sotto evidente effetto di droghe pesanti, alla richiesta di G. di cambiare stanza visto che abbiamo trovato decine di capelli di chissà chi sparsi sotto le coperte palesemente già utilizzate.

Non c'è cosa peggiore che arrivare a tarda sera dopo un viaggio stancante non desiderando altro che un letto pulito e trovarsi in certe situazioni...

Non bastava già il caos dell'autonoleggio?

Copriamo il materasso con i sacchi a pelo e la prendiamo sul ridere ripensando allo sballo estremo del receptionist.

Il più grande parco nazionale americano sorge a metà strada tra Anchorage e Fairbanks, tappa finale del nostro itinerario.

L'irrequietezza che mi ha tormentato fino ad ora, dovuta alla parziale delusione delle aspettative, svanisce di colpo.

Non posso farci niente e non riesco proprio a darmi pace.

Quando viaggio sono pretenzioso, instancabile e pignolo.

L'opposto di quando sono stabile da qualche parte o temporaneamente a casa.

Avverto come la necessità di scoprire il più possibile, vivendo il maggior numero di esperienze per sentirmi appagato.

Raramente passo un pomeriggio intero sotto l'ombrellone leggendo il giornale, bevendo cocktails o discutendo con il vicino...

Sono molto più rilassato quando non viaggio perché riesco ad annoiarmi senza patemi e sensi di colpa.

Già al primo impatto visivo il Denali rappresenta tutto ciò che sognavo e immaginavo dell'Alaska.

Vaste distese di taiga ricoperta da immense foreste sempreverdi che si trasformano in tundra, con bassi arbusti rinsecchiti, al di sopra degli ottocento metri di altitudine.

E una montagna di granito leggendaria e imperiosa sullo sfondo; non avevo mai visto qualcosa del genere prima d'ora! Mount McKinley è la vetta più alta dell'America settentrionale grazie ai suoi 6194 metri sul livello del mare e certamente tra le più suggestive al mondo.

Al contrario dell'Everest che sorge su un altopiano di 5200 metri, questo massiccio s'innalza da soli settecento con un dislivello vertiginoso all'occhio umano.

La sua fama è quella di una montagna impossibile da scalare per via delle bassissime temperature, le copiose nevicate, frequenti valanghe e risicate ore di luce giornaliera data l'estrema vicinanza al Circolo Polare Artico.

Ammirarla da una decina di chilometri di distanza rappresenta l'istantanea più nitida che affolla la mia mente.

Immensa, maestosa, terrificante e iconica.

Decidiamo di fermarci più a lungo del previsto, camminando per sei giorni alla media di otto ore quotidiane, esplorando questa selvaggia area incontaminata alle pendici del mondo.

"Cosa facciamo se incontriamo un grizzly?"

Ce lo chiediamo spesso attraversando sentieri deserti in cui non incontriamo anima viva per svariati chilometri.

Siamo ormai a fine settembre e la stagione turistica è agli sgoccioli.

La maggior parte dei visitatori infatti esplora l'Alaska in piena estate, tra giugno e agosto.

Questo è considerato un mese rischioso e meraviglioso allo stesso tempo, dato che potrebbe piovere spesso, le giornate si stanno accorciando e le notti sono fredde.

In compenso però, i colori sono spettacolari dato che l'autunno è appena iniziato, i prezzi e l'affollamento ridotti e iniziano a concretizzarsi le possibilità di ammirare l'aurora boreale.

La tundra, spesso priva di alberi, sviluppa un ecosistema unico ricco di muschi, macchie di bacche e fogliame che subisce un cambiamento colorato in queste settimane.

I mirtilli maturano, il muschio risplende di verde vivido e il sottobosco risalta di colori caldi dal giallo ocra al rosso sgargiante.

Stiamo attraversando una delle aree più remote del parco, abitata da migliaia di specie di uccelli e mammiferi.

È possibile esplorare il Denali a bordo della propria auto soltanto per quindici miglia, per poi proseguire su uno shuttle che percorre le restanti settantasette fino ai meandri del parco.

Durante le cinque ore di viaggio l'autista-guida mantiene lo sguardo attento ai lati della strada, pronto a rallentare nel caso la *wildlife* si palesi.

"Wolf on the left!" grida entusiasta frenando bruscamente e permettendo ai passeggeri di scattare una foto indimenticabile di una famiglia di lupi distanti appena trenta metri.

Non avevo mai immaginato la possibilità di vivere una sorta di safari in uno scenario freddo e montuoso...

L'incontro più emozionante avviene l'ultimo giorno.

"Oddio, Filo, guarda là!"

Siamo appena scesi dallo shuttle e stiamo risalendo a fatica il crinale di una montagna. Il vento è gelido, ci troviamo oltre i duemila metri d'altitudine.

G. indica un esemplare di grizzly color marrone scuro, lontano un centinaio di metri, intento a masticare qualcosa.

Mi avvicino senza timore nella speranza di scattare una foto epica.

"Fermi qui, voi! Quella è una femmina che potrebbe difendere il suo territorio..."

Una ranger bionda sulla cinquantina, imbacuccata in un pesante giubbotto militare, ci si para davanti.

"Volete fare la fine del fotografo?" scherza alludendo a un ragazzo trovato morto sul greto di un fiume dopo essersi avvicinato a un esemplare intento a cacciare.

M'irrigidisco immediatamente e accetto di buon grado il suo ordine.

Osservo la splendida creatura, impegnata a raccogliere bacche e mirtilli tra gli arbusti, muoversi con grazia nonostante la mole imponente. Sembra rapida e silenziosa proprio come un gigantesco felino.

La ranger ha pienamente ragione dato che questi possenti predatori superano i trecento chili di peso e i settanta chilometri orari di velocità.

Non hanno certo paura dell'uomo e, se minacciati, possono attaccare senza pensarci due volte.

Restiamo almeno un'ora in sua compagnia scattando fotografie e ascoltando alcuni incredibili aneddoti dei suoi trent'anni passati al Denali finché l'esemplare si allontana confondendosi con il paesaggio circostante.

Mi ritorna in mente il film-documentario "Grizzly Man", la storia di Timothy Treadwell, un giovane americano che aveva scelto di vivere in mezzo agli orsi dell'Alaska per studiarne abitudini e comportamenti. Da sempre animalista convinto, per tredici estati consecutive si accampò nella riserva Katmai tentando di annullare le differenze di specie e divenire uno di loro. Finì per morire sbranato, insieme alla fidanzata, da un esemplare esterno al gruppo che aveva osservato, filmato e documentato fino a quel giorno.

La nostra tappa finale è la dormiente cittadina di Fairbanks lambita dal fiume Yukon e dai ghiacciai delle White Mountains.

Ci troviamo ad appena due ore dal Circolo Polare Artico con l'obiettivo dichiarato di osservare le *Northern Lights*.

Data l'estrema limpidezza del cielo e lo scarsissimo inquinamento luminoso, Fairbanks è considerato uno tra i migliori luoghi al mondo in cui ammirare questo fantascientifico fenomeno naturale.
"*You guys are lucky*, la settimana scorsa abbiamo visto l'aurora più luminosa degli ultimi sessant'anni!"
Una simpatica barista mi dà la carica di prima mattina mentre sorseggio l'amato espresso.
Che illusione.
I giorni seguenti si riveleranno un gigantesco buco nell'acqua per diverse ragioni.
Cielo sempre coperto, nebbia fitta persistente e una buona dose di sfortuna.
"Soggiornando qui per almeno tre giorni di fila avrete il 95% di chance di ammirare l'aurora!"
Questo attraente slogan campeggia in bella vista su tutti i volantini turistici della città. Si riveleranno inutili le sveglie puntate nel cuore della notte e le serate passate alle terme con gli occhi all'insù nella speranza di vedere il cielo schiarirsi all'orizzonte...

"Con l'aurora questo viaggio sarebbe stato da dieci e lode!"
G. trova sempre il lato positivo delle cose ammirando i souvenir comprati a metà prezzo nella casa di Babbo Natale.
Lanciamo gli zaini a terra nella piccola hall dell'aeroporto di Fairbanks nell'attesa di imbarcarci sul volo per Sacramento.
Noto enormi teche trasparenti che espongono grizzly, orsi polari e lupi imbalsamati.
Che tristezza.
Cosa spinge davvero l'uomo a uccidere questi meravigliosi animali?

Mi si accappona la pelle al solo pensiero che uno stupido hobby come la caccia "da trofeo" costi la vita a migliaia di inermi creature.

Decine di cacciatori stanno imbarcando l'attrezzatura al banchetto *oversize*.

Noto lunghe valigette porta fucili e inquietanti borse frigo che nascondono ambiti trofei. Questa disciplina appartiene alla cultura americana da secoli, in Alaska è legale e attrae migliaia di turisti ogni anno. Basta munirsi di regolare permesso per mettersi sulle tracce di caribù, moose, orsi e lupi.

Ripenso sognante a uno dei tanti incontri emozionanti vissuti in questo viaggio.

Stiamo attraversando il ponte di un laghetto remoto ai piedi delle montagne.

È metà mattina, siamo gli unici esseri umani nel raggio di chilometri.

All'improvviso ci troviamo faccia a faccia con un castoro, il più grande roditore d'America, dal pelo bruno rossiccio, intento a trasportare un pezzo di legno utile certamente a ingrandire la sua tana. Non appena ci vede si spaventa e molla la presa perdendo la sua piccola conquista.

Nonostante il terrore più che giustificato nei nostri confronti si fa forza, decidendo di fare dietrofront per recuperare il pezzo di legno perduto proprio sotto i nostri piedi. Dopodiché sparisce immediatamente sott'acqua.

È proprio vero che sono grandi lavoratori, un altro animale non sarebbe mai tornato indietro per un legnetto...

Rimaniamo imbambolati, come due bambini di fronte alla televisione, a cospetto di tanta forza e purezza.

FAIRBANKS

DENALI PARK

ANCHORAGE

JUNEAU

PRINCE RUPERT

PRINCE GEORGE

VANCOUVER ISLAND

VANCOUVER

28

CALIFORNIA NIGHTMARE

Lo aspettiamo un'oretta sotto il sole cocente di fine estate prima di vederlo arrivare.

È più robusto e agitato di quanto lo ricordassi alle Hawaii, ha gli occhi vispi e la mascella contratta. Johnny Key è californiano di nascita e cittadino del mondo d'adozione, come ama definirsi. Dopo aver fatto diverse esperienze di vita, tra cui girare le Americhe in tour come bassista di una band reggae e aprire un centro massaggi in Nuova Zelanda, ha deciso di fermarsi investendo i suoi risparmi nella realizzazione di un *retreat* sulle colline californiane.

"Scusatemi, la jeep è un vero disastro! Stiamo ristrutturando e non ho avuto tempo di pulirla..."

Macchie di vernice, schegge di piastrelle, mattoni spezzati e polvere ovunque all'interno dell'abitacolo.

Guida come un pazzo nel traffico congestionato sorpassando chiunque da ogni lato possibile e inveendo verso i conducenti giudicati troppo lenti. Sembra perennemente su di giri, un lontano parente di quell'omone pacifico incontrato alle Hawaii.

Sarà certamente una giornata storta oppure il caldo soffocante che annebbia il suo cervello...

Il *retreat* è un vero e proprio luogo da "figli dei fiori" ideato per "distaccarsi dallo stress della vita moderna", come dichiarato a scritte cubitali sul sito Internet.

"Siete carichi? C'è tanto da fare, tu Giada mi aiuterai in cucina e con l'acquisto dei prodotti" le lancia un'occhiata provocante che non può sfuggirmi.

Anche G. se ne accorge, mi basta guardarla di sbieco per notare la sua espressione.

Attraversiamo colline dorate e pianure coltivate in maniera intensiva.

La California produce infatti il 90% della frutta e verdura consumata negli States.

Ci fermiamo soltanto per un veloce burrito preso al volo in un *Mexican truck* e lo addentiamo seduti all'ombra di una palma.

Il tasso di umidità è impressionante, la terra arida e l'asfalto squagliato dal sole.

Mi gira la testa; in effetti siamo passati dalla fredda Alaska alla torrida California centrale in appena tre ore.

Il *retreat* è sperduto ai piedi della Sierra Nevada e immerso in un fitto bosco di sempreverdi poco distante dallo Yosemite.

Costituito da una decina di bungalows in legno, sala yoga, cucina in comune, bagni esterni e una trentina di piazzole da campeggio.

Non c'è Wi-Fi tantomeno linea telefonica, per cui per fare una semplice chiamata bisogna raggiungere il primo paesino distante quindici chilometri.

Esiste luogo migliore per chi è alla ricerca di pace e solitudine?

"Stiamo entrando nel periodo clou della vendemmia e raccolta di marijuana perciò da qui a Natale saremo pieni di turisti!" ci spiega Johnny mostrandoci le prenotazioni annotate sull'agenda stropicciata.

Il suo piccolo ufficio è all'ingresso del *retreat*, costruito sulla cima di una collina da cui si gode di una vista a 360 gradi della Napa Valley.

Ci troviamo a Calaveras County, nella parte meridionale della regione vinicola più celebre d'America. Questa contea è tra le più libertine, difatti una delle poche in cui è legale coltivare fino a cento piante di marijuana biologica, i cui derivati sono destinati a uso farmaceutico.

"Dobbiamo ristrutturare cucina e sala yoga entro ottobre, hai esperienza?" mi guarda speranzoso porgendomi una cassetta degli attrezzi.

Non ne ho la più pallida idea, ma non ho certo timore di dare una mano imparando qualcosa di nuovo per venti dollari l'ora.

Passiamo l'intero pomeriggio lavorando individualmente, io in sala yoga e G. smistando cibo scaduto in cucina.

Johnny passa gran parte del tempo con lei, chissà perché...

"Ho preparato la vostra tenda! Spero vi piaccia campeggiare, i bungalows sono riservati agli ospiti."

Il buio scende ancora più in fretta in questo luogo dimenticato in cui le stelle brillano intensamente già durante il crepuscolo.

"Saranno due mesi e mezzo duri visto il tanto lavoro e i pochi servizi disponibili!"

Stringo forte G. al petto mentre ascoltiamo pietrificati il lontano ululato di quello che potrebbe essere un lupo o semplicemente un cane arrabbiato.

La prima settimana corre rapida. Lavoriamo dodici ore al giorno spesso separati; la vedo andarsene con Johnny a bordo della jeep e rientrare sempre più agitata.

"Non è mica a posto! A volte mi corteggia e non appena lo tengo a distanza si agita e diventa burbero..."

G. mi trattiene non appena mi alzo di scatto per affrontarlo. Dice che vuole dargli una seconda chance e vedere come si comporta.

Io invece me la sto vivendo decisamente meglio.

Lavoro in coppia con Thiago, un ragazzo brasiliano solare e acuto, quindi ho la fortuna di passare il minor tempo possibile con Johnny.

"Sono venuto qui con il visto B1! Lavoro sei mesi l'anno negli Stati Uniti e passo il resto del tempo in vacanza..." mi spiega sorridendo Thiago mentre levighiamo del legno grezzo utile a rivestire il pavimento della sala yoga.

Tale visto, della durata massima di sei mesi e rinnovabile per dieci anni, è teoricamente destinato agli stranieri che hanno l'intenzione di recarsi negli Stati Uniti per un viaggio d'affari volto a fare investimenti, incontrare partners professionali e partecipare a eventi e conferenze.

Nella realtà viene sfruttato da migliaia di cittadini centro-sudamericani per poter lavorare in nero negli USA dato che non dispongono del visto turistico.

Ottenerlo non è così semplice. È necessario dimostrare di potersi mantenere durante la permanenza, sostenere un colloquio conoscitivo in ambasciata e dare prova dell'intenzione di rientrare nel proprio Paese d'origine alla sua scadenza.

"Chissà se un giorno questo visto potrebbe tornarci utile..." penso mentre sorseggio il mate freddo di Thiago.

Gli ospiti del *retreat* sono un vero e proprio fritto misto.

Dal facoltoso imprenditore della Silicon Valley in cerca di relax e anonimato, al turista europeo interessato alle degustazioni di vino nella vicina Napa, fino allo studente universitario incuriosito dalle coltivazioni di marijuana che campeggia nelle piazzole *cheap*.

L'atmosfera è davvero stimolante e le serate, trascorse a conversare dinnanzi al fuoco, estremamente piacevoli.

Purtroppo la situazione idilliaca precipita in fretta.

"Non lo sopporto più! Continua a invitarmi a cena, addirittura oggi mentre guidava ha provato a infilare le sue manacce sotto la mia maglia per massaggiarmi..." G. è disperata, mi racconta di averlo minacciato di dargli uno schiaffone già diverse volte.

Lo osservo camminare nevroticamente intorno al suo bungalow.

Ha appena inveito pesantemente nei confronti di due colleghi messicani rei di non capire alla perfezione il suo americano stretto.

"Ci parlo io, baby!" tento di tranquillizzarla senza successo.

Mi fa letteralmente impazzire il solo pensiero che Johnny si stia approfittando di lei e del suo modo di essere cordiale e accomodante.

Ciò non significa certo che lui possa permettersi di provarci sfacciatamente!

Lo affronto la sera stessa e lui, come da copione, finge di cadere dalle nuvole.

"Prova di capirmi *man*, non vedo una donna da più di un anno! Non ne passano troppe di carine quassù..."

Mi ha davvero fatto l'occhiolino?

Ammette di provarci con lei e ci scherza pure?

Sento la rabbia salire e mi viene una dannata voglia di spaccargli quella faccia da idiota.

Mi limito a guardarlo malissimo, lui sembra accorgersene.

Il rapporto tra noi tre si è già incrinato e forse compromesso irrimediabilmente.

"Filo, aiutami, sto male!"

Mi sveglio di soprassalto alle tre di notte.

G. ha la testa fuori dalla tenda e respira a fatica.

Il suo viso è pallido e l'espressione pietrificata, non l'ho mai vista così.

Sembrerebbe un attacco di panico e io mi sento fottutamente inutile visto che non so come agire né a chi chiedere aiuto.

Lei non riesce nemmeno a proferire parola mentre fissa il cielo scuro singhiozzando.

Dopo venti minuti da incubo inizia pian piano a riprendere colore insieme all'abilità di parlare.

"Non mi era mai capitato prima! Penso sia dovuto al fatto che mi sento proprio a disagio qui..."

A questo punto sono più furioso che spaventato.

Non chiuderemo occhio per il resto della notte.

"Domani ce ne andiamo, te lo prometto!"

Mentre la stringo forte mi accorgo che sta ancora tremando.

Vederla svuotata, impaurita, immobile e messa alle corde da Johnny mi fa sentire in difetto. I sensi di colpa mi assalgono, avrei dovuto pensare prima al suo bene che al resto.

G., che ci tiene sempre ad apparire impeccabile sul lavoro, non riusciva a digerire i suoi continui sbalzi umorali.

E pensare che la settimana scorsa, per farsi perdonare, ci aveva concesso due giorni liberi e prestato la jeep per scappare a San Francisco...

In realtà il mio sfogo aveva solo peggiorato le cose visto che lui, pur non provandoci più con G., aveva iniziato a comportarsi malissimo nei suoi confronti stressandola perennemente, quasi volesse fargliela pagare.

"Ce ne andiamo per sempre! Dovresti vergognarti per averci chiamato qui, tu hai bisogno di curarti. Prepara i soldi che ci devi e vaffanculo!"

Sono le sei del mattino quando lo sveglio sfondando di pugni la porta sgangherata del suo bungalow.

Il suo viso non tradisce alcuna emozione, sembra uno zombie privo di anima.

"Mi dispiace sia andata così, dove avrei sbagliato? Farò tutto quello che volete..." piagnucola in tono commiserevole strofinandosi gli occhi assonnati.

Non mi fa neanche un briciolo di pena, anzi provo totale disprezzo nei suoi confronti.

"Cancella i nostri numeri e sparisci per sempre!" gli sibilo all'orecchio prima di congedarlo nascondendo nel marsupio, legato stretto in vita, la mazzetta di dollari appena intascati.

Un'ora dopo siamo seduti al caffè del paesino più vicino.
Il solo pensiero di essere lontani da lui ci fa sentire decisamente meglio.
E adesso?
In tasca abbiamo novemila dollari e un biglietto *one-way* per la Costa Rica in partenza tra due mesi esatti.
Quanto avevo fantasticato su questo piccolo paese centroamericano durante le noiose giornate di pioggia a Prince Rupert... Natura lussureggiante, animali esotici, surf da leggenda e un clima caldo tutto l'anno.
"Se facciamo abbastanza soldi in California potremo comprare un terreno sul mare! Dicono sia il luogo perfetto in cui investire..."
Ripenso ai nostri sogni mentre sorseggio una limonata ghiacciata seduto, scomposto come sempre, sulla sedia a dondolo del bar.
"Quel bastardo bipolare non rovinerà i nostri piani!" G. sbotta all'improvviso frugando nervosamente nella borsa.
Impugna il cellulare e compone il numero appuntato su un foglietto stropicciato.
Durante le lunghe giornate passate in compagnia di Johnny aveva conosciuto Lara, una ragazza italiana che gestisce una *farm* illegale di "maria" in compagnia del fidanzato messicano Pablo.
La coppia si era presentata infuriata al cospetto di Johnny, colpevole di aver rubato loro una gigante tenda militare da esterno sfruttando l'errore del corriere in fase di consegna.
Lui, ovviamente, pretendeva di avere ragione e, almeno inizialmente, si rifiutò di smontarla e restituirla.

Per fortuna G., che temeva la furia dell'esagitato Pablo, lo aveva convinto a ripensarci.

"Non hanno lavoro per noi, ma Lara mi ha passato il contatto di Heder che sta cercando gente..."

Mi ricordo perfettamente di lui. Venne a trovare Johnny un pomeriggio, aiutandolo a prendersi cura delle sue tre preziose piantine di erba divorate dai bruchi.

"Amo Balotelli, è *loco* ma con i piedi fa quel che vuole!"

Avevamo discusso di calcio palleggiando abilmente nel cortile del *retreat*.

Lo chiamo subito, ma il suo cellulare squilla a vuoto.

Questa California è diversa da quella rappresentata nei film hollywoodiani e distante anni luce da spiagge assolate, metropoli glamour e ville milionarie.

Immersi in queste colline dimenticate dal mondo fatichiamo a muoverci senza un'auto. I trasporti pubblici sono incostanti e disorganizzati, molti paesini completamente tagliati fuori dalle corse e di taxi non c'è nemmeno l'ombra.

Camminiamo per sette chilometri appesantiti dai nostri zaini per raggiungere il camping più vicino.

Un centinaio di roulotte e moderni caravan vi sostano in pianta stabile dando vita a una vera e propria cittadina attrezzata di lavanderia, libreria, piscina e campi da tennis.

"Cosa state cercando ragazzi? Siete gli unici a campeggiare, ormai di notte fa freddo!"

Margaret, una settantenne di bella presenza, ospitale e amichevole, è la proprietaria. Ci mostra un incredibile trailer nero metallizzato parcheggiato all'ombra di un cedro alle prese con le prime foglie giallognole.

Questa è la sua casa mobile dodici mesi l'anno.

"Lasciate che vi prepari qualcosa di caldo che il market è chiuso e nessun ristorante consegna fino a qui. In giro è pieno di brutta gente per via di quelle maledette piantagioni..."

Guardo G. con la coda dell'occhio, sembra trattenere a malapena una risata.

L'interno del trailer è ancor più sorprendente.

Un'ampia cucina professionale dotata di ogni elettrodomestico, salotto con tanto di divani e TV Led da sessanta pollici, due camere da letto e due bagni.

Noto le foto dei tre nipotini appese al muro un po' ovunque.

Margaret ammette che la vengono a trovare ormai di rado, soltanto durante le vacanze estive.

Molti americani ritengono che possedere una casa vera e propria sia superfluo quando puoi permetterti di vivere in queste lussuose *mobile homes* migrando alla ricerca dell'eterna primavera.

Passiamo tre giorni al camping pranzando e cenando con Margaret, in attesa di un segnale da parte di Heder, che tarda ad arrivare.

Siamo esausti, infreddoliti e giù di morale.

Per fortuna lei e gli altri residenti permanenti ci trattano come figli portandoci addirittura la colazione in tenda, invitandoci spesso nei loro caravan per un caffè e sincerandosi continuamente sulle nostre condizioni.

Ci sentiamo come due cani abbandonati tratti in salvo da una generosa comunità.

"Mi dispiace davvero per quel che vi è successo con Johnny, potete venire a stare da me! Spero proprio di riuscire a inserirvi nel team di lavoro..."

La voce di Heder è calda e convincente sebbene il suo inglese risulti ancor meno allenato del nostro.

A tratti fatico a comprenderlo, dato che utilizza spesso termini in spagnolo a me sconosciuti.

"Fatevi trovare al supermercato di San Andreas domattina alle nove che manderò qualcuno a prendervi!"

29
L'ERBA DI HEDER

Un suv blu scuro sporco di terra inchioda di fronte a noi.

Un ragazzo ossuto, dai capelli rasati da un lato e lo sguardo aguzzo, ci batte il pugno in segno di saluto.

"Sono Frank, mi prestate venti dollari per la benzina così vi porto da Heder?"

Anche il suo inglese è stentato e sporcato da un marcato accento spagnolo.

Guida rapido a ritmo della drum'n bass che rimbomba nell'impianto stereo e muove concitatamente le mani mentre grida per farsi sentire.

"Sono dieci anni che lavoro con l'erba e se siete davvero all'esordio non dovreste pensare ai soldi! Non potete certo mettervi a confronto con gente come me... Dormo appena un paio d'ore a notte quando il materiale è buono."

La strada stretta e tortuosa si arrampica sulle colline secche e bruciacchiate dal sole.

"Tutte quelle sono piantagioni!"

Ci indica alte recinzioni nere che circondano estese serre e filari a perdita d'occhio.

"L'anno scorso un grosso incendio ne ha distrutte a migliaia."

La *farm* che gestisce Heder sorge sul cucuzzolo di una collina circondata da una foresta che, prima dei roghi, dev'esser stata meravigliosa.

Lo scenario odierno è tetro dato che centinaia di alberi sono ridotti a cumuli di cenere e quelli rimasti in piedi stanno visibilmente morendo.

Terremoti e incendi sono una piaga storica per la California che è localizzata al di sopra della faglia di Sant'Andrea, confine tra la placca tettonica del Pacifico e quella nordamericana.

Se i terremoti possono essere spiegati da ragioni geologiche, per quanto riguarda gli incendi i motivi sono più complessi.

Il clima è l'attore principale, visti i lunghi periodi di siccità che affliggono lo stato più popoloso d'America, insieme ai forti venti che soffiano in autunno dall'entroterra verso la costa in grado di alimentare in maniera esponenziale i roghi.

L'urbanizzazione è un'altra conseguenza palpabile: difatti la bassa densità della popolazione e il rifiuto degli abitanti a uno sviluppo verticale ha spinto migliaia di persone a stabilirsi nelle foreste, rosicchiando pezzi di vegetazione per costruire ville su ville, popolando e inquinando zone a rischio.

"Pensate che durante l'incendio da Heder campeggiavamo in mezzo alla cenere e ho combattuto le fiamme a mani nude, non potete proprio immaginare..." conclude Frank tirando il freno a mano.

"*Bienvenidos* Filippo e Giada!"

Un ometto basso, rapido e scattante, dai folti capelli ricci neri e gli occhi color nocciola, ci viene incontro scortato da un pitbull maculato.

È vestito da campagna, indossa una maglietta bianca sporca di terra, jeans strappati e scarponcini alti da trekking.

"Non amo particolarmente l'inglese, *ustedes hablan español?*"

Scuotiamo la testa spiegandogli che non lo abbiamo mai parlato né studiato prima. Ci propone di fare un giro nella proprietà in cui ci sono più di mille piante, tra due e quattro metri di altezza, appesantite da gigantesche cime color verde chiaro che brillano alla luce di mezzogiorno.

Noto due serre color bianco panna che probabilmente ne nascondono altrettante.

Ci sono due casette in legno di recente costruzione, due caravan, un ampio tavolo imbandito di fianco a una stufa a pellet e un bagno esterno con doccia *open-air* incorporata.

"Questa è la cucina!"

Entriamo nella prima casetta, piccola ma accogliente.

"Quella invece è dove taglierete l'erba quando viene freddo..." indica la seconda il cui tetto è di paglia e le pareti in calcestruzzo.

Cammina talmente svelto che fatichiamo a stargli dietro.

Si ferma di tanto in tanto a controllare da vicino alcune piante, tastando la terra attorno alle radici per verificare se abbiano bisogno di acqua.

Nell'aria l'odore di "maria" è forte e penetrante seppur differente da quello chimico dei coffeeshop di Amsterdam.

La *farm* di Heder, così come tutte quelle "legali", è tenuta a produrre esclusivamente erba biologica evitando l'utilizzo di pesticidi e fertilizzanti chimici.

Un bambino col viso e le mani imbrattate di fango ci corre incontro urlando "Papiiii".

"Lui è mio figlio Balan, in guatemalteco significa giaguaro. Dai, venite a conoscere mia moglie!"

Troviamo Lori impegnata nell'orto a sradicare le erbacce cresciute attorno alle piante di pomodori.

Ha un fisico possente e mascolino: braccia muscolose, spalle larghe e marcati lineamenti latinoamericani.

Lei e Heder gestiscono a tutto tondo la proprietà di Kern, un "gringo" che vive in zona.

"Dato che la vostra tenda è messa male, perché non ripulite quel caravan così potete dormirci? Mi aspetto però che lo condividiate con gli altri ragazzi in arrivo..." mi propone Heder indicandomi una roulotte bianca e rossa.

Non ce lo facciamo ripetere due volte visto che di notte la temperatura scende sotto i dieci gradi e ci svegliamo spesso infreddoliti.

Con il passare delle settimane e l'arrivo dell'inverno sarà sempre peggio.

Non ci sembra vero di avere un tetto sopra la testa per cui ripuliamo e ordiniamo il caravan fino a tarda sera.

"Quindi vi siete già infilati lì? Noi che lavoriamo da una settimana neanche ci siamo azzardati a chiederlo!"

Miriam, la fidanzata di Frank, inizia a insultarci gridando furiosamente in un inglese grottesco.

È magrissima, alta e abbronzata, con i capelli perfettamente in ordine e vestita alla moda nonostante le condizioni primitive in cui viviamo.

"Guarda che ho già chiesto al tuo ragazzo se volevate condividerlo con noi dato che c'è spazio per tutti e quattro..." le spiego cercando di abbassare i toni.

Frank si affaccia dalla seconda casetta in legno che momentaneamente funge loro da camera da letto.

"Noi non vogliamo stare insieme a nessuno, la mia auto è perfetta!" detto da chi invece dorme in una casetta di legno al calduccio della stufa su un comodo materasso matrimoniale...

Miriam sembra davvero fuori di testa, forse in preda a un attacco di gelosia, Frank invece perennemente in competizione con me.

Cos'avremmo fatto di tanto sbagliato?

L'unica persona ben disposta nei nostri confronti, Heder e Lori a parte, è Bruno.

Anche lui brasiliano, determinato e meticoloso, giunto con il B1 al primo anno di "maria".

Ben presto il gruppo spagnolo capitanato da Frank e Miriam attira le sue attenzioni.

Bruno, non certo uno stupido, è consapevole infatti dell'importanza di trovare un passaggio in città per far compere e controllare il telefono.

Noi, privi di auto ed esclusi dal gruppo come reietti della società, non siamo certo il miglior partito.

"Vi offriamo pranzo e cena tutti i giorni, ma per quanto riguarda colazione, alcol ed extra vi dovete arrangiare" ci aveva spiegato Heder la prima sera.

Frank prende Bruno sotto la sua ala protettrice con la promessa di insegnargli i trucchi del mestiere per tagliare l'erba più rapidamente.

Questa è a tutti gli effetti l'unica cosa che conta in questo ambiente spietato e competitivo.

Più sei rapido più guadagni.

E pensare che stiamo lavorando a stretto contatto con una pianta così pacifica e rilassante...

Il lavoro all'esterno viene pagato quindici dollari l'ora, mentre ogni pound (453,5 grammi) *trimmato* ne vale centosettanta.

Trimmare significa sminuzzare, tagliare accuratamente, e si riferisce al processo di rifinitura delle cime d'erba svolto con forbici di precisione simili a quelle per potare i bonsai.

Dopo che la pianta è stata essiccata per due-quattro settimane all'interno della serra, separiamo i rami ponendoli in capienti sacchi neri che verranno distribuiti ai lavoratori in fase di *trimming*.

Carmen, una quarantenne madrilena amica di Frank, si vanta di poter *trimmare* la media di tre pound al giorno mettendosi in tasca l'equivalente di circa cinquecento dollari. Lavora in questo ambiente tutto l'anno, fungendo da supervisor per un'azienda *indoor* di San Francisco.

Vederla all'opera è impressionante, fatico perfino a percepire i rapidi movimenti delle sue forbici che si muovono in maniera circolare.

Con il passare delle settimane e l'aumento dei ritmi arrivano finalmente altri ragazzi a spezzare l'egemonia spagnola.
Fino ad ora infatti, complici la scarsa affinità con il gruppo e la predilezione di Heder per la sua lingua nativa, siamo stati catapultati in una vera e propria full-immersion di *español* e solitudine, data la nostra limitata capacità di comprensione ed espressione.
Chi l'avrebbe mai detto?
Siamo arrivati negli States forti del nostro inglese, certi che non avremmo incontrato alcuna barriera linguistica dopo le esperienze maturate in Australia, Hawaii e Canada.
Peccato che nel sud degli Stati Uniti, California in primis, lo spagnolo sia largamente diffuso tanto da essere considerato lingua ufficiale al pari dell'inglese.
"Teniamo duro, baby, che guadagniamo bene e per di più stiamo imparando un'altra lingua!"
Di certo l'atmosfera a casa di Kern, il boss, è totalmente differente.
Impariamo a conoscerne i frequentatori durante le giornate passate in trasferta.
Lui è un quarantenne biondo in ottima forma, piacente e fisicato, che deve aver fatto perdere la testa a diverse ragazze negli ultimi decenni.
Vive poco distante da qui in una casetta immersa nel bosco in cui ha appena finito di costruire una vasca idromassaggio in legno da cui si gode di una vista pazzesca.
"Ragazzi, dovete provarla assolutamente! Ricordatevi di entrarci nudi che non voglio contaminare l'acqua..." si era raccomandato spogliandosi integralmente dinnanzi a noi.

Adoriamo staccare dalla farm di Heder abbandonando la collinetta di spagnoli competitivi non appena ce ne viene offerta l'occasione.

Qui i ragazzi si alzano presto, meditano in giardino all'alba, cucinano l'uno per l'altro, intonano canzoni intorno al fuoco e sembrerebbero abbracciare uno stile di vita *healthy* fondato sulla cucina vegana, lo yoga e la condivisione.

Prima di cena ci si tiene per mano esternando la propria gratitudine e stato d'animo dinnanzi a tutti i partecipanti.

Soldi, competizione, screzi e gelosie sembrano distanti anni luce dal mondo incantato di Kern.

In realtà questo ambiente è ricco di imprevisti e colpi di scena!

"Heder deve imparare a tenere fuori da qui la sua vita privata altrimenti causerà problemi a sé stesso e a chi gli gravita attorno."

Kern, che mi sta riaccompagnando alla farm dopo cena, guida con sicurezza sul ripido tratto finale sterrato.

Ieri pomeriggio, mentre ripulivamo una pianta malata dalle foglie ammuffite, quattro poliziotti con la pistola in mano erano apparsi dal nulla.

La strada per accedere alla farm di Heder è sbarrata e quindi avevano parcheggiato l'auto risalendo a piedi per non dare nell'occhio.

"E adesso?" avevo pensato istintivamente ad alta voce.

Siamo tutti nella stessa situazione.

Ragazzi europei e sudamericani, che lavorano illegalmente negli USA, colti sul fatto.

"Tranquilli, cerchiamo il proprietario!"

Ci aveva detto un poliziotto dal tono di voce rauco.

Non sembrava affatto stupito di vederci con le mani immerse in quintali di "maria" e i segni evidenti della nostra presenza in pianta stabile.

Gli indichiamo il caravan di Heder tirando un profondo sospiro di sollievo.

Li vediamo dialogare concitatamente mentre Lori, che aveva chiamato la polizia, carica l'auto con i bagagli e si allontana sgommando insieme a Balan.

"Da adesso sono solo..." ci spiega Heder in tono dimesso.

"Dovrò gestire tante cose e non avrò tempo per seguirvi tutti, perciò mi aspetto il vostro sostegno per finire la stagione."

Non sapremo altro sulla vicenda visto che non sembra affatto intenzionato a parlarne.

Il suo atteggiamento cambierà repentinamente d'ora in poi, mostrandosi sempre più sospettoso e nervoso.

Heder era appena adolescente quando immigrò illegalmente negli States.

Quello con Lori è il suo secondo matrimonio, infatti il piccolo Balan ha una sorellastra di otto anni che vive a Los Angeles.

Il quadretto famigliare che ci sembrava perfetto si rivela in realtà allo sbando totale.

In mezzo a questa tempesta io e G. iniziamo finalmente a sentirci meno soli.

Gli arrivi di Daphne, una ragazza messicana dallo sguardo pigro e i capelli rasta lunghi fino alle caviglie, e della simpatica coppia di colore *extra-size* Audi e Malika ci aiutano a sopportare le lunghe giornate di *trimming*.

Siamo entrati ormai nella fase finale della stagione, novembre è alle porte.

Passiamo intere giornate nella casetta di legno ascoltando musica, chiacchierando e maneggiando enormi cime resinose arancioni, verdi, gialle e viola.

Non siamo mai i primi a iniziare la mattina, ma sempre gli ultimi a finire a tarda notte.

Alle dieci, giusto il tempo di una rapida colazione, siamo già operativi e lavoriamo senza sosta fino alle due del mattino.

Abbiamo accelerato notevolmente i ritmi produttivi. All'inizio impiegavamo dieci-dodici ore per completare un *pound* a testa mentre ora ne portiamo a casa quattro in coppia al giorno.

Lavoriamo fianco a fianco mischiando la mia parte, meno raffinata, con quella di G., splendidamente lavorata, all'interno della stessa *turkey bag*.

Nata per conservare tacchino e altri cibi surgelati, questa busta di plastica ultra resistente é anti odore al 100% e per questo spopola in tutti i negozi di giardinaggio della zona.

Anche in questo caso io punto maggiormente sulla quantità mentre lei, meno rapida ma più precisa, si occupa della qualità.

In questo modo ci siamo resi conto di poter mantenere ritmi sostenuti senza compromettere gli standard qualitativi richiesti.

La velocità dipende quasi esclusivamente dalla qualità dell'erba con cui lavoriamo.

Pesante, voluminosa, piena di foglie e bacchetti, appiccicosa, dall'effetto rilassante o eccitante, danneggiata da muffa e parassiti... Abbiamo ormai imparato a conoscere a fondo questa pianta demonizzata in gran parte del mondo.

"Vi devo raccontare una roba assurda!"

Daphne, stonata dalla decima canna giornaliera, rientra nella casetta ridendo a crepapelle.

"Mentre mi facevo la doccia ho visto Audi intrufolarsi nel caravan di Heder, cercare qualcosa e uscire a mani vuote come se nulla fosse..."

Sarà che è quasi l'una del mattino, siamo stanchi e alterati da questa fortissima *purple* che maneggiamo da ore, ma scoppiamo a ridere come pazzi.

Ci capita spesso di tirare fino a notte fonda con Daphne ascoltando musica rap e raccontandoci le nostre vite.

Originaria di San Luis Potosì, paesino del Messico centrale celebre per il peyote, ha appena inciso un album in compagnia della sua *crew*.

Pur non capendo tre quarti delle parole, apprezzo dannatamente la timbrica e il *flow* che esprime.

"Forse cercava dei soldi, ma mi pare strano, sembrano delle buonissime persone..."

G. si ricorda che Malika le aveva confidato di aver ricevuto recentemente la visita dei ladri, che avevano portato via parecchi soldi e gioielli.

Questa coppia sembra realmente uscita da un film comico americano!

Lei pesa centocinquanta chili, veste abiti larghissimi e palesa un carattere forte e indipendente.

Lui, alto due metri e muscoloso dalla testa ai piedi, è un bonaccione con un immenso senso dell'umorismo.

Noi quattro diventiamo inseparabili fin da subito, complice l'inglese e l'affinità caratteriale.

"Bro, it's a wonderful day, let's make some eggs!" mi dice Audi ogni mattina scendendo dalla sua piccola Toyota che li rende ancor più comici.

Sono gli unici infatti che non campeggiano qui.

Hanno un figlio di nove anni, Devon, che frequenta la scuola privata di Sacramento e passa i pomeriggi rincorrendo Lucky nella *farm*.

Mi dispiacerebbe se risultassero persone disoneste vista la sintonia nata tra noi.

Una sera noto Malika piangere mentre *trimma* con le sue braccia ingombranti appoggiate sul tavolo.

"Audi non è ancora rientrato da San Francisco." G., la guarda stupita interrogandosi su quale sia il problema.

"Si sarà fermato per uno spuntino, conoscendolo..."

"Voi non potete capire, la polizia uccide le persone di colore!"

Pur ritenendola una reazione esagerata, la consoliamo con qualche frase di circostanza continuando a lavorare.

A distanza di anni ripenso a questo episodio cercando di immedesimarmi in lei, sola, sperduta nel nulla e sprovvista di linea telefonica per chiamare il marito.

Eravamo di certo troppo presi dalla situazione per comprendere la sua ansia.

Difatti mi ero scordato che Joe di Prince Rupert mi aveva raccontato di quando, negli anni Cinquanta, andò a trovare suo cugino in California.

"Era un pazzo ossessionato! Sparava col fucile dal finestrino dell'auto alle persone di colore..."

Joe non tornò più negli States dopo quella prima visita.

Non osavo nemmeno immaginare che tali atrocità fossero ancora attuali.

L'inverno è alle porte e le miti e soleggiate giornate di settembre hanno ormai lasciato spazio a quelle gelide e piovose di novembre.

Iniziamo a soffrire davvero il freddo di notte dato che la temperatura sfiora spesso lo zero, inoltre palesiamo evidenti segni di stanchezza e voglia di comfort.

Se all'inizio tolleravamo di lavarci raramente nella doccia esterna senza disporre di una vera e propria toilette, a parte un buco scavato per terra, ora siamo proprio alle strette.

C'è da dire che sono passati quasi due mesi e mezzo dal nostro arrivo in California.

"Questo, baby, è il tuo record, non ti lavi ormai da due settimane!"

La prendo in giro al rientro da una fugace doccia avvolto dalla nebbia. I miei denti battono rumorosamente e non percepisco nemmeno le punte dei piedi!

Oltre a ciò la totale disconnessione tecnologica sta mettendo a dura prova la pazienza di mio padre.

"Se non inizi a farti vivo almeno una volta a settimana vengo la! Tua mamma non dorme più la notte, non so cosa fare..."

Ci mancherebbe anche questa! Non oso nemmeno pensare come la prenderebbero dal momento che presumono ancora che stiamo vivendo nel *retreat*.

Mancano ormai due settimane scarse al nostro addio e, nonostante la stanchezza fisica e psicologica, vogliamo lavorare il più possibile.

Dove potremo guadagnare altrove trecento dollari a testa al giorno con vitto e alloggio inclusi?

Per noi la *farm* rappresenta oramai una vera e propria prigione dorata in cui tutto può succedere.

Litigi, incomprensioni e contrattempi sono all'ordine del giorno a causa della pessima organizzazione di Heder e dei suoi perenni conflitti con Kern.

Le poche volte in cui ce ne andiamo è sempre una corsa contro il tempo.

"Non penso che vivrei mai in California, la gente mi sembra fuori di testa! Se potessi, invece, mi trasferirei subito alle Hawaii..."

G. sogna ad occhi aperti al termine dell'ennesima giornata sulla collina di Calaveras County.

Come darle torto?

Qui si muove tutto troppo in fretta. La serenità che cerchiamo non dimora certo in questo spicchio di mondo invidiato da tanti che però ne ignorano la vera essenza.

Dopo un breve periodo di quiete apparente, problemi e tensioni tornano a galla. Il gruppo spagnolo, attratto da un'allettante offerta lavorativa che si rivelerà poi un completo buco nell'acqua, abbandona Heder nel momento di maggior bisogno.

Bruno, deluso e accusato dagli ex amici di rallentarli comportandosi da disonesto, è l'unico a rimanere.

Viene infatti scaricato a calci in culo così come aveva fatto con noi per puro opportunismo due mesi prima.

"Non so proprio cosa sia capitato! Da un giorno all'altro hanno iniziato a evitarmi..." piagnucola pietosamente alla ricerca del nostro sostegno.

Anche il rapporto tra Kern e Heder sta deragliando vertiginosamente.

Li sentiamo litigare sempre più spesso ormai.

"Non m'interessa affatto quali siano i tuoi standard d'igiene personale, ricordi che a inizio stagione mi avevi assicurato un bagno coperto e la raccolta differenziata? Se fanno un controllo sono fottuto..."

Kern s'infuria come mai l'avevo visto prima mentre raccoglie cartacce e plastica sparse a terra nella *farm*. Decidiamo di aiutarlo.

Non è certo il tipo da urla e scenate isteriche.

C'è da dire che lo stile di vita dei membri delle due piantagioni è agli antipodi.

Da un lato la pace e il rispetto per la natura della sua *crew*, dall'altro l'agitazione e la corsa ai soldi.

Il suo nervosismo è certamente dovuto anche al fatto che un grosso affare previsto per questi giorni, la vendita di ben cinquecento chili a un'azienda farmaceutica di New York, sia saltato all'ultimo minuto.

"Sai che la mia erba se la fumano in tutto il mondo?" ci confessa una sera in cui partecipiamo a una cerimonia nel bosco.

Emiri, famiglie reali e milionari pagano infatti carte false pur di ricevere un *pound* della miglior "maria" biologica prodotta seguendo i dettami tramandati di generazione in generazione.

"È sempre rischioso trasportarla fuori dall'America! Pensa che a volte mi mettono a disposizione un jet privato per muovere appena qualche chilo..."

Mi racconta di un principe saudita che si fa recapitare dieci chili all'anno della più pregiata erba, pagando cifre folli in anticipo.

Heder mi aveva confidato che Kern incassa oltre due milioni netti a stagione dai proventi delle tre *farm* che gestisce.

Un pound prodotto qui viene venduto in media a milleduecento dollari ma non bisogna dimenticare i "derivati" che alla fin dei conti hanno addirittura maggior valore economico.

Infatti nulla, a parte il tronco, viene scartato della pianta.

Oltre all'hashish, che si ottiene dalla resina pressata ricavata dai fiori e impastata con miele e grassi vari, la fibra di canapa viene utilizzata da secoli per la produzione di tessuti che trovano ampio utilizzo in abbigliamento, nautica e fabbricazione della carta.

Camminiamo scalzi nella foresta orientandoci esclusivamente grazie alla luce fioca della luna piena.

Ricordo ancora i primi giorni in cui mi sentivo perduto tentando di tenere il passo di Heder nel buio della notte, senza torce né lampioni...

"È solo questione di tempo, ti ci abituerai in fretta!" mi rispose lui quando gli chiesi come facesse a sapere dove mettere i piedi.

Ero rapito e incuriosito dal fatto che anche i suoi occhi si fossero ormai abituati a vedere in questo mondo costituito da pochi sprazzi di luce e tanta oscurità.

Intorno a noi i ragazzi ballano, si dimenano, si abbracciano, pregano alla luna e si siedono in cerchio rigorosamente nudi come mamma li ha fatti.

Serate come questa sono un appuntamento fisso per Kern e la sua *crew*!

Io e G. siamo sempre invitati ma spesso ci tiriamo indietro.

Ci sentiamo a nostro agio, nudità a parte, con queste anime libere e spirituali che ci hanno sempre accolto calorosamente senza pregiudizi né cattiveria.

L'abuso di funghi allucinogeni e LSD tuttavia non ci attira e preferiamo spesso andare a letto presto per non compromettere la giornata successiva di fruttuoso lavoro.

Oggi è il nostro ultimo giorno nella *finca*.

Stasera siamo tutti invitati a casa di Kern per festeggiare il coronamento di una proficua stagione. Heder non ci sarà, sulla carta rimasto a vigilare il tanto materiale pronto alla vendita, nella realtà non proprio il benvenuto.

Johnny Key è stravaccato sul pesante divano di stoffa bianco intento a sorseggiare un calice di vino mentre chiacchiera con un ragazzo rossiccio dall'aria annoiata.

Lo vedo non appena varco la soglia di casa.

Mi si rivolta lo stomaco, non avevo proprio preso in considerazione questo sciagurato incontro.

Guardo G. che, al contrario di quel che credessi, sorride beffarda come se pregustasse quest'occasione da tempo.

È vestita da sera per la prima volta negli ultimi due mesi e mezzo.

Indossa un sinuoso vestito rosso che le scende alla perfezione sui fianchi fasciando il corpo tonico e abbronzato.

Il mio magone si scioglie immediatamente trasformandosi in spavalderia e gli vado incontro deciso cercando i suoi occhi.

Johnny non riesce a nascondere un'espressione mista tra angoscia e terrore nell'istante in cui i nostri sguardi si incrociano.

"Che bello rivedervi, sono felice che abbiate trovato un posto in cui stare. Kern è una grande persona!" bofonchia a corto di saliva guardando per terra visibilmente imbarazzato.

Questa serata rappresenta un'enorme rivincita per noi.

Vederlo così a disagio, in difficoltà e chiuso in sé stesso mentre noi ce la spassiamo assaporando l'imminente partenza vale molto più dei soldi guadagnati in questa folle avventura.

Abbiamo attraversato momenti bui e complicati negli ultimi tre mesi, e non solo a causa sua, ma ci siamo sempre rialzati alla grande senza l'aiuto di nessuno, facendoci forza a vicenda e mantenendo la testa alta.

Siamo arrivati fino in fondo dove molti altri al nostro posto, ne sono certo, avrebbero mollato.

G., spensierata e leggermente brilla, scherza con gli amici di Kern mentre Frank, Miriam e Bruno siedono silenziosi in un angolo.

Facile sentirsi leoni nel proprio minuscolo e insignificante territorio quando nel mondo reale si agisce da conigli...

Alla fin dei conti cattiveria, invidia e falsità sono soltanto sintomi d'insicurezza e mancato appagamento.

Prima di andarcene decido di togliermi l'ultimo sassolino dalla scarpa.

"Ti devo dire una cosa."

Raggiungo Johnny intento a fumare una sigaretta in solitudine.

"Buona vita nonostante tutto!"

Non gli lascio neanche il tempo di ribattere che sono già sparito nel buio della notte nuvolosa priva di stelle.

L'indomani lasciamo Calaveras County in compagnia di Audi e Malika che si offrono di accompagnarci fino a Sacramento.

Ci attende un breve volo interno per Los Angeles seguito da un collegamento diretto per San José in Costa Rica.

Prima, però, dobbiamo riscuotere i frutti del nostro duro lavoro.

Avevamo infatti deciso, a differenza degli altri, di non chiedere alcun anticipo a stagione in corso e incassare la somma totale al suo termine.

Quando arriviamo a casa di Kern poco prima di pranzo non troviamo nessuno ad accoglierci.

"Sono in ospedale perché mio padre ha avuto un'emergenza! Mettetevi comodi, arriva mia mamma." taglia corto lui al telefono.

La porta di casa sua è aperta come sempre, abbassiamo la maniglia ritrovandoci nel soggiorno vuoto e silenzioso.

Non ricordo di averlo mai visto così!

È davvero insolito che non ci sia nessuno seduto a terra intento a fare yoga, non udire lo strimpellio dell'ukulele né sentire odore di ganja e verdure bollite.

Le pareti sono tappezzate di fotografie in bianco e nero, targhe vintage, mappe geografiche antiche, preziosi strumenti musicali, pellicce di animali e vinili.

Casa sua è umile nonostante Kern sia un plurimilionario dichiarato.

Vi si respira amore e serenità.

Lui non ostenta di certo la ricchezza dato che veste in maniera semplice, guida furgoni e auto scassate, non parla mai di soldi e dimostra un sano interesse per le cose davvero importanti della vita.

"Piacere, anche se forse ci siamo già conosciuti! Scusate la mia memoria ma voi ragazzi sembrate tutti uguali..."

La madre di Kern, una signora distinta con il viso segnato da profonde occhiaie e rughe, entra dalla porta sul retro.

"Quanto vi deve mio figlio? Non mi ha lasciato detto nulla per cui mi fiderò di voi." strilla aprendo energicamente quella che mi sembrava una semplice busta semitrasparente della spesa.

All'interno ci saranno almeno cinquantamila dollari a occhio e croce!

"Potremmo rubarle tutto senza fatica o mentirle su quanto ci spetta..." penso incredulo mentre le mostro per correttezza il numero totale di ore lavorative e *pound trimmati*.

Ci consegna una mazzetta di dollari che, sommati a quelli risparmiati tra Agneska e Johnny, sfiorano i trentamila in contanti.

"Non ho mai visto così tanti soldi!" confesso a G. mentre li nascondo nel marsupio.

Corriamo alla banca più vicina ad aprire un conto corrente in cui ne depositiamo la metà prima di lasciare definitivamente il Paese.

Imbocchiamo l'*highway* diretti a Sacramento quando infilo per sbaglio la mano nel portaoggetti posteriore dell'auto di Audi e Malika.

Cime di erba particolarmente secca che non appartengono di certo alla *farm* di Heder.

Sono di scarsa qualità, *trimmate* alla buona e poco profumate.

Per quale ragione i nostri due amici, che neanche fumano, dovrebbero trasportarla in auto?

Non mi lascio intimidire dalla cosa e chiedo direttamente spiegazioni a lui impegnato alla guida.

"I don't know man, it should be from my uncle..." bofonchia Audi poco convincente cercando lo sguardo di Malika.

G. mi prende la mano di nascosto strabuzzando gli occhi.

La cosa mi sembra davvero losca, mi torna in mente il racconto di Daphne di qualche giorno prima.

Qualcosa sotto dovrà pur esserci a questo punto, due indizi fanno spesso una prova.

"Alla fine abbiamo deciso di depositare tutti i soldi in banca! Meglio così per viaggiare senza pensieri..." G. è decisamente perspicace, meglio prevenire che curare.

A questo punto non vogliamo sembrare paranoici, ma chi non lo sarebbe con quindicimila dollari in tasca? Seppur abbiamo condiviso tanto negli ultimi tempi, non conosciamo Audi e Malika a fondo.

Raggiungiamo l'hotel che ci siamo concessi dopo tre mesi di campeggio, loro insistono per aiutarci coi bagagli e accompagnarci fino in camera.

Una volta entrati Audi e Devon si gettano sul letto intonso e iniziano a rotolarsi come pazzi mentre Malika siede su un divanetto nell'angolo.

Sembrano desiderosi di chiacchierare mentre noi sogniamo soltanto un po' di privacy.

Dopo una ventina di minuti imbarazzanti finalmente si alzano e imboccano la porta. Mi sento nuovamente in colpa per aver dubitato di loro, in fondo cosa ci hanno fatto di male per essere additati come criminali?

Stanchezza ed esasperazione hanno di certo giocato un ruolo chiave nei nostri sentimenti.

Faccio una lunga doccia bollente e mi raso la barba allo specchio, cose che non capitavano da tempo immemore.

Domani inizia una nuova ed entusiasmante avventura.

Non mi sentirei di consigliare questa esperienza a nessuno.

Seppur la nostra storia sia finita bene, quello delle piantagioni è un mondo pericoloso e brutale.

Kern è una mosca bianca in mezzo a un mare di armi, mafia e sfruttamento.

Ho ascoltato di persona storie terribili raccontate da trimmers che navigano in questo ambiente da anni.

Non sento nemmeno il bisogno di guardare un documentario per capirne a fondo le vicende più terrificanti.

Ho visto coi miei occhi armi maneggiate come giocattoli e abusi di potere compiuti anche da chi, in realtà, dovrebbe proteggerti.

A noi è andata bene, non è stata certo una passeggiata ma ne siamo usciti con i soldi in tasca e tanti ricordi positivi.

Chissà quanto potremmo guadagnare il prossimo anno? È risaputo che la seconda stagione sia più proficua visto che, una volta assodata la tecnica, la produttività raddoppia.

Mi sono ripromesso di non tornare mai piu in un posto del genere.

Scoprirò quanto le cose possano cambiare in fretta dovendosi adeguare a certe necessità...

Ripenso ai personaggi controversi che ho giudicato frettolosamente durante questi mesi. In fondo rappresentano emblematicamente la società moderna, nei suoi pregi e difetti.

Frank è un perfetto esempio del prototipo che si può incontrare in questo ambiente. Ex spacciatore di cocaina a Formentera e consumatore abituale di sostanze stupefacenti, porta ancora i segni evidenti di un pesante passato.

Nel suo viso solcato, nei suoi tic continui, nel suo modo di muoversi, nella sua ansia perenne...

Alla fin dei conti è più sporco il suo viso o quello del rampollo a cui vendeva un grammo nella discoteca più blasonata delle Baleari?

E gli atteggiamenti ambigui di Heder?

Ho realizzato, conoscendone una decina personalmente, che i manager delle piantagioni californiane si assomigliano un po' tutti. Vivere per tanti mesi isolati, senza contatti esterni e una grande responsabilità sulle spalle rende certamente paranoici, nervosi e perennemente sulle spine.

Bruno rappresenta invece "lo scalatore sociale" per eccellenza. Il *chupa piedi*, come ribattezzato da G. per gioco, si è reso disponibile con tutti fin dal primo giorno tentando di cadere nelle grazie dei capi.

Il suo modo di essere, che inizialmente gli aveva procurato vantaggi, ha finito per ritorcersi contro di lui dato che è stato scaricato da quelli che considerava amici.

Alla fin dei conti anche questo ambiente non adatto ai deboli di cuore ti ripaga, seppur con tanta pazienza, della stessa moneta versata.

30

COSTA RICA

Il primo impatto con San José non è certo indimenticabile.

La capitale e unica metropoli della Costa Rica sorge al centro di una valle poco distante dall'Equatore e rappresenta il cuore pulsante dell'economia nonché il principale punto di arrivo dei turisti esteri.

Traffico intenso, alti livelli di smog, un'architettura scialba e un caldo infernale ci spingono a noleggiare un'auto avventurandoci verso il Pacifico.

Sono mesi ormai che sogniamo mare e surf per cui rimandiamo volentieri la visita della zona storica a un secondo momento.

Spendiamo quattrocento euro per il noleggio di una piccola Nissan con cui potremo esplorare per tre settimane questo sorprendente Paese che si affaccia su due oceani nascondendo eccellenze naturalistiche a ogni angolo.

Ho davvero tanta voglia di guidare e sentirmi libero di inoltrarmi nelle zone più remote immergendomi in un mondo nuovo dopo sette mesi stressanti di lavoro.

Risparmieremo sul dormire campeggiando e alloggiando in *ospedaje* a gestione famigliare.

Scoperta da Cristoforo Colombo e colonizzata dalla Spagna a partire dal Cinquecento, primo Paese ad abolire l'esercito nel 1949, la Costa Rica è riconosciuta e ammirata in tutto il mondo per le illuminate riforme in materia ambientale.

Negli anni Ottanta il presidente e futuro Premio Nobel per la Pace Oscar Arias Sànchez impose una politica volta a fermare la deforestazione salvaguardando il vero tesoro del Paese, l'ambiente.

Diede quindi vita a centinaia di parchi nazionali protetti e istituì il "Pago de servicios ambientales", un patto che tuttora fa scuola nel mondo garantendo al Governo di poter comprare da privati vaste aree naturalistiche con l'obiettivo di cessare disboscamento e coltivazione intensiva.

Nel tempo l'educazione ambientale è entrata a far parte del DNA delle nuove generazioni trasformando la Costa Rica in un modello di sviluppo sostenibile dedito alle energie rinnovabili, con l'ambizioso progetto di divenire entro il 2021 il primo Paese *carbon neutral*.

Se aggiungiamo che il Paese è una democrazia stabile che dispensa equamente i fondi pubblici tra istruzione, sanità e ambiente risulta facile comprendere come la "Svizzera centroamericana" sia ritenuta il luogo più felice del pianeta.

Raggiungiamo Guacanaste, la regione affacciata sul Pacifico e confinante con il Nicaragua, in poche ore di guida. Questa zona turistica molto frequentata si estende dalla Papagayo Peninsula a nord, disseminata di resort e diving center affollati da facoltosi americani e canadesi fino alla penisola di Nicoya a sud, paradiso di surfisti e amanti della vita notturna.

Tamarindo è certamente la località più rinomata, perennemente assalita da viaggiatori alla ricerca di beach time e party. Niente di speciale a mio parere, soltanto un paesino polveroso esploso negli ultimi quindici anni di fronte a una spiaggia gremita.

Le onde pessime sono rovinate dal vento che in questa stagione soffia costantemente *on shore*. Io e G. siamo totalmente fuori allenamento e, complice la forte corrente, resistiamo appena un'ora in mare.

L'atmosfera è quella di una qualsiasi party town dell'America Latina; chioschetti svendono cocktails a ogni ora, venditori ambulanti espongono pietre e braccialetti, ristoranti di pesce sulla spiaggia sono assaliti dai turisti, ostelli offrono un letto in dormitorio per pochi euro e squallide discoteche in lamiera fusa dal sole tropicale.

Passiamo la prima settimana inseguendo onde mediocri tra Playa Grande e altri *beach break* meno frequentati dei dintorni.

Notiamo fin da subito la massiccia presenza di ristoranti, hotel e gelaterie aperti da italiani che hanno cambiato vita.

"Guadagno il doppio lavorando la metà e nel tempo libero posso scegliere tra camminate e bagni in mare..."

Marco è il proprietario di un delizioso ristorante di pesce a Brasilito che darebbe la paga a qualsivoglia locale nostrano.

Insieme alla moglie, toscana verace quanto lui, hanno venduto casa e negozio per ricominciare una nuova vita in Costa Rica. Sembrano felici.

La moneta ufficiale è il Colòn costaricano, ma da una quindicina d'anni a questa parte, causa la massiccia invasione statunitense, il dollaro viene accettato un po' ovunque e per questa ragione il costo della vita è lievitato enormemente, quasi raddoppiato se paragonato a quello dei Paesi confinanti.

Ci dirigiamo verso Manuel Antonio alla ricerca di paesaggi incontaminati e minor affollamento.

In questa riserva naturale incorniciata da spiagge bianche e dense foreste tropicali è scontato osservare bradipi, scimmie cappuccino, tucani, pellicani, iguane e procioni.

Tuttavia non siamo ancora pienamente soddisfatti.

Orde di turisti affollano il parco schiamazzando rumorosamente alla vista degli animali che sembrano ormai abituati alla presenza umana e tendono ad avvicinarsi nella speranza di ricevere qualcosa in cambio, come spesso malauguratamente capita.

Ci immaginavamo un luogo più intatto e autentico frequentato esclusivamente da patiti della *wildlife* e impavidi fotografi.

Per questo ci spingiamo fino al Corcovado, leggendaria area protetta della Penisola di Osa situata nell'estremo sud. Questo luogo è considerato il più biologicamente ricco del pianeta per merito dell'incredibile biodiversità rimasta intatta grazie all'isolamento e la quasi totale assenza umana.

Il Corcovado ospita infatti l'ultimo tratto di foresta primaria tropicale umida dell'intero continente americano!

"Cuidados, proprio ieri qui abbiamo visto un giaguaro..."

La nostra guida sembrerebbe in vena di scherzare non appena ci addentriamo nella fitta boscaglia in cui i raggi solari faticano a penetrare.

L'atmosfera è fiabesca, gli unici suoni percebili sono quelli emessi dal fruscio degli alberi e dal richiamo delle scimmie urlatrici.

Non è certo facile raggiungere il Corcovado, tutto dipende dal budget a disposizione. Via aerea s'impiegano giusto un paio d'ore da San José, invece via terra bisogna raggiungere il surreale paesino di Sierpe da cui imbarcarsi per Drake Bay navigando il fiume fino alla foce poi in mare aperto.

I paesaggi che ammiriamo durante il viaggio sono irrealmente primordiali e sprigionano un'aura mistica fortissima.

Resto paralizzato ad ammirare immensi spazi incontaminati, foreste a perdita d'occhio e spiagge appartate mai calpestate dall'uomo.

Svariati stormi di coloratissimi ara di tutte le dimensioni sorvolano le nostra teste gracchiando vigorosamente.

Drake Bay è un paesino dimenticato alle pendici del mondo conosciuto, unica base di partenza per l'esplorazione della riserva naturale.

Il turismo è ancora in forte espansione, decine di cantieri operativi e costruzioni non completate lo testimoniano.

All'interno del Corcovado risiedono ben quattrocento specie ornitologiche, centoquaranta di mammiferi, seimila insetti, cinquecento tipi di alberi e addirittura alcune specie ritenute estinte tra cui l'imponente aquila arpia.

Non è possibile campeggiare né comprare viveri e soprattutto avventurarsi senza l'accompagnamento di un'esperta guida locale.

Passeggiamo per sei ore attraversando lagune, acquitrini, mangrovie, foreste umide e chilometri di coste sabbiose.

Per noi, amanti del *birdwatching*, questo è un vero e proprio paradiso perduto!

Ci incantiamo a fotografare nutrite colonie di ara macao appollaiati sui rami più alti dell'albero del latte, identificabile per le sue vivaci radici rosso arancio.

Mentre stiamo guadando un fiume caricando gli zaini sulla testa, veniamo invitati a fare silenzio dalla guida.

Una famiglia di tapiri si sta dissetando a poche decine di metri di distanza.

Dalla testa particolare che sembra un incrocio tra quella di un maiale e quella di un formichiere, il pelo corto e nero che si schiarisce intorno alla faccia e la pelle molto spessa, questa specie era un tempo molto diffusa mentre oggi rischia l'estinzione.

"Avete notato l'atteggiamento della famiglia di procioni? Non s'interessano a noi ma continuano a stanare i granchi da sotto la sabbia."

La guida ci tiene a spiegarci quanto sia differente il comportamento degli animali non disturbati dalla convivenza con l'uomo.

In città invece ci assalirebbero puntando alle nostre tasche.

Lasciamo la costa Pacifica ancora ammaliati dai numerosi incontri ravvicinati con colibrì, bradipi e formichieri.

Dedichiamo l'ultima settimana di viaggio al versante caraibico, il cui fulcro turistico è la dormiente Puerto Viejo.

Attraversando il paese in lungo e in largo abbiamo ammirato il poco esplorato entroterra che racchiude meraviglie nascoste in ogni angolo.

Il vulcano Arenal, a tutt'oggi attivo, in cui piove tutti i giorni dell'anno e le centinaia di sorgenti termali circostanti.

Fiumi e laghi, che attirano soprattutto turisti locali, in cui immergersi circondati dalla fitta foresta fumante di bollori sulfurei.

Trascorriamo un paio di giorni al motel "La rana" gestito da un interessante biologo tedesco emigrato negli anni Ottanta.

"Ho mollato tutto perché qui posso seguire da vicino la mia più grande passione, gli anfibi."

Ci mostra fiero enormi teche di vetro in cui cataloga e accudisce alcune specie di rane colorate.

Nell'immensa e stravagante biodiversità della Costa Rica, una serie di anfibi variopinti popolano le foreste umide non passando di certo inosservati per via della loro meravigliosa pelle che può essere talmente tossica da uccidere un uomo.

Le livree sono variegate con i colori tra i più brillanti della natura, dal giallo all'oro, dal rame al rosso, dal verde al blu fino al nero.

Inoltre, come se tanta lucentezza non bastasse ad avvertire del pericolo i predatori, le tonalità e sfumature diventano addirittura disegni astratti più appariscenti.

Facciamo colazione in veranda stregati dal panorama mozzafiato.

Siamo affacciati sul lago Arenal, la cui sagoma si staglia all'orizzonte avvolta dalla nebbia perenne, e immersi nel puro verde smeraldo popolato da scoiattoli giganti.

Nessun rumore fastidioso, soltanto il cinguettio degli uccelli mescolato alla perfezione con il fruscio di un torrente poco distante.

Riconsegniamo l'auto a San José e continuiamo il viaggio in bus.

La costa del Caribe è decisamente meno "americanizzata", la cultura creola mette di buon umore, il mare è più tranquillo e adatto alle nostre abilità.

"Non sono convinta!" ammette G. una mattina presto in visita a "Tree of Life", un santuario che riabilita e reintroduce in natura alcune specie endemiche tenute in cattività.

Osserviamo alcuni bradipi appena nati, strappati a morte certa, cibarsi dei colorati fiori di ibisco.

"Natura e animali sono meravigliosi, ma le spiagge non sono certo indimenticabili..."

Il feeling con i *Ticos*, la popolazione della Costa Rica, è scarso, abbiamo l'impressione che siano frustrati all'idea che tanti stranieri stiano investendo qui rendendo il Paese sempre più esclusivo.

Un locale guadagna in media tre dollari all'ora e, considerato il costo della vita paragonabile a quello della Spagna, risulta davvero arduo di questi tempi mantenere una famiglia intera.

"Trent'anni fa era diverso!" ci spiega un eccentrico marchigiano proprietario di un discobar all'uscita della riserva di Cahuita.

"Di questi tempi con trentamila dollari potete trovare un buon affare soltanto allontanandovi dalla costa, ma ci vogliono tempo e fortuna..."

Il nostro progetto iniziale di comprare un pezzo di terra e cambiare vita svanisce in fretta. Non ci sentiamo pronti né siamo convinti della Costa Rica in pieno boom economico.

Dopo un mese di viaggio non ce la sentiamo proprio di appendere il passaporto al chiodo!

In realtà stiamo pianificando di scendere fino al Perù via terra.
Attraversiamo la frontiera panamense in bus diretti a Bocas del Toro, un arcipelago caraibico composto da otto isole principali distante appena diciotto chilometri dalla terraferma. Mare cristallino, onde potenti, pochi turisti e caratteristici villaggi locali.
Optiamo per fermarci a Isla Bastimientos, la più selvaggia e remota.
Purtroppo piove a dirotto tutti i giorni e il mare è mosso e temibile a causa delle forti correnti che impediscono perfino alle imbarcazioni più grandi di uscire.
L'isola ha una personalità spiccata e tangibile, mi sembra quasi di tornare negli anni Cinquanta.
Non ci sono mezzi a motore né strade, i sentieri sono spesso impraticabili a causa dei forti temporali e l'unico avamposto abitato si trova sul lato sud dell'isola in cui sorge il porticciolo riparato dai forti venti.
Gli abitanti di origine creola sono molto accoglienti e vivono una vita semplice dedita unicamente a pesca e turismo.
Purtroppo però, a differenza della Costa Rica, il rispetto ambientale sembrerebbe scarseggiare.
Spazzatura abbandonata un po' ovunque, fognature che scaricano direttamente in mare, pappagalli e scimmie rinchiusi in gabbia.
Conosciamo un ragazzo tedesco che complica il nostro ambizioso piano di raggiungere la Colombia evitando voli aerei.
"Il traghetto da Panama è fuori uso al momento, per cui l'unico modo di svalicare il confine resta volare."
Fa riferimento alle crociere di cinque-sette giorni attraverso l'idilliaco arcipelago San Blas che, causa maltempo, sono state cancellate per le prossime due settimane.

Pur confinando per qualche centinaio di chilometri, tra Panama e Colombia non vi sono punti di frontiera terrestri.

La Panamericana, che collega Nord e Sud America lungo il Pacifico, s'interrompe proprio a cavallo dei due Paesi.

La leggenda narra che siano stati i cartelli dei narcos a non volere una strada che attraversasse questa frontiera perché i controlli avrebbero interferito con i loro traffici.

Dobbiamo trovare un'altra soluzione al più presto dato che il volo per Bogotà a settecento dollari è fuori discussione.

Le poche compagnie aeree dell'America Latina monopolizzano il mercato imponendo prezzi esagerati vista la scarsa competizione, figuriamoci durante le festività natalizie.

"Ho trovato un buon volo per San Andrés che decolla dopodomani, che facciamo?"

Dopo un paio d'ore di ricerca individuo l'unica soluzione abbordabile per raggiungere la Colombia.

Dovremmo rientrare in Costa Rica e imbarcarci per questa sconosciuta isola colombiana. In realtà Bruno ci aveva parlato di San Andrés in cui andò in vacanza insieme ad amici.

Abbiamo entrambi una voglia matta di mare e bel tempo, e ci basta sbirciare un paio di foto sul Web per deciderci a comprare i biglietti.

31
LANIKAI

Quando ci troviamo ancora a bordo dell'aereo in fase di atterraggio capiamo di aver finalmente trovato quello che stavamo cercando!

San Andrés è territorio colombiano dai primi del Novecento nonostante disti appena settantasette chilometri dal Nicaragua. Da sempre conteso politicamente tra i due Paesi latinoamericani, questo piccolo gioiello incastonato nel mar dei Caraibi rappresenta un paradiso di sabbia accecante, acque turchesi, banchi corallini e snelle palme piegate dal vento.

Nonostante l'enorme afflusso turistico quest'isoletta di appena ventisei chilometri quadrati, istituita porto franco nel 1958, sta affrontando seri problemi socio-economici dovuti al sovrappopolamento generato dall'immigrazione massiva dalla Colombia continentale.

Insieme alla gemella Providencia costituisce un paradiso per gli amanti di immersioni, snorkelling, kitesurf e shopping.

Il surf purtroppo non è ancora sviluppato nonostante ci siano un paio di spot davvero interessanti, tant'è che non trovo una tavola in affitto nonostante assillanti ricerche e passaparola su e giù per l'isola.

Ci allontaniamo in fretta dall'affollata capitale frequentata in gran parte da colombiani di alto bordo che setacciano a dovere le decine di duty free addobbati di grandi firme.

San Luis è un paesino della costa orientale abitato esclusivamente da residenti e pescatori, in cui l'architettura conserva i tratti anglo-caraibici.

"Mi sto godendo le ferie! Sono uno dei due giudici della Corte suprema, di solito mi potete trovare in tribunale..."

Drent non passa certo inosservato.

Gestisce un tipico Bed & Breakfast su Playa Paraiso, senza dubbio il tratto di spiaggia più sorprendente dell'isola.

Vestito sportivo con le Jordan ai piedi, il cappellino all'indietro e decine di denti d'oro ci accoglie calorosamente fin dal primo istante.

Ci offre, per appena venti dollari a notte, un piccolo appartamento privato che affaccia direttamente sul mare azzurro cielo.

Ce ne innamoriamo istantaneamente, così lo prenotiamo per tre settimane.

Ma il destino ha qualcosa in serbo per noi...

Usciamo dal supermercato e m'irrigidisco di colpo.

Noto infatti sul ciglio opposto della strada una coppia a me decisamente famigliare.

Frank e Miriam.

"Cosa ci fate qui?!" gridano venendoci incontro a passo spedito.

Il nostro sorriso diviene forzato.

Ci abbracciamo rigidi come paletti congelati finché il silenzio imbarazzante viene interrotto da Frank.

Sembrano più felici di noi dell'inaspettato incontro, i racconti del *chupa piedi* devono aver fatto breccia anche nel loro piano di viaggio.

"Avete sentito della ragazza morta sul traghetto per Providencia? Miriam ha avuto una crisi di panico l'altro giorno così abbiamo costretto la barca a riportarci a terra... C'erano onde alte dieci metri!"

Miriam lo fulmina con lo sguardo, non credo proprio volesse renderci partecipi della sua disavventura e mostrarsi debole ai nostri occhi.

Ripenso a quanta poca empatia ci aveva mostrato al nostro arrivo da Heder.

Nessun teatrino tantomeno pacche sulle spalle né inviti a cena nonostante siamo tutti e quattro in vacanza rilassati e sperduti nel bel mezzo dell'Oceano Atlantico.

Non vogliamo certo passare tempo prezioso in loro compagnia, non siamo amici e mai lo diventeremo.

Sta piovigginando, capita spesso nel tardo pomeriggio.

La stagione umida sta infatti lasciando lentamente spazio a quella secca portando con sé gli ultimi strascichi.

Abbiamo passato una piacevole giornata alla Piscinita, una baia profonda e rocciosa in cui tuffarsi dagli scogli e nuotare tra miriadi di pesci tropicali.

"Torniamo a piedi attraversando la *loma*!"

G. si riferisce all'unica strada che taglia San Andrés in due svalicando la panoramica collinetta centrale.

Di solito scrocchiamo un passaggio a turisti e locali, ma al momento le strade sono deserte e non vogliamo inzupparci completamente.

Quando ci troviamo sul picco iniziamo a udire deboli guaiti provenienti dalla foresta circostante. Un cucciolo di cane, che avrà sì e no un mese di vita, fa capolino sul ciglio della strada. Scheletrico, con il muso rinsecchito, le orecchie enormi a penzoloni, il corpo allungato ricoperto da un pelo arancione a chiazze e due enormi occhi color nocciola che ci fissano imploranti.

Si regge in piedi a fatica, sembrerebbe terribilmente affamato.

"Portiamola a casa, non possiamo certo lasciarla qui!" G. ha già preso in braccio quel cumulo di ossa e peli che non sembra affatto spaventato.

È una femminuccia che sprofonda in un sonno tormentato dopo aver razziato una ciotola di croccantini e tracannato mezzo litro d'acqua.

Ha ancora i denti in fase di formazione e l'andatura barcollante di chi ha appreso a camminare da poco.

L'avvolgiamo in un telo da mare per portarla dal veterinario visto che ci accorgiamo essere piena di pulci e zecche.

Cammina con il muso perennemente puntato a terra alla ricerca disperata di cibo nonostante abbia appena mangiato.

"Dobbiamo trovarle un padrone in fretta che dopodomani voliamo a Bogotà."

Non c'è tempo da perdere!

Purtroppo però sull'isola la considerazione per i cani è scarsa, infatti ne abbiamo notati a decine vagare liberamente.

"Ha bisogno urgente di cure, potrebbe morire senza queste medicine! Se volete posso farvi un certificato medico per la compagnia aerea, dovrete però mentire sull'età reale poiché i cani non sono ammessi a bordo prima dei tre mesi di vita..."

L'unico veterinario dell'isola ci propone la soluzione sul piatto d'argento.

Cosa dovremmo fare? Abbandonarla di nuovo o illuderci che qualcuno se ne prenderà cura responsabilmente?

Capiamo in fretta di non poterci fidare di nessuno.

Perfino il veterinario sembrerebbe lavarsene le mani...

Non ci pensiamo su due volte, la porteremo con noi!

Questa piccoletta ha già sofferto abbastanza.

Compriamo un portantino utile per trasportarla a bordo, paghiamo i cinquanta dollari extra e salutiamo San Andrés scortati dal giudice fino in aeroporto.

Avremo tempo e modo per rimetterla in sesto a Bogotà e trovarle una famiglia adeguata.

32
PURO BOGOTÁ

Il volo è rapido e indolore soltanto all'apparenza.

Due giorni dopo l'atterraggio iniziamo a sentirci male. Fatichiamo ad alzarci dal letto, non abbiamo appetito e ci sentiamo deboli e spossati.

Inizio davvero a credere che abbiamo contratto malaria o febbre gialla nelle zone più remote della Costa Rica.

Per fortuna inizio a riprendermi e inoltre non palesiamo certo i sintomi tipici di queste diffuse malattie, febbre in primis.

"Sarà mal d'altura, ragazzi!" ci spiega mia mamma al telefono.

Dopo una settimana G. fatica ancora a lasciare l'ostello, mangia poco o nulla e soffre d'improvvisi capogiri.

Il mistero é presto svelato: siamo passati in appena due ore dalla tropicale San Andrés a Bogotà, quarta capitale più elevata al mondo con i suoi duemilaseicento metri d'altitudine.

"Devi bere molta acqua, riposarti e masticare foglie di coca tutto il giorno."

Questa la ricetta del farmacista, che sembra stupito non fossimo a conoscenza di questo diffuso malessere tipico di Colombia, Bolivia e Perù.

G. purtroppo non è l'unica malconcia, visto che anche la cagnolina fatica a riprendersi, difatti vomita continuamente e stenta a prendere peso.

Decidiamo quindi di correre dal veterinario che ci spiazza con la sua diagnosi.

"Ha una grave infezione nel sangue, dovreste lasciarla qui per qualche giorno in modo che possiamo idratarla e monitorarla.

Non posso promettervi che sopravviverà, ma faremo del nostro meglio!"

Le cure prescritte dal veterinario di San Andrés erano inadeguate e, se G. non avesse insistito per farla visitare nuovamente, avremmo seriamente rischiato di perderla.

La rivediamo dopo cinque lunghi giorni; sembra aver già riacquistato le forze ed essere di buon umore.

Lei ci riconosce, la prendiamo in braccio emozionati come due neo genitori.

"Tenetela tranquilla e ricordatevi tutte le medicine che vi ho prescritto." si assicura la preparatissima veterinaria a cui saremo eterni debitori.

Soggiorniamo in un caratteristico ostello della Candelaria, la zona più tipica e storica di Bogotà.

Approfitto della stanchezza di G. e del forzato riposo imposto alla creaturina per esplorare i dintorni.

Mi perdo senza meta tra le viuzze in ciottolato strette e intricate ammirando gli antichi edifici coloniali e i loro tetti color rosso pomodoro.

La Candelaria è il cuore pulsante artistico della città, che ha ispirato nei secoli scrittori e intellettuali, in cui si trovano teatri, biblioteche e centri culturali.

A tratti mi sembra di vivere in un paesino di montagna data la prossimità delle Ande e il silenzio ovattato.

Bogotà, così come altre metropoli latinoamericane, sta cambiando in fretta.

Soltanto quindici anni fa l'odore penetrante della benzina si mescolava a quello delle mucche radunate di fronte a una latteria così come ville sontuose, grattacieli e baraccopoli coesistevano nello spazio di pochi chilometri quadrati.

Oggi gran parte del retaggio rurale è scomparso per fare spazio a un traffico congestionato e invivibile.

Bogotà non è certo costruita ad hoc per i turisti e risulta difficile innamorarsene a prima vista. Il cielo è spesso coperto e si può passare dalla primavera all'autunno nel giro di mezz'ora, la criminalità è a tutt'oggi una piaga, specie dal tramonto all'alba, nonostante s'incontrino a ogni angolo poliziotti armati di fucile e maestosi cani da difesa.

Dalla morte di Pablo Escobar nel '93 e la fine della guerriglia delle Farc, il Paese ha dimostrato un tasso di crescita strabiliante e un raddoppio annuale nel numero di turisti.

Prendere o lasciare, questo rappresenta al meglio Bogotà.

La città non è affatto indifferente al tuo arrivo né ti lascia gironzolare scattando foto di monumenti e chiese come fosse un museo...

Gli occhi dei locali scrutano, le radio suonano salsa, le band rock anni Settanta si esibiscono per strada e i venditori ambulanti gridano.

Prima di andarcene, nonostante le perplessità legate all'altitudine, salgo a Monserrate.

Costruito sulle colline orientali a oltre tremila metri, il santuario viene considerato il custode della città e dei suoi abitanti.

Raggiungibile a piedi o a bordo del panoramico *teleférico*, da questo eremo si gode di una vista dell'intera area metropolitana.

Fotografo centinaia di colorati colibrì svolazzanti interessati al nettare dei succosi fiori di crisantemo.

Il freddo è pungente, il vento gelido addormenta le mie guance arrossate.

L'astinenza dal surf inizia a farsi sentire.

Inizialmente avevamo pianificato di esplorare più a fondo la Colombia scendendo sul versante caraibico da Cartagena a Santa Marta.

"Se cerchi le onde vai nel posto sbagliato!" un amico surfista appena rientrato dal *Caribe* mi aveva tagliato le gambe.

Il versante del Pacifico è a tutt'oggi sconosciuto e poco esplorato, una sorta di mistero.

Lì le onde ci sono eccome, peccato che siano difficili da raggiungere, il crimine sia tuttora un problema tangibile e il turismo sia scarsamente attrezzato rendendo le opzioni disponibili limitate e costose.

"Andiamo in Ecuador!"

Questo Paese da sempre poco considerato vista la prossimità con celebri comprimari come Perù, Cile e Colombia mi ha sempre affascinato.

Entrambi sogniamo fin da bambini di visitare le Galàpagos, remoto arcipelago reso celebre da Charles Darwin e indiscusso paradiso per gli amanti degli animali.

E Lanikai?

"La portiamo con noi, tanto la veterinaria ci aiuterà con i certificati! In Ecuador le troveremo finalmente un padrone..." mento spudoratamente anche a me stesso.

G. aggrotta la fronte, sembra essersi accorta del mio bluff malcelato.

Siamo entrambi cresciuti al fianco degli animali. In Canada eravamo stati a un passo dall'adottare un pastorello trovato vicino all'hotel, finendo per desistere all'ultimo secondo.

"Viaggiare il mondo con un cane è impossibile!" ci dicevano tutti.

Lanikai.

Abbiamo sempre avuto un debole per i nomi hawaiani e questa, oltre ad essere una delle spiagge più suggestive di Oahu, significa "mare paradisiaco" in lingua nativa.

"Possiamo sempre abbreviarlo in Lani!" G. mi abbraccia visibilmente commossa.

Osservo gli occhi ipnotici della creatura di cui è davvero impossibile definire la razza.

Da adesso in poi saremo ufficialmente una famiglia.

Prima di lasciare l'intrigante Colombia, complice il miglioramento delle condizioni fisiche delle mie due donne, facciamo tappa a Zipaquirà.

Qui sorge la Cattedrale del Sale, vera e propria meraviglia architettonica scavata a quasi duecento metri di profondità.

Nata negli anni Novanta quando un'antica miniera di sale venne trasformata in un vero e proprio luogo di culto dedicato alla Madonna del Rosario in cui si accede attraverso un lungo e ripido tunnel che si cala nelle viscere della Terra ricostruendo una sorta di Via Crucis.

A ogni stazione corrisponde infatti una croce di sale concava o in rilievo.

L'illuminazione spettacolare contribuisce, insieme alla musica, a rendere coinvolgente il cammino verso la cattedrale che lascia davvero a bocca aperta.

La spiritualità si respira ammirando, tra giochi di luce e penombre, le tante opere scolpite a mano nel sale e nella pietra.

Ci spingiamo poi fino all'*Eje Cafetero* distante otto esasperanti ore di bus tra strade tortuose, lavori in corso e perenni interruzioni del traffico.

Famoso, apprezzato ed esportato in tutto il mondo, il caffè colombiano viene coltivato in quest'area geografica, culturale ed economica sorta tra le regioni di Calda, Risaralda e Quindìo.

Piantagioni color verde brillante, *campesinos* sorridenti che rientrano dai campi con i machete alla cintola, carretti stipati di banane e platani, *fincas* colorate e accoglienti in cui trascorrere la notte.

Il tutto al meraviglioso e inconfondibile aroma di caffè che, fondendosi con l'aria frizzante e il profumo di *pan de queso* appena sfornato, risveglia i nostri sensi.

Gli abitanti sono tra i più cordiali, calorosi e sorridenti incontrati fino ad ora.

Qui ognuno ha un soprannome e gli anziani ci tengono a raccontare la storia della propria vita, quella del padre, *tìo*, *amigo*, *amigo* dell'*amigo*...

Ci arrampichiamo sulle verdissime montagne della Valle del Cocora in sella ai cavalli tenendo in braccio Lani per sei ore attraverso farm di caffè, yucca, avocado, mango, ruscelli, fiumi e farfalle di tutti i colori.

Le altissime palme di cera superano i sessanta metri di altezza! Sostiamo a un chioschetto per concederci un *canelazo*, tipica bibita alcolica bollente a base di cannella, aguardiente e zucchero.

Ci vuole proprio una bella sferzata di energia e calore prima di riprendere la marcia!

Al nostro rientro il sole sta per tramontare colorando di rosa pallido una valle dalle mille sfumature di verde che si estende a perdita d'occhio.

Non appena scende il buio dalle casette colorate in paese si sente musica latina, le strade si affollano di turisti e colombiani che, tra una birra e una partita a *tejo*, si godono la serata in allegria.

33
ECUADOR

Svalichiamo il confine ecuadoregno dopo un eterno viaggio notturno in bus. Lanikai passa completamente inosservata nella borsa di G.

Prima di raggiungere Ipiales facciamo una breve sosta a Las Lajas, una mirabolante basilica cattolica romana costruita all'interno del canyon in cui scorre il fiume Guaitara.

Il santuario, letteralmente sospeso sull'abisso, ha richiesto oltre trent'anni per la sua costruzione e assomiglia a uno dei tanti castelli fatati d'Europa.

In stile neogotico, da l'impressione di essere ancor più antico di quel che è.

L'arrivo a Quito ci lascia senza fiato a causa dell'altitudine superiore rispetto a Bogotà e l'estensione inimmaginabile della metropoli.

Sorta in mezzo ad alti coni vulcanici tra cui l'attivo Pichincha, la capitale ecuadoregna si sviluppa per cinquanta chilometri in lunghezza e appena otto in larghezza.

Durante il viaggio per raggiungere il centro storico ci immergiamo in questo nuovo mondo rappresentato dal brulichio dei mezzi di trasporto, la prossimità di tre milioni di abitanti e il mix di luci e odori che li contraddistinguono.

Quito è letteralmente spaccata in due mondi.

La parte coloniale, dichiarata Patrimonio dell'Unesco, è meravigliosamente ricca di chiese, monasteri e cattedrali affacciate su piazze e portici, mentre quella moderna è super addobbata di alberghi e centri commerciali.

Le piazze sono estremamente vivaci e Plaza Grande, su cui affaccia il palazzo governativo, è sempre gremita.

Incontriamo un formidabile mix culturale!

Il centro è costellato di chiese dagli interni sfarzosi con splendidi esempi di arte barocca, vivido ricordo dell'epoca coloniale.

La Mariscal è il quartiere che racchiude la maggior parte dei locali e caffè della città, negozi di artigianato, librerie e cioccolaterie.

Quito è inoltre ricca di parchi urbani molto frequentati che offrono al viaggiatore uno spaccato di vita quotidiana.

Dopo una sosta rinfrescante saliamo sul *teleférico* che, partendo da 2900 metri di altitudine, raggiunge la Cruz Loma oltre i quattromila.

Da qui si può ammirare la città in tutta la sua estensione e le quattordici cime vulcaniche che la orlano, tra cui lo splendido Cotopaxi. La rarefazione dell'ossigeno è notevole.

In mezz'ora di bus raggiungiamo La Mitad del Mundo, una sorta di parco tematico che contiene il monumento dell'Equatore. Qui si può scattare una foto con metà del corpo nell'emisfero nord e con l'altra metà in quello sud!

Siamo in attesa del bus notturno diretto a Canoa, dormiente villaggio di pescatori affacciato sul Pacifico, celebre per clima perfetto e onde quasi tutto l'anno.

Non sto più nella pelle, finalmente torneremo ad assaporare l'odore del mare!

Fondale sabbioso, poche rocce, onde facilmente leggibili e ben diciassette chilometri di spiaggia quasi incontaminata.

Queste sono le ragioni principali che ci spingono verso Canoa sulla costa centrale dell'Ecuador.

"È come Montanita vent'anni fa!" è il mantra che ripetono in loop i suoi abitanti.

Fanno riferimento a uno dei luoghi più frequentati dell'intero Sud America, distante una manciata di ore in direzione sud.

La reputazione di Montanita è peggiorata a causa della sfrenata vita notturna, l'abuso di droghe pesanti e le brutte storie di violenza di cui è stata teatro di recente.

"Cosa ce ne frega dei party? M'immagino un posto in cui surfare la mattina presto e fare lunghe passeggiate con Lanikai..."

Canoa dovrebbe rappresentare alla perfezione il desiderio espresso da G.

Il viaggio in bus attraverso scenari vertiginosi e incantevoli metterebbe a dura prova lo stomaco di chiunque.

Osservo l'alba mentre svalichiamo le mitologiche Ande colorate a chiazze dai riflessi rossastri e avvolte nella foschia del primo mattino.

Lani non sarebbe ammessa sul bus per cui l'abbiamo nascosta all'interno del mio k-way poco prima di salire.

Dorme beata sulle mie gambe ignara delle mille avventure che l'aspettano...

Non sembra affatto scombussolata né impaurita dalla vita che sta facendo, di certo inusuale per un cucciolo di appena due mesi.

Canoa sembra un cittadina fantasma.

Edifici deserti, case crollate o seriamente danneggiate che mettono in mostra crepe profonde sull'intonaco, strade sconnesse poco trafficate, pozzanghere enormi...

"Il terremoto è un ricordo ancora troppo nitido, è dura ricominciare!" ci spiega il proprietario di uno dei pochi ostelli affacciati sul mare.

Sette mesi fa un sisma di magnitudo 7,8 con epicentro poco distante ha quasi completamente raso al suolo i dintorni mietendo più di seicento vittime.

Un duro colpo per questa comunità che aveva investito tutto sul turismo, da decenni in crescita esponenziale dato il gran numero di scuole di surf e spagnolo sempre affollate.

L'Ecuador viene infatti considerato, per rapporto qualità-prezzo, una delle mete migliori in cui studiare spagnolo visto il "pulito" accento ecuadoregno.

Il costo della vita è molto basso dato che gran parte di ristoranti e alberghi sembra non aver proprio riaperto dopo la recente tragedia e i business attivi offrono camere a prezzi scontati e pasti per pochi dollari.

"La priorità è ricostruire le nostre case, sono certo che il turismo tornerà più forte di prima! La gente tende a dimenticare in fretta le tragedie..." mi spiega Juan, un tassista nato e cresciuto qui che incontro tutte le mattine in mare.

Una delle peggiori esperienze vissute in questi anni di viaggio ci capita durante una notte di pioggia incessante.

Dormiamo da poco quando G. mi sveglia di soprassalto gridando.

"C'era qualcuno in camera!"

Apro gli occhi a fatica e la vedo precipitarsi in terrazza affacciandosi al balcone che dà sulla strada principale.

Le sue urla svegliano i nostri vicini, un gruppo di ragazzini cileni visibilmente spaventati che accorrono uno dopo l'altro.

"L'ho visto anch'io di sfuggita, era velocissimo!" conferma uno di loro.

G. mi spiega di aver scorto un tizio slanciato gattonare sul pavimento di camera nostra allungando le mani alla ricerca di qualcosa.

"Non mi credi? Appena ho gridato si è lanciato dal balcone!"

È entrato certamente dalla finestra socchiusa che si affaccia direttamente sul terrazzo.

Ne abbiamo prova l'indomani analizzando i filmati delle telecamere di sicurezza in compagnia del proprietario dell'ostello.

Un complice lo ha sollevato sulle spalle e aiutato ad arrampicarsi sul balcone.

Ho come l'impressione che sapesse esattamente dove colpire e fosse realmente intenzionato a entrare in camera nostra.

Chissà cosa sarebbe successo se non ci fosse stata lei dato che il mio sonno è davvero profondissimo...

Lani, proprio come me, si era accorta del fattaccio fuoritempo abbaiando a scoppio ritardato e saltellando goffamente sul letto.

Lasciamo Canoa due giorni dopo visto che G. fatica ancora a dormire serenamente e vogliamo scrollarci di dosso questa esperienza.

Juan si offre di accompagnarci in questo viaggio di oltre quattro ore lungo uno sconosciuto tratto di costa disseminato di villaggi e spiagge scure.

Un suo amico si aggiunge last minute, sembrano smaniosi di raggiungere Montanita.

Ci dispiace andarcene, non siamo affatto delusi e abbattuti!

La comunità di Canoa si è dimostrata seria e onesta nei nostri confronti, il ladro è stato individuato in fretta e sbattuto in galera.

D'altronde viaggiando a tempo pieno è normale incappare, prima o poi, in esperienze negative.

Non bisogna temerle né lasciarsi abbattere, soltanto tirarci una riga sopra e continuare il viaggio con la medesima fiducia nel prossimo.

Siamo diretti a Olòn, appena due chilometri a nord della party town, attratti da una scuola di surf e spagnolo con grandiose recensioni.

A differenza di Montanita, l'atmosfera dovrebbe essere calma e rilassata vista l'assenza di discoteche e l'enormità della spiaggia spoglia da ombrelloni e lettini.

Salutiamo Juan e l'amico, che sembrano estasiati dalla folla di ragazze vestite da sera, alla stazione degli autobus di Montanita.

Olòn supera di netto le nostre più rosee aspettative; dopo due mesi di viaggio sentiamo finalmente il desiderio di fermarci per un po'.

Qui c'è tutto quello che stiamo cercando.

Le nostre giornate sono scandite dalle maree e le lezioni con Ivonne, una grandiosa ragazza ecuadoregna che vive sei mesi all'anno in Canada per stare vicino al marito conosciuto tra le onde.

Insieme gestiscono l' "Outdoor Ecuador Spanish School" che alterna lezioni in lingua madre a uscite in mare alla scoperta dei migliori surf spot dei dintorni.

È davvero una strana e piacevole sensazione riacquistare la quotidianità riempiendosi la giornata di appuntamenti e impegni.

"Sto facendo il giro del Sud America in sei mesi!"

Conosciamo Francois, uno svizzero genuino e umile, quasi subito.

Appena ventitreenne, ha chiesto l'aspettativa per coronare il suo sogno.

Diventiamo ben presto amici per la pelle.

In mare, a scuola, la sera a cena, esplorando i dintorni e nelle rare e folli nottate a Montanita.

La vita di Olòn scorre a ritmi lenti e abitudinari, tant'è che riconosciamo oramai i volti delle persone in strada.

Durante la settimana la situazione è tranquilla mentre nel weekend la spiaggia si affolla di ecuadoregni provenienti dalla vicina Guayaquil.

Pranziamo quasi sempre al ristorante di Rosy, un'affabile cinquantenne che ha vissuto per vent'anni a Barcellona.

"La mia cucina è mediterranea, uso l'olio di oliva mica il latte di cocco! So bene cosa cercate voi italiani..."

Ci ripete quasi ogni giorno agitando le braccia tozze e ricurve mentre ci serve pasta ai frutti di mare e insalata di avocado.

Rosy, insieme alla pizzeria "Il Pirata", diventano ben presto la nostra seconda casa.

Cesare, il proprietario, è un trentottenne ligure immigrato da due anni in compagnia del figlio adolescente.

"Ho vissuto per vent'anni a Fuerteventura, poi ho scoperto l'Ecuador! Qui si sta bene e posso ancora sentirmi libero, le Canarie sono isole speciali ma sono state invase dai turisti negli ultimi tempi."

Il nostro feeling è immediato, sarà la passione comune per il calcio, la poca differenza d'età e l'affinità di carattere.

"Potreste investire qui, pizzeria a parte ho comprato alcuni lotti di terra in collina. Un giorno, quando il mercato crescerà, li rivenderò al triplo!"

Io e G. ne parliamo seriamente.

Ci piace Olòn, il turismo di massa è ancora distante e le prospettive future ottime vista l'estrema vicinanza all'aeroporto internazionale di Guayaquil.

Senza dimenticare le onde spesso perfette, l'acqua perennemente mite e il costo ancora contenuto di case e terreni.

È arrivato il momento di pianificare il futuro!

Siamo ormai a fine aprile, manchiamo dall'Italia da quindici mesi.

Se tornassimo in Australia ora ci toccherebbe affrontare l'intero inverno e finiremmo per passare almeno un altro anno lontani da casa.

"Perché non lavoriamo altri tre mesi negli Stati Uniti? Così torniamo durante l'estate e ripartiamo per l'Australia in vista della primavera."

Per una volta m'illumino prima di G. che approva a pieni voti il mio progetto.

Sogniamo di rivedere il nostro Paese nella sua veste migliore, inoltre Lanikai non potrebbe seguirci di certo fino in Australia.

Le pratiche burocratiche che dovremmo affrontare sarebbero estremamente costose e complicate, niente a confronto di quelle svolte finora.

G. tradisce un magone pesante come un macigno. Ci siamo affezionati in maniera viscerale a lei, la malattia ci ha uniti particolarmente tant'è che viviamo in costante simbiosi oramai.

Il mio cuore va in frantumi al solo pensiero di doverci separare dato che considero Lani come un membro della nostra piccola famiglia.

Come pensiamo dunque di portarla negli States da qui?

"Ho letto che potrebbe volare con noi in cabina come supporto emozionale. Sembrerebbe che lo facciano tutti..."

G. non sbaglia: muniti di certificato prescritto da uno psicoterapeuta che attesti la necessità di averla al nostro fianco durante il volo, non dovremmo imbarcarla in stiva.

L'emotional support sembrerebbe proprio rappresentare la soluzione al nostro dilemma.

È davvero frustrante pensare quanto al giorno d'oggi sia complicato viaggiare in compagnia di un cane dato che ogni Paese ha una legislazione differente a riguardo.

Programmazione, ricerca di informazioni, decine di visite dal veterinario, tanta pazienza e disponibilità economica sono stati gli elementi chiave da quando abbiamo incontrato Lanikai.

Ci toccherà abbandonare il progetto di scendere fino in Perù, visitare le Galapagos e rientrare alle Hawaii.

Jenaya infatti ci aveva proposto di tornare a lavorare in ostello, peccato che anche in questo caso la quarantena per Lani sarebbe obbligatoria.

Il "paradiso" mi tenta perché so già cosa aspettarmi.

Allo stesso tempo, però, sento la forte necessità di spingermi oltre la *comfort zone*, esplorare un'altra faccia degli USA e affrontare una nuova sfida lavorativa.

Sono avido d'avventura a tal punto che nemmeno le Hawaii placano il mio istinto!

Inizio a inviare centinaia di mail con allegati i nostri curriculum tra Florida e California, ho sentito dire vi siano concrete opportunità nell'*hospitality* seppur privi di regolare visto.

D'altronde l'ultima volta è stato così facile trovare lavoro...

Compriamo il volo diretto Guayaquil-Miami a prezzo stracciato.

In base alle risposte ricevute decideremo poi come e dove spostarci.

In questo modo Lani potrebbe volare senza problemi in Florida e dagli Stati Uniti all'Europa avvalendosi dell'*emotional support*.

Dedichiamo la nostra ultima settimana ecuadoregna all'esplorazione di Loja, la provincia più meridionale del Paese.

Il classico bus notturno e preventivo camuffamento di Lanikai ci porta fino a Vilcabamba, un borgo delle Ande baciato dall'eterna primavera.

Insieme a Hunza nel Caucaso e Ogimi in Giappone viene considerata la capitale mondiale della longevità annoverando tra i suoi abitanti una ventina di ultracentenari.

La purezza dell'aria, le acque del fiume ricche di minerali, il clima idilliaco e il semplice stile di vita condotto dai suoi abitanti sarebbero i segreti dell'eterna giovinezza.

Oltretutto Vilcabamba si è resa testimone di alcuni eventi inspiegabili.

Uomini che superano i centoventi anni di età e donne che partoriscono dopo i cinquant'anni seguendo una dieta con basso contenuto di colesterolo e grassi, riuscendo a mantenersi attivi sessualmente fino a tarda età seppur bevendo e fumando come turchi.

Dopo tre giorni di campeggio al Cajas National Park, salutiamo Francois con la promessa di rivederci in Svizzera.

Questo ecosistema unico al mondo, detto *pàramo andino*, sorge a quattromila metri di altitudine. Freddo e umido, il paesaggio è simile a quello della steppa asiatica ma la sua consistenza, tutt'altro che arida, lo rende affine a un ambiente paludoso.

Qui piove spesso e raramente la nebbia si alza, come fosse un velo che copre senza nascondere, donando alla natura circostante un'aura di mistero.

I colori sfumano dal grigio argento al verde salvia fino al rosso scuro.

La vegetazione bassa gli conferisce una *texture* vellutata e soffice, simile a quella di una spugna di mare.

Nonostante l'aspetto lunare e arido vi è un'estrema abbondanza di acqua che si raccoglie al centro del parco in splendide lagune dette *cajas*. Sembra realmente di stare all'interno di un quadro, con il silenzio a fare da colonna sonora, respirando armonia e pura bellezza.

Anche a Lani sembra piacere questo scenario: corre a perdifiato nelle vallate deserte inseguendo una lepre distante di gran lunga troppo rapida per le sue corte zampe.

La pioggia aumenta d'intensità.

A differenza di Francois, bardato alla perfezione nel suo poncho tecnico 100% waterproof, noi tre siamo già bagnati fradici.

Lani trema come una foglia, l'avvolgo in un telo asciutto tentando invano di riscaldarla.

Osservo un coyote solitario camminare a passo svelto attorno a uno dei duecento laghetti di acqua purissima.

Il mio umore è tanto malinconico quanto il paesaggio che osservo.

Sono passati quattro mesi esatti dal nostro arrivo in Costa Rica e, considerando anche i tre mesi californiani, siamo reduci da una full immersion nella cultura latinoamericana.

A pensarci bene non la considero troppo differente dalla nostra, mi viene spontaneo paragonare questo stile di vita a quello dell'Italia meridionale.

Raramente mi sono sentito spaesato, fuori posto e a disagio come invece mi era capitato altrove.

Ho trovato tante, forse troppe, similitudini tra il mondo da cui provengo e questo. Non penso mi trasferirei qui nonostante adori alcune sfaccettature di questa seducente cultura: la cordialità della gente, l'importanza della famiglia e dei legami di sangue, il caos che regna sovrano e l'eterno clima di festa che si respira nell'aria.

A dir la verità sono sempre stato enormemente attratto da culture lontane da quella da cui provengo. Sarà perché mi mettono alla prova maggiormente e amo sentirmi fuori posto, scomodo e a disagio mentre viaggio.

Potrà sembrare bizzarro ma questa è per me l'essenza stessa del viaggiare, la ragione per cui ho mollato l'approdo in un porto sicuro per dedicare la mia esistenza alla scoperta del mondo.

Mi sento appagato interiormente soltanto quando esploro, m'immergo in mondi nuovi, assaporo fragranze sconosciute, calpesto paesaggi mai visti prima e imparo a sentirmi uno straniero.

Per queste ragioni probabilmente ho sempre messo in cima alla lista dei miei sogni terre lontane: Fiji, Madagascar, Papua Nuova Guinea, Indonesia...

"Vi aspetto entro metà maggio, ragazzi!"

Maria, messicana di nascita e americana d'adozione, gestisce un B&B in stile vittoriano affacciato sulla spiaggia di Santa Cruz, due ore a sud di San Francisco.

La sua ci è sembrata fin da subito la proposta più seria e allettante.

"Cerco aiuto per l'estate e inoltre ho appena aperto un piccolo chiosco!"

Le recensioni degli ospiti sono positive, difatti Maria e suo marito vengono descritti come persone genuine e accoglienti.

"T'ispira, baby? Dicono che le onde di Santa Cruz siano da sogno..."

Lei sperava in cuor suo di non allontanarsi troppo dalla Florida continuando a godersi il caldo tropicale prima del rientro in Italia.

"Perché non facciamo il *Coast to Coast?*"

Con la stessa cifra dei tre biglietti aerei infatti potremmo tranquillamente comprare un'auto sfruttando le due settimane libere per attraversare Alabama, Mississippi, Louisiana, Texas, New Mexico, Arizona e Utah.

Il freddo notturno potrebbe rappresentare l'unica incognita, ma ci basterà comprare due sacchi a pelo imbottiti e dormire stretti stretti.

Ho già fatto breccia nel suo cuore selvaggio da avventuriera, è davvero incredibile come basti proporle un *road trip* per convincerla all'istante!

Non può che essere la donna della mia vita.

Osservo Lanikai correre scodinzolando incontro a un venditore ambulante di pollo fritto.

"Che ruffiana, pensa soltanto al cibo! Sei sicuro riusciremo a passare i controlli in aeroporto?"

Non posso chiaramente prevedere il futuro ma ne sono certo, sarà l'inizio di una nuova avventura.

34

PASSATO E FUTURO

Credo fermamente che giudicare la vita altrui sia l'errore più grande in cui si possa incappare.

Devi domandare soltanto a te stesso che cosa insegui e per cosa stai lavorando.

La pensione, l'auto nuova luccicante, i ristoranti stellati, la moto da corsa, la vacanza a Formentera, i vestiti di marca, il conto in banca pieno...

A un certo punto della vita mi sono reso conto di non riconoscermi in nessuno di questi standard.

Certo che l'auto veloce piace anche a me, il mare di Formentera è spettacolare e i vestiti mi tentano...

Ho capito però che niente di tutto ciò mi appaga realmente nel profondo.

Questi beni materiali appaiono ai miei occhi come il capriccio di un bambino viziato che ottiene il videogioco appena uscito frignando, per poi stancarsene in fretta.

Le cose acquistabili mi scivolano addosso non facendo presa sui miei sentimenti e di conseguenza sulla mia felicità.

Simone è un caro amico che lavora per una prestigiosa azienda farmaceutica.

Se continua di questo passo è destinato a salire le gerarchie, diventando un alto dirigente così come il padre.

Grazie al suo stipendio può permettersi tutto o quasi, nonostante ciò dice di invidiarmi ogni volta che ci sentiamo.

Si lamenta di non avere nemmeno il tempo di spendere tutti i soldi che guadagna e sostiene che la mia vita è dieci volte migliore della sua.

Io gli voglio un bene immenso ma non gli credo affatto perché in realtà Simone sta benissimo dov'è.

Si sente realizzato a pieno, non ripartirebbe mai da capo in un Paese che non riconosce le sue abilità e in cui dovrebbe ricominciare da zero facendo un mestiere non all'altezza del suo profilo.

Dopotutto Simone non ha mai abbandonato la strada tracciata dalla laurea e proseguita nella "giusta" direzione, ignorando completamente cosa significhi sentirsi perduti senza obblighi e aspettative da parte della società.

Domani, come tutti i giorni, striscerà il suo badge e attenderà con ansia di potersi sedere sui sedili in pelle della sua Audi che profuma ancora di nuovo, sfrecciando verso casa mentre fuma la decima sigaretta della giornata.

Cosa potevo permettermi invece io con un lavoro stagionale e discontinuo?

Tempo e libertà in primis, cose che Simone poteva soltanto sognare...

Secondo il pensiero comune non sto costruendo niente di buono per il mio futuro, dato che non maturerò la pensione tantomeno inseguo una carriera sicura.

L'Italia di oggi, causa le condizioni socio-economiche in cui versa, intralcerebbe lo stile di vita a cui ambisco.

Purtroppo spesso i miei coetanei non sono realmente indipendenti perché guadagnano troppo poco e si vedono costretti a chiedere sostegno economico.

Avevo realizzato in fretta che, continuando il percorso iniziato a Milano, mi sarei ritrovato nella medesima situazione.

Certamente la mia ambizione lavorativa era scarsa nel senso che non sognavo fin da bambino di diventare medico o architetto, piuttosto mi chiedevo se fosse possibile viaggiare il mondo a tempo pieno.

Per la mia famiglia sarebbe stato più comprensibile accettare un'eterno lavoro sottopagato, in linea però con il percorso di studi che avevo perseguito.

Sono convinto che, andarsene per un lasso di tempo cospicuo e distaccarsi dalle proprie abitudini e schemi mentali, possa dare la possibilità a chiunque di vedere le cose da una prospettiva diversa. Il primo anno e mezzo vissuto tra Australia e Asia mi è servito per cambiare interiormente, spazzare via le paure e darmi la consapevolezza che avrei potuto veramente vivere viaggiando.
Ho migliorato pian piano il mio inglese, mi sono spaccato la schiena facendo lavori che mai avrei nemmeno immaginato prima e soprattutto ho levigato la mia corazza mentale.
Nel corso degli ultimi mesi prima del rientro in Italia ho iniziato a realizzare il da farsi per evolvere.
Sognare, pianificare e osare.
Questi sono i punti cardine della nostra esperienza.
Avevo intuito che il lavoro nel mondo degli hotel potesse rappresentare la strada giusta per continuare a spostarci assiduamente riuscendo a guadagnare tanto in poco tempo e impiegando la nostra mente in qualcosa di stimolante e appagante.
Quello nei campi era un capitolo chiuso, seppur fondamentale, del nostro processo di crescita.
La scelta delle Hawaii è stato un grosso azzardo agli occhi di molti.
Pensare di ripartire, con pochi soldi e senza un visto lavorativo, alla ricerca di fortuna in un paese estremamente costoso e isolato sembrava una follia vera e propria.
"Perchè non tornate in Australia?"
Mi avevano chiesto in tanti al nostro rientro.
Vogliamo vedere altro, è questa la verità.

La terra dei canguri ci ha dato tanto e suscitato emozioni che difficilmente potremo scordare.

Allo stesso tempo però sentivamo di dover crescere ulteriormente prima di tornarvi.

Nel corso degli ultimi anni di viaggio mi sono reso conto di quante possibilità potrei avere in uno dei tanti Paesi in cui ho avuto il privilegio di vivere.

La verità è che, ad oggi, non mi sono ancora fermato.

"Siamo sempre un po' più liberi di quello che crediamo"

S. Benni

Printed by Amazon Italia Logistica S.r.l.
Torrazza Piemonte (TO), Italy

40848579R00188